글렌 스크리브너는 자유, 긍휼, 진보, 평등 같은 서구적 가치관의 기원이 사실 기독교적 전통 위에 서 있음을 설득력 있게 논증한다. 이는 비종교인의 오해의 근거를 허물 뿐 아니라 신앙인에게는 자신이 믿는 바가 여전히 중요한 이유를 설명해 준다. 무엇보다 교회를 떠난 이들에게 강렬한 도전적인 메시지를 전달해 준다. 분명 다양한 그룹의 현대인들에게 설득력 있는 변증서다.

윤영휘
tvN <벌거벗은 세계사> 강사, 경북대학교 사학과 교수,
『윌버포스, Statesman, 정치가의 길』의 저자

너무나 흥미로워서 단숨에 읽었다! 글렌 스크리브너는 지금 우리가 공기처럼 당연하게 여기는 평등, 긍휼, 합의, 계몽, 과학, 자유, 진보 등의 가치가 왜 역사상 낯설고 이상한(WIERD) 것인지 말해 준다. 또한 그것이 기독교의 가치와 가르침에서 비롯되었다는 점을 설득력 있게 말해 준다. 당신이 기독교인이라면 이 책에서 논하는 모든 가치에 감사하고, 그 기원을 기뻐할 수 있다. 기독교인이 아니라면, 당신이 반대하는 기독교에 대한 반대 논거 역시 기독교에서 유래했음을 깨닫고 깊이 고민해 볼 수 있다. 그리고 이 책을 읽는 누구라도, "나는 이 행복한 왕국에서 살기를 원합니다"라고 말하면서 동시에 이 행복한 왕국을 만들어 낸 "왕 따위는 필요 없으니 내가 왕이 되겠소"라고 말할 수 없을 것이다!

이정규
시광교회 담임 목사

꼭 그리스도인이 아니더라도 힘 있고 매력적이며 흥미진진한 이 책에 담긴 글렌 스크리브너의 주장이 얼마나 강력한지 이해할 수 있다.

톰 홀랜드
역사가, 『도미니언』의 저자

탁월하고 흥미진진하며 쉽고 매력적이다! 글렌 스크리브너는 『기독교, 우리가 숨 쉬는 공기』에서 기독교가 우리의 서양적 가치를 매우 깊이 형성해 왔다는 사실을 보여 준다. 그 덕분에 우리는 미처 그 사실을 알아차리지도 못하고 있다. 회의론자, 구도자, 신자, 의심하는 사람을 비롯해 현대 세계에서 예수를 따른다는 것이 여전히 납득할 수 있는 일인지 궁금해하는 모든 사람에게 강력히 추천한다.

개빈 오틀런드
*Why God Makes Sense in a World That Doesn't*의 저자

『기독교, 우리가 숨 쉬는 공기』는 우리가 깨닫든 깨닫지 못하든, 기독교가 어떻게 우리의 도덕적 사고를 형성했으며 왜 기독교의 진리 혹은 거짓이 이 시대를 살아가는 모든 사람에게 중요한지를 간결하고 열정적이며 설득력 있게 탐구하는 책이다. 당신이 지금 무엇을 믿든지 글렌 스크리브너의 말에 귀 기울여 보기를 적극적으로 권한다!

리베카 매클러플린
『기독교가 직면한 12가지 질문』의 저자

『기독교, 우리가 숨 쉬는 공기』는 역작이다. 글렌은 2,000년 서양 역사를 300쪽 남짓으로 압축해 서양의 도덕적 전망이 근본적으로 여전히 기독교 혁명으로 형성되는 이유를 탁월하게 요약한다. 지적 호기심이 많고 인권과 긍휼, 인류의 진보에 헌신하지만 자신이 믿는 가치에 영감을 주신 분을 아직 만나지 못한 모든 사람이 반드시 읽어야 할 책이다.

저스틴 브리얼리
프리미어 방송국의 라디오 쇼이자 팟캐스트인 Unbelievable?의 진행자,
*Unbelievable? Why, After Ten Years of Talking with Atheists, I'm Still a Christian*의 저자

글렌 스크리브너는 서양 세계가 흔히 생각하듯이 탈기독교적인 사회가 아니라는 사실을 탁월하게 보여 준다. 성경의 영향력에 대한 증거와 결실을 우리 주변 어디에서나 볼 수 있다. 우리의 불신앙조차도 우리 생각보다 더 기독교적이다.

깨달음을 주며 판도를 바꾸는 책이다.

샘 올버리
작가, 강연자

정말로 탁월한 책이다. C. S. 루이스가 쓴 책 이후로 처음으로 읽은, 설득력 있는 변증서다.

스티븐 홈스
세인트앤드루스 대학교의 신학과 교수

세속적인 서양인들은 기독교 신앙의 결실은 마음껏 즐기면서도 신앙 자체는 거부한다. 주제가 계몽이든, 평등이든, 긍휼이든, 합의든, 과학이든, 자유든, 진보든 우리의 이웃들은 자신이 소중히 여기는 가치에 관해 기독교에 감사해야 한다. 이런 주장은 도발적이지만 옳다고 증명할 수 있다. 글렌 스크리브너는 획기적인 역사적 연구 성과를 근거로 무시할 수 없는 주장을 제시했다. 오랫동안 내가 읽어 온 가장 중요한 책 가운데 하나다.

맷 스메서스트
미국 버지니아주 리치먼드 리버시티 침례교회 담임 목사,
*Before You Open Your Bible*과 *Before You Share Your Faith*의 저자

글렌 스크리브너는 우리에게 큰 호의를 베풀었다. 그는 길고 학문적이며 (때로는 지루하고) 두툼한 역사서 안에 담긴 사상을 가져와서 거의 내려놓기 힘든 흥미진진하고 명료한 글로 바꿔 냈다. 그의 핵심 주장은 평등, 긍휼, 성적 합의, 심지어 진보에 관한 현대적이며 '세속적인' 우리의 신념 전부가 궁극적으로 기독교 신앙에서 유래했다는 것이다. 학계에서는 이 주장이 그다지 논쟁적이지 않지만, 『기독교, 우리가 숨 쉬는 공기』와 같은 책이 조금 더 많이 나온다면 곧 상식이 될 것이다. 이 책이 널리 읽히길 바란다.

존 딕슨
『벌거벗은 기독교 역사』의 저자, 역사가, 리들리 칼리지 교수

흥미진진하고 강력하고 참신한 책이다. 글렌은 수 세기(심지어 수천 년)의 공기를 병에 담아 충실한 자료를 바탕으로 짧고 간결한 책으로 만들어 냈다. 『기독교, 우리가 숨 쉬는 공기』는 우리 사회의 핵심에 자리 잡은 일곱 가치와 그것이 어디에서 유래했는지 알아내려는 신중한 발굴 작업이다. 곳곳에서 글렌 특유의 시적 스토리텔링이 돋보이며, 동시에 추상적 개념을 예리하게 포착해 내서 역사적·동시대적인 문화 사례를 통해 그것을 설명한다. 이 책을 즐겁게 읽었다. 앞으로 다른 사람들과도 이 책을 나눌 수 있기를 고대한다.

크리스티 메어
저자, 강연자, 학자

우리는 정의와 자유, 평등을 갈망한다. 부유하든 가난하든, 힘이 있든 힘이 없든 모든 인간이 공평, 존엄, 존중을 누릴 자격이 있다고 믿는다. 하지만 이런 전망이 어디에서 왔을까? 왜 이 전망을 그토록 열정적으로 옹호할까? 우리의 가치가 우리 생각만큼 자명하지 않다면 어떨까? 이런 이유 때문에 글렌 스크리브너의 『기독교, 우리가 숨 쉬는 공기』는 기이한[WEIRD, 서양의(Western), 교육을 중시하며(Educated), 산업화되고(Industrialised), 부유하고(Rich), 민주주의적인(Democratic)] 사회의 혜택을 입은 모든 사람이 반드시 읽어야 할 책이다. 이 책은 우리가 공유하는 전망에 대한 근거가 무엇인지 알려 준다. 우리의 가치 이면에 있는 이야기를 들려줄 것이다. 이 책을 읽으면서 우리가 부르는 노래를 작곡하신 분을 겸손하게 인정하게 될 것이다.

샘 챈
서드 스페이스, thirdspace.org.au

매우 잘 쓴 매혹적인 책이다. 책을 손에서 내려놓기가 힘들었다. 글렌은 인권과 평등, 정의가 역사의 대부분 시기에서 터무니없고 불쾌한 관념이었음을 보여 준다. 기독교 세계관이 승리했기 때문에 오늘날 이런 관념이 지배적 관념이 되었을 뿐이다. 믿기지 않는가? 이 책을 읽어 보라.

팀 패런
잉글랜드 웨스트모어랜드와 론즈데일 하원의원

우리는 기독교와 기독교에 대한 비판에 너무나도 익숙해져서 기독교가 세상에 가져다준 큰 축복을 잊어버릴 때가 많다. 이 선물을 다시 떠올려 보아야 하든, 처음으로 열어 보아야 하든, 이 책은 우리에게 도전과 격려와 깨달음을 제공할 것이다.

캐런 스왈로 프라이어
사우스이스턴 침례교 신학교 영문학과 기독교와 문화 연구 교수,
*On Reading Well: Finding the Good Life through Great Books*의 저자

매혹적이며 설득력 있고 시급하게 필요한 책이다. 글렌은 기독교의 문화적 유산을 긍정적으로 제시한다. 또한 우리 안에 너무나도 깊이 뿌리를 내리고 있어서 미처 깨닫지 못한 채 그 유산을 '기독교'에 관해 우리가 싫어하는 부분을 공격하는 데 자주 사용한다는 점을 보여 준다. 또한 기독교의 쇠락으로 우리가 무엇을 잃을 수 있는지를 암시적으로 보여 준다. 하지만 그는 언제나 우리의 관심을 '만든 분이자 완전하게 하시는 분인' 예수 그리스도께로 되돌리며, 우리가 알고 사랑하는 매우 많은 것을 그분이 주셨다는 단순한 (어쩌면 받아들이기 어려운) 결론을 힘주어 말한다.

조엘 버고
영국 브라이튼 이매뉴얼 교회 담임 목사

감염병 대유행이 일어나기 전, 나는 런던의 거의 모든 사람들처럼 유발 하라리의 『사피엔스』를 읽었다. 우리의 기원에 관한 그의 냉소적인 이야기가 불편했다. 신경 과학을 전공한 내가 보기에도 환원론은 설득력이 없었다. 글렌 스크리브너는 우리의 현대 문화와, 우리가 소중히 여기는 대부분의 가치가 전혀 다른 곳에서 기원했다고 주장한다. 예수 그리스도를 사랑하든 미워하든, 그분의 가르침은 우리가 아는 것보다 더 많이 "우리가 숨 쉬는 공기"를 채우고 있다. 탁월한 책이다.

앤드루 새치
박사, 목사, 저술가

『기독교, 우리가 숨 쉬는 공기』는 지금 당장 필요한 책이다. 이 책에서 스크리브너는 설득력 있으면서 충실한 조사에 근거해 확신에 찬 태도로 서양이 기독교와 그리스도께 지고 있는 빚을 설명한다. 그의 글에는 에너지와 따뜻함이 가득 차 있다. 그리고 학문적 엄격함을 유지하면서도 이 책의 어조는 늦은 밤 펍에서 열띤 논쟁을 벌이는 것처럼 들린다. 다정하지만 아무런 제약이 없다. 당장이라도 세속주의자 친구들의 손에 들려 주고 싶다.

로리 샤이너
목사, 작가

디킨스의 고전 소설 『위대한 유산』의 결정적 전환점은 주인공 핍이 범죄자 매그위치가 자신의 후원자였음을 깨닫는 순간이다―늘 전과자일 뿐이라고 생각했던 사람이 사실은 그의 후견인이었다! 그는 사실상 자신에게 생명을 준 그 사람을 경멸하고 무시해 왔다. 이 책은 많은 이들에게 비슷한 전환점을 제공한다. 문화, 현대와 고대의 역사, 신학, 철학을 종횡무진 오가는 이 흥미진진한 책에서 글렌 스크리브너는 대단히 부끄럽게도 우리가 경멸하고 무시해 왔던 기독교의 유산을 드러낸다. 목사인 나도 이 책을 읽고 나서 기독교가 평등과 긍휼, 자유와 진보와 같은 가치에 관해 패러다임의 전환을 일으켰다는 사실을 깨달았다. 우리의 문화에서 무슨 일이 일어나고 있는지 알기 원한다면 반드시 읽어야 할 책이다.

리코 타이스
기독교 탐사(Christianity Explored Ministries)의 설립자

매혹적이며 깨달음을 주는 이 책은 우리 시대를 위한 통찰로 가득 차 있다. 게다가 소망으로 충만하다. 놀라운 책이다!

마이클 리브스
유니언 신학교 총장

기독교, 우리가 숨 쉬는 공기

IVP(InterVarsity Press)는
캠퍼스와 세상 속의 하나님 나라 운동을 지향하는
IVF(InterVarsity Christian Fellowship)의 출판부로
생각하는 그리스도인을 위한 문서 운동을 실천합니다.

The Air We Breathe
ⓒ 2022 by Glen Scrivener
Published by The Good Book Company
All rights reserved.

Used and translated by the permission of The Good Book Company
through Wen-Sheuan Sung Agency.

This Korean edition ⓒ 2025 by Korea InterVarsity Press
156-10 Donggyo-ro, Mapo-gu, Seoul 04031,
Republic of Korea.

이 한국어판의 저작권은 Wen-Sheuan Sung Agency를 통하여
The Good Book Company와 독점 계약한 IVP에 있습니다.
신저작권법에 의하여 한국 내에서 보호받는 저작물이므로
무단 전재와 무단 복제를 금합니다.

기독교, 우리가 숨 쉬는 공기

평등
긍휼
합의

계몽
과학

기독교는
어떻게
서구 문명을
형성했는가

자유
진보

글렌 스크리브너 | 박세혁 옮김

IVP

줄리어스에게

지금도, 그리고 영원히 우리의 JJ로

차례

	서론	13
1	크리스마스가 오기 전의 밤 역사를 뒤흔드는 진동이 시작되다	27
2	평등 우리는 어떻게 평등이 당연한 세상에 살게 되었는가?	49
3	긍휼 왜 우리는 약자를 포기하지 않는가?	75
4	합의 정의는 칼이 아닌 공감으로 가능한가?	99
5	계몽 기독교가 없었다면 1,000년의 암흑이 사라졌을까?	125
6	과학 과학을 탐구하도록 부추긴 믿음은 어디서 왔는가?	157
7	자유 모든 사회는 노예제를 당연하게 여겼다?	183
8	진보 우리는 왜 더 나은 세상을 꿈꾸는가?	205
9	왕이 없는 왕국 왕국은 원하지만 하나님은 필요 없다?	229
10	당신의 기적을 선택하라 터무니없는 이 이야기가 어떻게 역사를 바꾸었는가?	251
	후기	271

서론

나이 든 금붕어가 치어 두 마리 옆을 휙 하고 지나간다.
"얘들아, 물이 어떻니?"라고 묻는다.
"물이라고요?"라고 새끼들이 말한다. "물이 뭐예요?"

금붕어는 물을 보지 못한다. 금붕어는 물 안에 있는 것을 보고, 물을 통해 굴절된 것을 본다. 하지만 나는 금붕어가 물 자체를 보지 못한다고 가정한다(그렇다, 가정일 뿐이다. 적절한 조사를 해 본 적이 없기 때문이다). 하지만 물은 존재한다. 물이 그들의 환경이다. 보편적이지만 보이지 않는다. 물은 그들이 하는 모든 행위와 보는 모든 대상을 규정한다. 하지만 **그것**을 볼 수는 없다.

이 책의 주장은 이러하다. 당신이 서양인이라면—교회 안에 발을 들인 적이 있든지 없든지, 성경을 읽어 본 적이 있든지 없든지, 당신 자신이 무신론자라고 생각하든지 이교도라고 생각하든지 혹은 제다이 기사라고 생각하든지—당신은 금붕어이고, 기독교는 당신이 헤엄치고 있는 물이다.

조금 달리 표현하자면 기독교는 우리가 숨 쉬는 공기다. 바로 우리의 대기다. 보이지 않지만 모든 곳에 퍼져 있는 우리의 환경이다. 그리고 영적 스승의 전통에 따라(마침 나는 성공회 성직자다) 나는 **호흡에 집중하라**고 당부하려 한다. 이것은 수많은 위대한 종교 전통에서 흔히 사용하는 방법이다.

영적 스승은 숨 쉬기를 시작하라고 말하지 않는다. 우리는 생명 유지에 필수적인 이 기술을 완벽히 습득했다. 하루에도 2만 번 숨을 쉰다. 타고난 능력을 갖춘 셈이다! 하지만 호흡에 관심을 기울 때 무언가에 초점을 맞추게 된다. 지금 그렇게 하고 있는가? 갑자기 속도를 늦춘다. 우리가 의존하고 있는 것에 대해 자각한다. 우리는 필요와 주기와 신체성을 지닌 피조물로서 육체 안에서 살아간다. 우리는 주변의 세상과 연결되어 있으며 우리가 그 안에 자리 잡고 있음을 의식한다.

이 책은 그런 훈련과 비슷하다. 하지만 나는 산소가 아니라 신념과 제도에 관해 이야기한다. 우리가 우리를 둘러싼 환경에 의존하고 있다는 사실과 사상의 세계 안에 자리 잡고 있음을 당신이 알아차리기 원한다. 이것은 속도를 늦추고 우리가 살아가고 있는 근본적으로 기독교적인 대기에 관심을 기울일 기회다.

"기독교적이라고? 내가 사는 세상이 특별히 **기독교적**인지 모르겠어." 이렇게 말할지도 모른다. 전체적으로 이 책의 목적은 그렇다고 주장하려는 것이다. 당신은 이런 주장이 얼마나 성공적인지 판단하는 심판관이 될 수 있지만, 내가 주장하는 바는 이렇다. 우리는 ('기독교'라고도 알려진) 예수 혁명으로 심층적이고도 독특하게 형성된 가치와 목적―그리고 가치와 목적에 관해 생각하는 방식―에 의존한다. 이제 이 가치는 너무나도 널리 퍼져서 우리는 그것을 보편적이고 명백하며 자연스럽게 받아들인다. 우리가 숨 쉬는 공기와 같다.

다음 열 장을 통해 우리는 일상적으로 당연하게 여기는 것에 관심을 기울이려 한다. 당신의 종교가 무엇이든 상관없이 이것이 모두에게 유익한 훈련이기를 바란다. 당신의 입장에 따라 이 훈련을 통해 다음과 같은 유익을 얻을 수 있다.

외부로부터의 관점: '비종교인'

'비종교인' nones 은 서양 사회에서 비중이 늘어나는 집단이다. 종교가 무엇인지 묻는 설문 조사에서 '없음'이라고 답하는 이들이다. 어쩌면 당신도 비종교인일지도 모른다. "기독교? 다시 한번 말해 주시겠어요?" 당신은 이렇게 말할 수도 있다. 당신은 기독교의 가르침이 익숙하지는 않지만 이 책을 펼치고 들여다볼 만큼 관심이 있다. 그러면서 자신이 기독교 신앙에 대해 완전히 외부인이라고 생각할지도 모른다. 내가 가장 먼저 하고 싶은 말은 이것이다. 너무 확신하지는 말라. 금붕어는 H_2O의 화학적 분자 구조를 모를 테지만 물은 여전히 금붕어가 살아가는 데 필수적이다. 마찬가지로 나는 이어지는 장에서 다루는 평등, 긍휼, 합의, 계몽, 과학, 자유, 진보에 관한 주제들에 당신도 공감할 것이라고 생각한다. 이런 가치 중 그 어느 것도 자명하지 않으며, 세계의 문명들 사이에 널리 퍼져 있지도 않다. 그렇다면 이런 가치는 어디에서 왔을까? 그리고 어떻게 그것은 '우리가 숨 쉬는 공기'가 되었을까?

이 물음에 한 단어, 두 문장, 열 장으로 답할 수 있다. 한 단어로 대답하자면 기독교다. 두 문장으로는 이렇게 답할 수 있다.

기독교의 놀라운 영향력은 당신이 그것을 알아차리지 못한다는 사실을 통해 확인할 수 있다. 당신은 이미 특별히 '기독교를 닮은' 관점을 견지하고 있으며, 이런 가치가 자연스럽거나 명백하거나 보편적이라고 생각한다는 사실은 기독교 혁명이 얼마나 근원적으로 당신을 형성해 왔는지를 보여 준다.

두 문장 요약이 기발하거나 이상하거나 어리석거나 불쾌하게 느껴지더라도 괜찮다. 즉시 동의할 것이라고 기대하지는 않는다. 내가 해야 할 일이 아주 많다. 그래서 열 장이나 필요하다. 하지만 준비가 되었다면 나는 당신을 고대 세계에서부터 현대 세계까지, 성경의 시작에서부터 역사의 마지막까지 이르는 여정으로 이끌고 싶다. 이 과정에서 우리가 재미있는 시간을 보내고, 당신이 소중히 여기는 가치를 더 깊이 이해하고, 무엇보다도 예수님과 그분의 혁명이 일으킨 힘과 풍성한 결실을 깨닫기를 바란다. 그전에 다른 종류의 반론을 살펴보자.

너머로부터의 관점: '탈종교인'

어쩌면 당신은 기독교에 **정말** 익숙하지만 그 사실을 거부했을지도 모른다. 기독교가 당신이 숨 쉬는 공기라는 생각에 반대한다. 당신은 이렇게 말한다. "나도 다 겪어 봤다. 교회학교만 13년 다녔다. 고맙지만 사양한다!" 혹은 이렇게 말할지도 모른다. "나는 이러이러한 때에 기독교를 공부했다." 혹은 "나는 규칙적으로 교회에 출석했지만 더 이상은 가지 않는다." 나는 이 모든 경험을 진지하게 받아들인다. 또한 기독교 신앙이 당신과 맞지 않는다고 느끼는 이유 역시 존중한다. 그럼에도 불구하고 나는 당신이 기독교를 끝낼 수는 없다고 생각한다. 그것은 숨 쉬기를 끝낼 수 없는 것과 마찬가지다. 기독교는 어떤 목적지처럼 **도착한 다음 다시 돌아올 수 있는** 그런 종류의 것이 아니다. 공기처럼 기독교는 너무나도 널리 퍼져 있어서 기독교에 대해 항의할 때조차도 우리는 그것에 의존할 수밖에 없다.

우리는 기독교가 불평등하고 잔인하며 강압적이고 무지하며 과학을 반대하고 제약을 가하며 퇴행적이라고 느낄지도 모른다. 사실 이것은 기독교 신앙에 대해 흔히 제기되는 반론들이며, 경우에 따라서는 적절한 반론이기도 하다. 하지만 이 일곱 가지 반론을 무작위로 고른 것은 아니다. 이 책의 핵심을 차지하는 일곱 가치를 뒤집었을 뿐이다. 이 일곱 가지 비판이 뼈아픈 이유는 우리가 마음 깊은 곳에서 이 일곱 가치를 믿고 있기 때문

서론

이다. 기독교에 대해 우리가 제기하는 문제(그리고 우리 모두가, 특히 그리스도인들이 기독교에 대해 문제를 제기한다!)가 **기독교적** 문제라는 사실이 밝혀졌다.

따라서 당신이 기독교와는 '끝났다'고 느낀다면 그 비판을 덜 진지한 방식이 아니라 더 진지하게 생각해 보았으면 좋겠다. 이런 어려움을 받아들이고 파고들기를 원한다. 왜냐하면 이런 기준을 정말로 받아들인다면 당신 자신이 기독교 신앙의 본질에 더 가까이 다가가고 있음을 깨달을지도 모르기 때문이다. 이 책의 마지막에서 당신의 비판을 누그러뜨리거나 무시하는 방법이 아니라 그 근거를 마련하는 방법으로서 당신이 앞으로 나아가기 위해 취할 긍정적인 조치를 당신에게 보여 주기를 바란다.

내가 관심을 기울이는 세 번째 종류의 독자가 있다.

안으로부터의 관점: '신자'

어쩌면 당신은 그리스도인이며, 특히 분열이 심한 바깥세상을 바라보고 있을지도 모른다. 당신은 우리가 어떻게 여기에 이르렀는지, 우리가 어디로 향해 가고 있는지, 그토록 오랜 기원을 가진 신앙을 통해서 오늘날에도 이 세상을 이해할 수 있을지 궁금해한다. 나는 우리가 이 세상에서 목격하는 현상은 역사의 심연에서 예언되고 선포되고 추진되었으며 시시콜콜한 일상을 통해 경험된 예수 혁명의 지속적인 격동임을 깨닫기를 바란다. 이 혁명의 발전 과정을 추적하면서 나는 당신이 믿음 안에서 강해지고 그 믿음을 나눌 용기를 얻기를 바란다. 예수 그리스도는 소수의 영적 애호가를 위한 주변적 관심사에 그칠 분이 아니다. 그분은 역사의 주인이시며, 우리는 그분 안에서 우리의 삶, 신념, 실천, 세계를 바르게 이해할 수 있다.

이 책에서 발견할 수 있는 것

나는 당신을 이런 여정으로 이끌고 싶다. 첫째, 나는 우리가 숨 쉬는 공기가 독특하다는 사실을 보여 주고 싶다. 그렇게 하려면 우리에게 익숙한 환경을 떠나야만 한다. 호주를 떠날 때까지만 해도 나는 그곳의 공기 냄새가 얼마나 달콤한지 전혀 알지 못했다. 유칼립투스 나무가 대기에 향을 퍼트리지만, 고향을 떠나 몇 년이 지나도록 알아차리지 못했다. 이제는 비행기를 타고 시드니로 돌아갈 때면 가장 먼저 달콤한 공기가 느껴진다. 다음 장에서 나는 익숙한 환경을 떠나 기독교가 아직 건드리지 않은 세계, 즉 고대 세계로 이끌고자 한다. 우리는 문화와 전제, 신념, 직관, 이상에 근본적 차이가 있음을 알아차린다. 우리의 현대적이고 자유주의적 관점이 명백하거나 자연스럽거나 보편적이라는 관념은 세계의 나머지 부분과 역사의 나머지 부분에서 채택한 근본적으로 낯선 관점과 경쟁해야만 한다. 작가 하틀리 L. P. Hartley 의 말처럼, "과거는 낯선 나라다. 거기서는 모든 것을 다르게 한다."

다음으로 우리는 현대적 전망의 일곱 가지 핵심 가치를 탐구하면서 기독교 이야기의 발전 과정에서 몇 가지 중요한 특징을 간략히 소개하려 한다.

평등: 우리는 계급이나 인종, 종교, 성차, 성별과 상관없이 인간 가족의 모든 구성원이 도덕적으로 평등한 지위를 갖는다는 사실을 믿는다.

긍휼: 우리는 한 사회가 가장 약한 구성원을 어떻게 대하는가를 기준으로 그 사회를 판단해야 한다고 믿는다.

합의: 우리는 힘 있는 사람들이 자신의 뜻을 다른 이들에게 강요할 권리가 없다고 믿는다.

계몽: 우리는 모든 사람을 위한 교육을 믿으며, 교육에는 한 사회를 변화시킬 힘이 있음을 믿는다.

과학: 우리는 과학을 믿는다. 과학은 우리가 세계를 이해하고 우리의 삶을 향상시키도록 도울 수 있다고 믿는다.

자유: 우리는 사람이 소유물이 아니며 우리 각자가 자신의 삶을 통제해야 한다고 믿는다.

진보: 우리는 오랜 시간에 걸쳐 이루어지는 도덕적 개선을 믿으며, 우리가 이전의 악을 제거하고 계속해서 사회를 개혁해야 한다고

믿는다.

이 책의 핵심은 이 일곱 장으로 이루어져 있다. 개략적으로 말해 이 장들이 진행됨에 따라 성경의 첫 부분에서 시작해 오늘날까지, 창세기에서부터 조지 플로이드George Floyd까지 훑어갈 것이다. 평등을 다루는 장에서는 성경의 시작 부분(구약)에서 얻은 가르침을 소개한다. 긍휼을 다루는 장에서는 나사렛 예수의 오심에 관해 살펴본다(신약). 합의를 다루는 장에서는 초기 교회와 그 도덕 혁명을 따라간다. 계몽을 다루는 장에서는 로마의 멸망(410년)과 16세기 개신교의 종교 개혁 사이에 이루어진 몇몇 발전을 간략히 설명한다. 과학을 다루는 장에서는 (16, 17세기에) 근대의 과학적 방법을 확립한 이들을 살펴보는 데 많은 시간을 할애한다. 자유를 다루는 장에서는 대서양 노예 무역의 폐지와 그 결과를 살펴본다(18, 19세기). 마지막으로, 진보를 다루는 장에서는 히틀러 같은 도덕적 괴물과 마틴 루터 킹 주니어Martin Luther King Jr. 같은 도덕적 영웅이 존재했던 20세기를 살펴본다.

이 책에서 발견할 수 없는 것

이 책의 간략한 소개에서 이야기 서술 방식이 대단히 서양 중심적임을 알아차렸을지도 모른다. 이는 절대로 '서양이 최고이기' 때문이 아니다. 그렇지 않다. 우리는 함께 여행하면서 여러 끔찍한 악을 목격할 것이다. 최소한으로 말하더라도 '성공'조차 순수하지 않다. 또한 우리는 기독교의 역사가 여기서 우리가 서술하는 것보다 훨씬 더 전 지구적 과정임을 깨달아야 한다. 유럽의 기독교가 세계에서 하나의 세력이 되기 훨씬 이전에 기독교 신앙은 남쪽(에티오피아는 세계 최초의 기독교 국가 중 하나였다)과 동쪽(비잔티움 제국은 1,000년 동안 지속된 기독교 문명으로 많은 점에서 '동생'인 서양을 능가했다)으로 퍼졌다.

오늘날 기독교는 역사적으로 가장 다양한 사회 현상이다. 그리스도인 인구의 약 4분의 1은 중남미에, 4분의 1은 아프리카에, 4분의 1은 유럽에 살고 있다. 그리고 북미인과 아시아인이 각각 절반씩 나머지 4분의 1을 차지한다. 더 나아가 그리스도인 인구 구성은 계속해서 남쪽과 동쪽으로 전환될 것으로 예상된다. 예를 들어, 중국에서 그리스도인은 지난 40년 동안 매년 약 10퍼센트씩 증가한 것으로 추정된다. 이 속도가 지속된다면 2030년 무렵에는 미국보다 중국에 그리스도인이 더 많아질 것이다. 기독교는 서양의 현상이 **아니다**.[1]

---

[1] "2010년 기준 전 세계의 그리스도인 인구에서 4분의 1은 유럽(26%), 4분의 1은 라틴 아메리카 및 카리브해 지역(25%), 4분의 1은 사하라 이남 아프리카 지역(24%)에 거주했다. 아시아와 태평양 지역(13%)과 북미 지역(12%)에도 상당수의 그리스도인이 살고 있다." The Pew Research Center: *The Future of World Religions: Population Growth Projections, 2010-2050*. https://www.pewforum.org/2015/04/02/christians/. 2021년 10월 25일에 접속함. 또한 Antonia Blumberg, "China on Track to Become World's Largest Christian Country by 2025, Experts Say," Huffpost, 2014년 4월 22일. http://www.huffingtonpost.com/2014/04/22/china-largest-christiancountry_n_5191910.html. 2021년 10월 25일에 접속함.

그렇다면 이 책에서는 왜 서양에 초점을 맞추는가? 두 가지 이유 때문이다. 첫째, 의심할 나위 없이 서양은 좋든 나쁘든 전 세계에 엄청난 영향을 미쳤다(걱정할 필요 없다. 나쁜 영향에 대해서도 살펴볼 작정이다). 예를 들어, 내가 속한 기독교 분파에서 나는 (세계에서 세 번째로 큰 교회 단체) 전 세계 성공회 '공동체'communion의 일원이다. 이런 교회들은 영국 성공회와 이 교회의 독특한 역사로 거슬러 올라가야 그 뿌리를 찾을 수 있지만, 오늘날 세계의 평균적인 성공회 교인은 나이지리아 출신의 흑인 10대 소녀다.[2] (나이지리아에는 영국 전체 인구보다 더 많은 수의 성공회 교인이 있다.) 광활한 호주에서 자란 나와 라고스에서 자란 그 나이지리아 10대는 세계 전역에 뿌리를 내린 영적인 가계도를 공유한다. 서양의 역사를 살펴본다고 해서 전 지구적 역사를 무시하는 것은 아니며 오히려 서양의 역사를 통해 지구의 역사를 더 잘 이해할 수 있다.

이 책이 서양에 초점을 맞추는 둘째 이유는 대체로 이 책의 독자층은 (주로 영국과 미국, 호주에 있는) 영어권 독자들이기 때문이다. 나는 숨 쉬는 공기에 관해 글을 쓰고 있는데, 이것은 당신이 숨 쉬는 공기이기도 하다. 나는 그 점을 가정한다. 다른 공기도 있지만, '우리의 호흡에 집중하고자' 한다면 우리가 있는 곳에서 시작해야 한다.

2   *Communities of Faith in Africa and the African Diaspora*, ed. Casely B. Essamuah and David K Ngaruiya (Pickwick Publications, 2014), p. 321.

이 책의 형식에 관해 연대표가 고르지 않다는 점을 눈치챘을지도 모른다. 어떤 장에서는 1,000년 이상을 다루지만 어떤 장에서는 한 세기에 초점을 맞춘다. 이는 나의 주된 관심사가 연대표를 따라가는 것보다 일곱 가치를 전달하려는 것이기 때문이다. 나는 철학과 신학을 전공했다. 나는 '사상'에 더 관심이 많은 사람이며, 이 책은 상대적으로 짧다. 더 깊이 파고들기 원하는 사람들을 위해, 이 주제를 이해하는 데 도움을 준 더 진지한 학문적 저술을 소개한다.

- 평등을 더 자세히 다룬 책: 래리 시든톱 Larry Siedentop, 『개인의 탄생』 Inventing the Individual, 부글북스
- 긍휼을 더 자세히 다룬 책: 래리 허타도 Larry Hurtado, 『처음으로 기독교인이라 불렸던 사람들』 Destroyer of the gods, 이와우
- 합의를 더 자세히 다룬 책: 카일 하퍼 Kyle Harper, 『수치에서 죄로』 From Shame to Sin
- 계몽을 더 자세히 다룬 책: 셉 포크 Seb Falk, 『빛의 시대』 The Light Ages
- 과학을 더 자세히 다룬 책: 제프 하딘 Jeff Hardin 편집, 『과학과 종교 사이의 전쟁』 The Warfare between Science and Religion: The Idea That Wouldn't Die
- 자유를 더 자세히 다룬 책: 데이비드 브라이언 데이비스 David Brion Davis, 『하나님의 형상으로』 In the Image of God
- 진보를 더 자세히 다룬 책: 앨릭 라이리 Alec Ryrie, 『개신교인』 Protestants

역사를 더 폭넓게 다루는 책으로는 특히 다음의 책을 추천한다.

- 톰 홀랜드Tom Holland, 『도미니언』Dominion, 책과함께
- 데이비드 벤틀리 하트D. B. Hart, 『무신론자들의 망상』Atheist Delusions, 한국기독교연구소
- 비샬 망갈와디Vishal Mangalwadi, 『당신의 세상을 만든 책』The Book That Made Your World
- 로드니 스타크Rodney Stark, 『기독교 승리의 발자취』The Triumph of Christianity, 새물결플러스
- 존 딕슨John Dickson, 『벌거벗은 기독교 역사』Bullies and Saints, 두란노
- 조지프 헨릭Joseph Henrich, 『위어드』The WEIRDest People in the World, 21세기북스

이런 역사가, 과학자, 사회학자들은 그리스도인이든 아니든 (대부분은 아니다) 이목을 사로잡는 동일한 결론에 도달한다. 즉 우리의 근대적·서양적 가치는 기이하다W.E.I.R.D. 앞에서 소개한 저자 중 한 사람인 조지프 헨릭은 우리의 근대적 전제의 독특성을 설명하기 위해 다른 사회과학자들과 함께 두문자어를 고안했다. 서양에서 우리의 독특한 전망은 세계사에서 소수 의견에 속한다. 그것은 서양적이며Western, 교육을 중시하고Educated, 산업화되었으며Industrialised, 부유하고Rich, 민주주의적인Democratic 문화에서 출현했다. 헨릭(과 앞에서 거명한 다른 이들)은 결정적인 차이

를 만든 것이 바로 기독교라고 계속해서 말한다. 기이한 WEIRD 서양은 명백하게 예수 혁명에 그 뿌리를 둔다.

　이 책의 마지막 두 장에서는 이 모든 것의 함의에 관해 고찰한다. 9장에서는 서양이 현재 처한 위치에 관해 논한다. 10장에서는 성경이 이 경로를 미리 그려 놓았다는 점을 생각해 보려 한다. 그리고 마지막으로 '비종교인', '탈종교인', '신자'를 위한 몇 가지 교훈을 제시한다.

　하지만 먼저 과거라고 불리는 이 이상한 나라를 방문해 보자. 기독교가 도래하기 전 고대 세계의 생각과 태도를 살펴보자. 신자의 관점에서 볼 때 크리스마스가 오기 전 기나긴 밤이 있었다.

1 ⁓* 크리스마스가 오기 전의 밤

역사를 뒤흔드는 진동이 시작되다

"음, 서양 미술이란 이런 거야.
1,000년 동안 예수의 십자가 죽음을 그린 결과로 줄무늬만 남았어."

— 런던 국립미술관 방문객이 2017년 트위터에 게시한 글[1]

"1,000년 동안 예수의 십자가 죽음을 그린 결과로 줄무늬만 남았어." 서양 미술사를 요약하는 이 문장이 어처구니없을 정도로 환원론적이라는 점은 말할 필요도 없다(트위터에 올라온 글이라고 말했던가?). 하지만⋯국립미술관에 가 본 적이 있는가? 서양 미술 전시실을 휙 둘러본 소감을 트위터 게시 글로 요약해야 한다면 이 인용문보다 더 나은 표현을 찾기가 쉽지 않다.

이 재담은 해학의 이면에서 주목할 만한 무언가를 포착해

---

[1] https://twitter.com/sannewman/status/874624753092489216?s=20. 2021년 11월 2일에 접속함.

낸다. 즉 예수 그리스도, 그리고 그분의 소름 돋는 죽음이 서양 문명 위로 우뚝 솟아 있다는 사실이다. 십자가는 분명히 전 세계에서 가장 잘 알려진 종교적 상징이며, 어쩌면 모든 상징 중에서 가장 잘 알려진 상징이다.

이 사실을 주목할 만한 이유는 단지 영향이 미치는 범위 때문만이 아니라 기념되는 사건 때문이기도 하다. 기독교와 기독교 미술을 잘 알지 못하는 사람은 그리스도의 탄생이나 그분의 세례나 다른 무언가, 즉 그분의 폭력적인 죽음이 아닌 다른 무언가가 압도적으로 자주 묘사되었을 것이라고 기대할지도 모른다. 고문당한 사람을 미술 작품으로 전시한다는 생각은 전복적이라고 해도 과언이 아니다. 하물며 마치 그리스도인의 주장처럼, 십자가에 달려 죽은 그 사람이 **하나님**이었다는 주장은 세상이 품었던 가장 혁명적인 관념이다.

우리가 이 특별한 혁명의 자녀임을 보여 주는 한 가지 증거는, 우리가 온도 습도가 조절되는 미술관 복도를 거닐다가 종교 미술 전시실에 들어서서는 고문당해 죽은 사람을 묘사한 수십 점의 그림을 바라보며 점잖게 고개를 끄덕인다는 사실이다. "아, 성화로군!" 우리는 이렇게 탄식한다. 대부분의 경우 이런 부조화를 알아차리지 못한다. 하지만 이는 예수 운동의 거대한 영향력을 입증할 뿐이다. 우리가 십자가를 바라보는 방식이 혁명적으로 변화된 이유는 십자가가 우리가 바라보는 방식을 혁명적으로 변화시켰기 때문이다.

내가 주장하는 바를 설명하기 위해 국립미술관의 '성화'와 십자가를 묘사한 훨씬 오래된 그림을 대조해 보자. 그리스도의 십자가 죽음을 묘사한 현존하는 가장 오래된 그림은 기독교라고 불린 이상한 새 종파를 조롱하는 낙서다. 그것은 로마의 팔라티노 언덕에 있는 석회 벽에 긁어서 그린 그림이다. 이 낙서는 사람의 몸과 나귀의 머리를 한 인물이 십자가에 달린 모습을 묘사한다. 십자가 옆에는 손을 들고 경배하는 신자가 서 있다. 같이 새겨진 문구가 모든 것을 설명해 준다. "알렉사메노스가 그의 신을 예배한다."

희극이 언제나 시간을 견뎌 내는 것은 아니지만 조롱은 오늘날에도 2,000년 전만큼이나 강렬한 인상을 남긴다. 메시지는 분명하다. 십자가에 달린 사람은 하나님이 아니다. 그는 당나귀일 뿐이다. 그런 인물을 숭배하는 사람은 기껏해야 바보일 뿐이며, 아마도 변태일 것이다.

우리는 이렇게 질문해 보아야 한다. 누가 십자가를 더 분명하게 보고 있는가? 조롱하는 로마인인가? 아니면 종교화를 그린 화가인가? 이 주제를 파고들수록 우리가 이상한 사람들이라는 사실을 깨닫는다. 이 장에서 우리는 로마인들처럼 세상을 바라보기 위해 그들의 샌들을 신고 그들의 입장이 되어 보고자 한다. 어떤 로마인도 십자가에 대해 무심한 반응을 보이지 않는다. 밤이 낮과 다르듯이 그들은 우리와 전혀 다른 반응을 보인다. 그리스도의 오심이 새로운 여명이었다면(그리스도인들은 분명히 그렇게 생각한다) 이 장에서는 첫 크리스마스가 오기 전의 밤을 살펴보는 셈이다.

노예의 죽음

"공개된 법정에서 좋은 평판을 잃어버리는 것은 비참한 일이며, 벌금을 부과당해 재산을 잃는 것도 비참한 일이고, 다른 나라로 쫓겨나 망명을 가는 것도 비참한 일이다.… 하지만 사형 집행자와 머리가리개, '십자가'까지 이 모든 용어는 로마 시민들의 몸뿐만 아니라 그들의 생각과 그들의 눈, 그들의 귀에서 멀어지게 하라.… 이런 것들은 언급조차 로마 시민과 자유민에게는 어울리지 않는다."[2]

역사상 가장 위대한 웅변가 중 한 사람인 키케로Cicero, 주전 106-43년가 이렇게 말했다. 여기서 명예에 대한 관심과 수치에 대한 경멸에 주목하라. 훌륭함worthiness과 비참함wretchedness은 고대 세계의 천국과 지옥을 의미했다. 키케로와 그의 동료들에게 한 사람의 '좋은 평판', 시민권, 자유민 신분은 가장 중요한 가치였다. 이를 상실하는 것은 모든 것을 상실한다는 뜻이었다. 따라서 키케로에게 십자가에 대한 언급 자체가 공포였음은 전혀 놀라운

---

[2] M. Tullius Cicero, *Speech before Roman Citizens on Behalf of Gaius Rabirius, Defendant Against the Charge of Treason*, ed. William Blake Tyrrell. http://www.perseus.tufts.edu/hopper/text?doc=Perseus%3Atext%3A1999.02.0023%3Achapter%3D5%3Asection%3D16. 2021년 10월 28일에 접속함.

사실이 아니다. 물론 십자가형은 극도로 고통스러웠다. ['견딜 수 없이 고통스러운' excruciating 이라는 단어가 '십자가로부터' from the cross 라는 뜻의 라틴어 '엑스 크루키스' ex crucis 에서 유래했다.] 하지만 십자가는 고통을 넘어서 치욕적이었다. 세상이 지켜보는 가운데 벌거벗은 채 못 박혀 꼼짝 못 하는 상황은 로마인들이 고안해 낼 수 있는 가장 수치스러운 종말이었다. 그리고 이런 수치가 이 처형의 핵심이었다.

우리에게 십자가는 신성한 상징이 되었으며, 고대적 의미와 정반대되는 것을 구체적으로 보여 준다. 우리 자신이 종교적인 사람이 아니라도 우리는 십자가가 대속, 구원, 비천한 이들 사이에도 계시는 하나님, 고통을 당하는 중에도 우리에게 주어지는 하나님의 평화를 상징한다는 사실을 이해한다. 고대 세계에서 십자가는 정반대를 의미했다. 십자가는 수치와 무가치함, 끊임없는 고문, 대속받지 못한 상실을 상징했다. 로마의 역사가인 타키투스 Tacitus 에 따르면 십자가는 "극단적인 처벌"이었다.[3] 나무에서 잘라 낸 시신을 도랑에 던져서 새가 쪼아 먹고 개가 물어뜯어 먹게 했다. 십자가형을 당한 이들은 쓰레기였다.

십자가는 "노예가 당하는 처벌"이었다.[4] 모든 고대 문화와 마찬가지로 로마는 현기증이 날 정도로 가파른 위계질서가 자리 잡힌 사회였다. 이 위계질서는 단순한 계급이나 역할의 위계

3　Tacitus, Historiae 4.11. 『타키투스의 역사』(한길사).
4　Tacitus, Annals 15.44. 『타키투스의 연대기』(범우).

질서가 아니었다. 그것은 **존재**에 대한 서열이었다. 국가의 처벌은 이 위계질서의 표현이자 실행이었다. 특정 계급에 속한 사람들은 십자가형으로 죽일 수 없었던 반면, 특정 계급에 속한 사람들은 죽일 수 있었다.

키케로는 십자가형을 "노예에게만 적용할 수 있는 가장 비참하고 가장 고통스러운 처벌"이라고 언급했다.[5] 노예를 십자가형에 처하는 것은 적절한 일이었다. 하지만 계속해서 키케로는 실수로 로마 시민이 십자가형에 처해진 끔찍한 사건이 불러일으킨 공포에 관해 논평했다. "로마 시민을 결박하는 것은 범죄이며, 그를 매질하는 것은 사악한 행위다. 그를 죽이는 것은 거의 [부모를 살해하는] 존속 살해나 마찬가지다. 로마 시민을 십자가형에 처하는 일에 관해서는 어떻게 말할 수 있을까? 어떤 부적절한 표현을 해도 그처럼 죄악된 행동은 제대로 표현할 수 없다."[6] 누가 십자가에 달리느냐에 따라 십자가형은 '적절한' 처벌일 수도 있었고, 말로 표현할 수 없는 악일 수도 있었다.

주후 61년에 로마의 어느 원로원 의원이 자신의 노예에게 살해당했다. 관례에 따르면 그 집의 모든 노예 400명을 십자가

---

5 M. Tullius Cicero, *Against Verres*, ed. C.D. Yonge. http://www.perseus.tufts.edu/hopper/text?doc=Perseus%3Atext%3A1999.02.0018%3Atext%3DVer.%3Aactio%3D2%3Abook%3D5%3Asection%3D169. 2021년 10월 29일에 접속함.

6 같은 책. http://www.perseus.tufts.edu/hopper/text?doc=Perseus%3Atext%3A1999.02.0018%3Atext%3DVer.%3Aactio%3D2%3Abook%3D5%3Asection%3D170. 2021년 11월 2일에 접속함.

형에 처해야 했다. 타키투스는 일부 로마인들이 이의를 제기하면서 처벌 과정에서 "극단적으로 가혹한 집행 방식을 따르기를 주저했다"고 말했다. 하지만 원로원의 대다수 의원들은 대규모의 노예 처형에 찬성하는 입장을 강력히 피력했던 카시우스 카이우스Cassius Caius의 의견에 동의했다. 카이우스는 당연히 동정심보다는 전통을 중요하게 여겨야 한다고 보았다. 그는 이렇게 물었다. "우리보다 더 지혜로운 사람들이 이미 심사숙고해서 결론을 내린 문제에 대해 논쟁하는 것을 즐기는가?" 옛사람들이 이미 말했다. 요즘 사람들이 무슨 자격으로 이의를 제기한다는 말인가? (이것이 진보에 대한 오늘날의 믿음과 정반대임을 알아차릴 수 있다.) 카이우스는 몇몇 무고한 이들이 죽을 수도 있다고 우려하는 이들에 맞서 이렇게 주장한다. "모든 위대한 선례에는 불의가 존재한다. 설사 그 때문에 개인이 해를 입더라도 그 대신에 공공이 유익을 얻게 된다." 이는 공공의 이익을 위해 개인의 희생을 감수하는 '더 큰 선'에 대한 주장이다. 왜? 선례를 만들기 위해서다. 본보기를 만들기 위해서다. "공포를 통해서만 이처럼 무질서한 군중을 제어할 수 있다." 공포는 로마의 계급 제도를 유지시키는 유일한 수단이었다. 오직 공포를 통해서만 소수의 귀족은 "두려움에 떠는 무리 가운데 안전하게 살" 수 있었다.[7]

---

7   Tacitus, "The Murder of Pedanius Secundus", https://faculty.tnstate.edu/tcorse/H1210revised/tacitus.html. 2021년 10월 27일에 접속함.

그런 주장이 받아들여져, 400명의 남자와 여자, 아이들이 400개의 십자가로 끌려갔다. 이렇게 그들은 옛사람들의 지혜를 받들었으며, 제국의 더 큰 선을 고수했고, 대중을 공포에 떨게 했다. 억제가 그들의 목표였으며 십자가형은 중요한 도구였다. 때로는 이 모든 것이 불의하다는 점이 핵심이었다. "노예에 대한 처벌", 때로는 수백 명의 하층민, 심지어는 무고한 사람들에 대한 처벌이 공적으로 집행되는 장면을 목격함으로써 대중은 그들이 무가치한 존재라는 사실을 가장 냉혹한 방식으로 목격했다. 권력자들은 그렇게 할 수 있기 때문에 **이 사람들을** 살해했다. 그들은 이 사람들을 더 많이 학살할수록 그렇게 할 수 있음을 더 많이 실감했다. 로마의 잔인함에 희생당한 한 사람의 말처럼, "[우리를 고문한 이들은] 우리가 더 이상 존재하지 않는 것처럼 생각하고 행동하라는 [명령을 받았다]."[8] 누군가가 십자가형을 당하는 장면을 목격하는 것은 그가 사람이 아닌 존재가 되는 장면을 지켜보며 **이 비참한 사람처럼 살지 말라**는 메시지를 듣는 것과 같았다.

 그렇다고 해서 구경꾼들이 십자가형을 지켜보는 것을 싫어했다는 말은 아니다. 반대로 처형은 대단히 인기 있는 행사였다. 십자가형은 언제나 공개적으로 실행되었으며 검투사 경기의 일

---

[8] "The Writings of Phileas the Martyr describing the Occurrences at Alexandria," https://www.ccel.org/ccel/schaff/npnf201.iii.xiii.xi.html?scrBook=Phil&scrCh=2&scrV=6#highlight. 2021년 10월 27일에 접속함.

부를 이루기도 했다. 로마에서는 엄청난 규모의 군중이 경기 중간 휴식 공연처럼 치러진 십자가형을 포함해 자극적인 공포를 지켜보았다. 죽음과 맞서 싸우는 노예는 가장 인기 있는 볼거리였지만, 더 자극적인 볼거리를 위해 야생 동물이 죄수들을 잡아먹게 하거나 심지어는 그들을 강간한 다음 잡아먹게 하는 경우도 많았다. 당시에는 베스티아리 bestiarii, 야생 동물 조련사가 황소가 희생자를 먼저 강간하도록—혹은 적어도 성폭행을 흉내 내도록—훈련할 수 있다고 자랑하기도 했다. 이 모든 것은 군중의 기쁨이자 짐승의 형상을 취해 여자들을 강간했던 신들의 영광이었다. 신들에 관한 것이든, 군대에 관한 것이든, 짐승에 관한 것이든 이렇게 피비린내 나는 고대의 장면을 재연하는 것은 군중이 특히나 좋아했던 볼거리였다.

이처럼 창의적이며 기괴한 잔혹성 때문에 이런 경기는 값비싼 구경거리가 되었으며 생명은 값싼 것이 되었다. 칼리굴라 통치 시기(주후 37-41년)에는 경기용 짐승에게 먹일 고깃값이 급등해서 고기를 구하기 어려워진 때도 있었다. 황제의 해법은 재판을 받았든지 받지 않았든지 도시의 모든 죄수들을 굶주린 짐승의 먹잇감으로 제공하라고 명령하는 것이었다. 로마에서 어떤 부류의 사람들은 반려동물의 먹이가 될 수도 있었다. 사실 이런 희생자들은 '사람'도 아니었다—우리의 현대적인 감수성에 인식될 만한 방식으로는 아니었다.

하지만 이런 가치의 위계에 관해 고대 세계에서는 탄식은커

녕 칭송했다. 이것은 정당했다. 또한 곧 '자연'의 가르침이었다.

자연의 가르침

"어떤 이들은 지배하고 다른 이들은 지배를 당해야만 한다. 이런 상황은 필요할 뿐 아니라 적절하다. 어떤 이들은 복종하도록 태어나고, 또 다른 이들은 지배자가 되어야 할 운명을 타고났다." (아리스토텔레스, 주전 382-322년)

그리스 철학자 아리스토텔레스의 견해는 로마 세계에서 환영받았다. 하지만 그의 견해는 우리의 현대적인 생각과는 정반대다. 우리는 '정의'란 사람들을 평등하게 대하는 것을 의미한다고 생각한다. 고전 세계에서 정의는 불평등이 강요되는 것으로 여겨졌으며, 그것이 바로 자연이 의도한 바이기도 했다.

고대의 관념에 따르면 어떤 인간들은 '살아 있는 도구'였다. 고대 철학의 거장인 플라톤과 아리스토텔레스가 반복적으로 사용한 이 용어는 특정 부류의 사람들을 타인에게 이용당하기 위해 태어난 기계처럼 묘사했다. 이를 지칭하는 다른 명칭이 바로 노예다.

플라톤이나 아리스토텔레스와 같은 고전기의 작가들이 "노예제를 옹호했다"고 인용하는 경우가 많다. 사실 그들은 그런 일을 하지 않았다. 왜냐하면 노예제를 공격하는 이가 전혀 없었기 때문이다. 아무도 그럴 생각이 없었다. 경제 전체가 노예제를 기반으로 세워졌을 뿐만 아니라 정치와 종교 역시 그랬다. 사실 고대인들의 이해에 따르면 존재의 구조 자체에 노예제가 포함되어 있었다. 래리 시든톱의 말처럼, "고대 사상의 핵심에는 자연적 불평등에 관한 전제가 자리 잡고 있다."[9]

고대 철학자들은 자신이 이런 불평등을 옹호하거나 심지어 가르친다고 생각하지 않았다. 어떤 사람들이 다른 사람들보다 더 적합하고, 더 강하고, 더 똑똑하고, 솔직히 더 낫다고 "자연 자체가" 가르쳤다. 우월한 인종(야만인보다 우월한 그리스인), 우월한 성(여성보다 우월한 남성), 우월한 계급(노예보다 우월한 자유민)이 존재했다. 야만인, 여성, 노예의 추함과 열등함은 본성적으로 분명히 드러났다. 어떤 사람들은 잘 다스릴 수 있는 반면 다른 사람들은 다스림을 받아야 할 필요가 있음을 과연 그 누가 부인할 수 있겠는가?

존재를 구분하는 위계질서에서 어디에 속해 있는지와 상관없이 고전 세계의 모든 구성원은 이런 관념을 명백한 사실로 받아들였다. 물론 현재 상태에 대한 변화를 추구했던 사람들이 있었다. 노예의 반란은 언제나 대비하고 막아야 하는 일이었다ㅡ따라서 십자가형과 같은 폭력적인 억제책이 필요했다. 하지만 열등한 이들이 더 높은 신분이나 더 많은 권력, 자유, 재산을 얻

---

9   Larry Siedentop, *Inventing the Individual* (Penguin, 2015), p 51.『개인의 탄생』(부글북스).

었을 때, 그들은 권리가 아닌 이익을, 즉 정의가 아닌 특권을 추구했다. 앞에서 인용한 플라톤의 말처럼, 정의란 곧 당신보다 우월한 사람들이 당신을 다스리는 것이었다. 이것이 자연이 명하는 바이며, 이성과 가장 조화를 이룬 사람들은 이 사실을 이해할 수 있었다. 운명이 당신에게 부여한 지위는 당신이 마땅히 받아야 할 상벌이었다.

『이솝 우화』(주전 7세기)와 같은 교훈에 농축된 사람들의 지혜는 이런 메시지를 강화했다. 이솝의 한 우화에서는 수사슴이 되고 싶어 했지만 수사슴이 사냥당해 죽는 모습을 보고 자신의 어리석은 야망을 버리는 도마뱀에 관한 이야기를 들려준다. 그가 먹이사슬에서 자신이 속한 수치스러운 위치를 기뻐하는 모습으로 이야기는 마무리된다. 마찬가지로 뱀처럼 길어지고 싶어 한 도마뱀도 있었다. 그는 자신이 감당하지 못할 한계 이상으로 자신을 늘렸고 결국 터져서 죽고 말았다. 얼마나 어리석은가!

이런 이야기는 우리 현대인의 이야기와 정반대의 교훈을 가르친다. 오늘날 영웅은 전통과 위계질서라는 결박을 깨뜨려 자신의 어마어마한 내적 잠재력을 표출한다. 이것이 더 나은 교훈일 수도 있지만, 어쩌면 그렇지 않을 수도 있다. 부인할 수 없는 것은 차이다. 고대인들은 수많은 방식으로 "자신의 위치를 알라"고 배웠다. 그리고 그들의 위치란 사회에서 그들의 계급일 뿐만 아니라 우주에서 그들이 차지한 지위―존재에 대한 거대한 위계질서에서 그들이 차지한 지위―이기도 했다. 그러므로 종교는 그들의 삶을 이루는 필수 요소였다.

종교의 가르침

어떤 의미에서 이 주제는 별도의 항목으로 다룰 필요가 없다. 고대 종교를 논할 때, 적어도 고대인들에 관한 한 또 다른 주제로 넘어가는 것이 아니다. 5장에서 살펴보겠지만, 우리가 지금 세속의 영역과 신성한 영역을 구별하는 경향성을 갖게 된 것은 오직 기독교 혁명의 결과 때문이다. 현대인으로서 우리는 과학, 상업, 정치와 같은 영역처럼, 세계의 공적이고 실재적이며 일상적인 작용에 관해 생각한다. 그런 다음 우리는 이것을 '종교'라는 개인적이며 내적인 영역과 대조한다. '세속 영역'에 관해 생각할 때면 경쾌한 신스 팝 synth pop 음악을 배경으로 정장을 입은 뉴요커들이 바쁘게 출근하는 모습을 담은 1980년대의 기업 홍보 영상이 떠오른다. '종교적인' 것에 관해 생각할 때면 초점이 흐릿한 교회의 모습, 혼자 노래하는 소년 찬양대원, 하나뿐인 촛불, 홀로 기도하는 사람이 떠오른다. 후자는 소수의 독특한 취미이며, 전자는 세상을 작동시키는 구조다.

하지만 고대 세계에서는 이런 구분이 낯설었을 터다. 예를 들면, 그들은 절대로 정치와 종교를 분리할 생각을 하지 않았을 것이다. 정치는 도시를 뜻하는 그리스어 '폴리스'polis의 일에 관한 문제였다. 하지만 도시는 우리가 이해하듯이 개인의 집합체가 **아니라** 가족의 집합체였다. 모든 가족의 우두머리는 그 가정의 아버지 '가장', paterfamilias였다. 그는 모든 가족 구성원에 대한 생사여탈권을 가진 가장 나이 많은 남성이었다. 가족 제의의 제사장으로서 가족의 신들에게 드리는 제사를 주관하고, 화로의 불을 계속 타오르도록 지킴으로써 조상들에게 제대로 공경을 표시하고, 이런 신성한 의무를 맏아들에게 넘겨주는 일은 그가 맡은 가장 중요한 역할이었다. 이런 가족들이 더 큰 가문과 도시로 연합될 때 신들은 이런 연합에서 핵심 요소였다. 상업적이든, 군사적이든, 정치적이든 모든 계약은 신성한 행위를 통해 신들에게 비준되었다. 시민이 된다는 것은 그 도시의 신들을 예배하는 행사에 참여한다는 뜻이었다.

아테네인들이 '민주주의'라고 부른 제도를 실험했을 때조차도 그것은 철저히 종교적인 기획이었다. 한 사람이 통치하는 군주제 mon-archy나 소수의 권력이 통치하는 과두제 olig-archy와 달리 민주주의 demo-cracy는 '사람들의 권력'이었다. 물론 여기서 핵심 질문은 이것이다. "그리스인들은 과연 누구를 '사람들'로 간주했는가?" '사람들'에 관해 생각할 때 우리는 동일한 법률 아래에서 동등한 지위를 갖는 개인들의 집단을 떠올린다. 하지만 우리가 그렇게 생각하는 것은 기독교의 영향 때문이다. 고대 세계의 근본 단위는 가족이었다(이는 오늘날 대부분의 비기독교 세계에서도 마찬가지다). 이런 가족 단위가 서로 연합할 때, 함께 모이는 사람은 '아버지들'이었다. '민주주의' 제도 아래에서 제사장 역할을 하는 이 가장들이 다양한 문제나 후보자에 관해 투표할 수 있었지만, 그들의 선택지는 이미 제비뽑기나 델포이 신탁이 제한하는 것으로 국한되었다. 아테네인들을 다스린 것은 민주주의라기보다는 점술이었다. 따라서 경우에 따라 소수의 엘리트 남성들이 투표권을 가진다고 해도 실제로 결정권을 가진 지배자는 신들이었다. 도시를 통치하는 것에서 전쟁의 결과, 농사의 성공, 천체에 관한 연구에 이르기까지 모든 것이 속속들이 '종교적'이었다.

그러므로 고대인을 이해하기 위해서는 그들의 종교적 사고를 이해해야 한다. 이를 위해 그들의 기원 설화 몇 가지를 간단히 살펴보자. 고대의 창조 신화는 사람들이 신들과 자신, 자신을 둘러싼 세계를 바라보았던 방식에 관해 생생한 인상을 준다.

노예로 태어남

태초에 혼돈이 있었다. 그런 다음 반란이 있었다. 그런 다음 전쟁이 있었다. 그런 다음 노예제가 생겨났다. 그런 다음 우리가 태어났다. 고대 근동의 신화들은 이렇게 말했다.

바빌로니아의 창조 설화를 전형적인 이야기로 들 수 있다. "에누마 엘리시" *Enuma Elish* 에서 대부분의 이야기는 창조 이전에 일어난 신들의 전투를 다룬다. 결국 마르두크가 티아마트를 죽이고 그 몸을 쪼개 하늘과 땅(천지)을 만들었다. 300명의 신들은 하늘을 차지했고, 600명의 신들은 땅을 차지했으며, 한 신을 희생시켜 인간을 만들고 "신들의 고된 노동을" 인간에게 "떠넘겼다." "[킨구의] 피로 [에아가] 인류를 창조했으며, 그는 신들을 해방시키기 위해 신들이 할 일을 인류에게 떠맡겼다."[10]

이것이 고대 신화에서 반복적으로 등장하는 주제다. 인류는 살육을 통해 창조되었고 노예가 되기 위해 만들어졌다. 이렇게 말하는 메소포타미아의 아트라하시스Atrahasis 신화와 비교해 보라. "첫 인간을 창조해 그에게 멍에를 지우라! 그에게 멍에를 지우라.… 인간에게 신들의 짐을 지우라!"[11] 하지만 여기서도 한 신을 희생시켜 인류를 만들었지만[이번에는 게쉬투-에Geshtu-E가 불운한 신이다], 다시 한번 인류는 고된 노동을 강요받는다.

그리스 신화에 따르면 우리의 기원에 관한 이야기에는 혼돈과 전쟁, 노예제가 포함되며, 질투와 섹스 역시 많이 포함된다. 그리스인들은 가이아(땅)와 우라노스(하늘), 타르타로스(지하 세계)에 관해 이야기했다. 가이아와 우라노스에게는 티탄이라는 자녀들이 있다. 하지만 가이아는 우라노스가 혐오했던 괴물들인 키클롭스도 낳는다. 우라노스는 그들을 타르타로스에 던져 넣는다. 가이아는 복수를 다짐하고 자신의 아들 크로노스에게 우라노스의 생식기를 잘라 내게 한다. 이 부부 싸움은 뜻밖에도 긍정적인 결과를 가져왔다. 그의 생식기에서 흘러나온 피가 사

---

10   Enuma Elish, 29-34. http://www.usu.edu/markdamen/ANE/lectures/10.1.pdf. 2021년 10월 29일에 접속함.
11   Atrahasis, Tablet 1. https://geha.paginas.ufsc.br/files/2017/04/Atrahasis.pdf. 2021년 10월 29일에 접속함.

랑과 아름다움의 여신인 아프로디테를 만들어 낸다. 이것이 낭만이 죽었다고 생각한 바로 그때 일어난 일이다.

크로노스는 자신의 누이인 레아와 결혼하지만 자신의 자녀가 자신을 잘라 낼 것을 두려워해 자녀들이 태어나자마자 선제적으로 그들을 집어삼켜 버린다. 레아는 여섯째로 태어난 제우스를 가까스로 구해 낸다. 크레타의 동굴 안에서 염소젖을 먹으며 자라난 제우스는 돌아와 크로노스를 속여 자신의 다른 형제들을 토해 내게 한다. 그런 다음 제우스는 아버지가 토해 낸 자신의 형제 신들과 동맹을 맺는다. 그들이 바로 올림포스 신들로, 그들은 티탄들과 싸운다. 긴 이야기를 짧게 요약하면, 올림포스 신들이 승리하고, 제우스는 (크로노스가 두려워했던 것처럼) 크로노스를 잘라 그 조각을 타르타로스에 던져 버린다. 제우스는 바다를 다스리는 포세이돈, 지하 세계를 다스리는 하데스와 함께 신들의 왕이 된다.

여기서 인류는 어디에 있을까? 우리의 존재에 관해서는 프로메테우스에게 감사해야 한다. 프로메테우스는 티탄이었지만, 전쟁에서 싸우지 않았기 때문에 다른 티탄들처럼 타르타로스에 던져지지 않았다. 프로메테우스는 다른 이들과 함께 인간을 만드는 일을 맡는다. 그는 흙으로 인간을 만든다. 인간에게 생명을 불어넣은 신은 아테나지만, 프로메테우스는 제우스의 바람을 거스르면서까지 태양에서 불을 훔쳐 인간에게 줌으로써 화룡점정을 한다. (이 티탄은 올림포스 신들보다 훨씬 더 인간을 사랑했다.) 이 반역 행위에 대한 벌로 프로메테우스는 바위에 사슬로 묶인 채 독수리에게 간을 쪼이는 벌을 받는다. 다시 간이 회복되면 다시 독수리가 간을 쪼아 먹고, 다시 간이 회복되고 다시 독수리가 간을 쪼아 먹는다. 이런 과정이 반복되었다.

이것이 우리의 근원이다. 혼돈과 폭력, 죽음이었다. 그리고 고대 세계를 살펴보면 어디나 그렇다. 로마인들은 그리스 신화의 많은 부분을 받아들였는데, 신화를 다시 쓰기보다는 이름만 바꿨다. 제우스는 이제 '유피테르', 아프로디테는 '베누스', 포세이돈은 '넵투누스'가 되었다. 하지만 이 이야기에는 질투와 음모, 잔인함이라는 같은 주제가 그대로 포함되었다. 로마인들이 그리스의 전쟁의 신이었던 아레스를 받아들인 방식에서 한 가지 중요한 업데이트가 이루어졌다. 그리스인들은 아레스를 파괴적이며 비열한 힘으로 여겼는데, 오히려 로마인들은 자신들의 신 마르스를 사랑했다. 그는 남자다움의 화신이었으며 판테온에서 유피테르에 이어 두 번째로 높은 지위를 차지했다. 마르스는 순진무구한 인간 레아 실비아를 강간해 태어난 로마의 건국자들인 로물루스와 레무스의 아버지가 되었다. 로마 신화의 기원 이야기를 생각해 보면 도시 자체에 초점을 맞춘다고 말할 수 있을 정도다. 우주에 대한 로마인들의 전망은 '영원한 도시'인 로마에 대단히 집중되어 있었다. 그리고 그 도시는 전쟁과 강간으로 시작되었다.

우주를 떠받침

이 장에서 우리는 로마인의 입장에 서 보려고 노력한다. 특히 우리는 그들이 십자가를 보았던 방식으로 십자가를 보기 원한다. 우리의 **기이한** 가치가 방해해서 그렇게 하기가 거의 불가능하다. 강간과 폭력, 불평등과 잔인성, 노예제와 고문에 의한 죽음이라는 말을 들으면 우리의 현대적 감수성이 발동하기 시작한다. 우리는 이런 것들을 '주어진 현실'로 받아들이기 어려워한다. 더구나 이런 것들을 '**마땅히** 그래야 하는 바'라고 여기기는 분명 어렵다. 하지만 로마인들은 이 모든 것을 매우 당연하게 받아들였다. 그리고 십자가 아래에 설 때 그들은 우뚝 솟은 끔찍한 현실의 구조 전체를 시궁창의 수준에서 바라보았다. 십자가는 경멸할 만한 사람들을 짓누르고 제국, 사실상 우주의 '정의로운' 질서를 유지하기 위해 높은 곳에 있는 폭력적인 권력에서 나왔다. 십자가형에 희생된 사람을 바라보는 것은 가장 밑바닥에 있는 사람을 본다는 뜻이었다.

그리고 그때 그리스도인들이 나타나 "우리는 다른 무언가를 본다"라고 말했다. 그들의 주장은 상상할 수 있는 가장 혁명적인 주장이었다. 즉 하나님이 친히 십자가에 달리셨다는 주장이었다. 두말할 나위도 없이 그 신은 마르스가 아니었다. 평화로운 시기에 마르스가 찾아온다면 그는 자신의 너그러움을 보여 주는 징표로 자신의 창을 칼집에 꽂을 것이다. 기독교의 하나님은 그분의 창을 칼집에 꽂지 않으셨다. 오히려 정반대로 하셨다. 그분은 로마 군인이 창으로 그분의 가슴을 깊숙이 찌르도록 허용해서 노예와 같은 죽음을 당하셨다. 그리고 이 인물을 '하나님'이라고 부른 첫 번째 부류의 사람들은 절대로 그런 행동을 할 거라고 생각지도 않은 사람들이었다. 기독교는 유대교 운동으로서 시작되었다. 가장 일찍 그리스도를 따른 이들은 유대인들이었다. 그리고 그들 모두가 그분을 하나님이라고 불렀다. 유대인이 말하는 '하나님'은 그리스나 로마의 판테온에 속한 어떤 신을 뜻하지 않았으며, 바빌로니아 신화에 등장하는 티격태격 다투는 신을 뜻하지도 않았다. 그들이 말하는 하나님은 '하늘과 땅의 창조자, 생명과 존재의 원천'을 의미했다. 하지만 가장 먼저 그리스도인이 된 사람들은 유대인이었으며, 그들은 십자가에 달려 죽은 남자를 바라보며 "우리 하나님을 보라!"라고 선언함으로써 그리스도인이 되었다.

로마의 공기를 마시며 로마의 잔인함에 통제를 받고 로마의 신화를 배우면서 자란 로마인은 그리스도인의 주장을 어떻게 받아들였을까? 물론 그들은 그리스도가 멍청이이며, 그분을 예배하는 이들은 바보이고, 그분의 종교는 사특하다고 생각했을 터이다. 로마 시민에게 십자가가 차마 입에 담지 못할 이름이었다면 십자가의 희생자로 나타난 하나님은 과연 어떤 종류의 신이었겠는가?

유대인으로서 그리스도인으로 회심한 1세기 인물인 바울은 지중해 지역에서 수십 년 동안 이 메시지를 전했고 "십자가의 도가…미련한 것"임을 인정했다. 하지만 "구원을 받는 우리에게는 하나님의 능력"이라고 그는 덧붙였다(고전 1:18).**12** 신약의 절반을 기록한 바울은 자신의 기본 메시지가 "예수 그리스도와 그가 십자가에 못 박히신 것"에 사로잡혀 있다고 요약했다(2:2). 그는 예수님의 십자가형을 단호한 구분선으로 제시했다. 어떤 이들은 이를 조롱했지만 어떤 이들은 이에 헌신했다. 당연히 1세기의 청중은 이것이 어리석을 뿐이며, 특히 수치스러울 정도로 어리석다고 생각했을 터였다. '십자가에 달리신 하나님'은 고통스러울 정도로 바보 같은 생각이었다. 하지만 그리스도인에게 십자가는 그들의 삶과 그들이 살아가는 세상을 이해할 수 있게 해 주는 특별한 의미를 가졌다. 그들은 은혜롭게 자신을 낮추신 하늘의 하나님을 만났다고 느꼈다. 그들에게 절망의 끝은 새로운 시작점이 되었다. 십자가는 이 세상의 모든 확실성을 진동으로 뒤흔든 지진의 진앙이었다. 가장 높은 분이 가장 낮은 곳으로 떨어지셨고 세상을 뒤엎는 급진적 운동을 시작하셨다.

바울과 당대 그의 동료들은 어리석은 설교를 끈질기게 계속했으며, 놀랍게도 그 설교를 듣고 반응하는 사람들이 생겨났다. 시간이 지나면서 십자가에 달려 죽으신 그리스도께서 "하나님의 능력"이기도 하다는 그들의 믿음은 점점 덜 어리석어 보였다.

---

12 성경 고전 1:18. 이후로도 성경 구절을 이와 동일한 형식으로 표기한다.

능력이 작동하는 것처럼 보였기 때문이다. 하나의 운동이 시작되었다. 먼저 마음이 바뀌었고, 그다음에는 삶이, 그다음에는 공동체가, 그다음에는 문화가, 그다음에는 모든 것이 바뀌었다. 결국 이 어리석은 메시지는 인류 역사에서 가장 영향력 있는 메시지가 되었다.

이제 겸손한 희생이라는 관념은 더 이상 수치스러운 것이 아니라 영광스러운 것이 되었다. 이제 우리는 평등과 긍휼, 자유를 비롯해 이 책에서 탐구하는 모든 기이한 가치를 당연하게 여긴다. 이제 우리는 기분 좋게 전시실을 거닐며 '1,000년 동안 십자가 죽음을 묘사한 작품들'을 바라본다. 어떤 도덕적 지진이 발생했든지, 그 영향력은 지진에 비할 만큼 엄청났다. 이 책의 나머지 부분에서는 그 영향력을 살펴볼 것이다.

2 평등

우리는 어떻게 평등이 당연한 세상에 살게 되었는가?

> "나는 모든 생명이 동등한 가치를 지닌다고 인정하지 않습니다."
>
> ─섬션 경, 2021년 1월

이 말이 불러일으킨 격분은 즉각적이며 본능적이고 대단히 기독교적이었다.

이 말을 한 사람은 영국의 대법관이었던 섬션 경 Lord Sumption 이다. 그는 텔레비전에 출현해 정부가 명령한 봉쇄 조치가 감염병 대유행에 대한 적절한 대응이었는지 논쟁을 벌였다.[1] 그는 노령자는 코로나19에 더 큰 영향을 받는 반면에, 젊은이들은 봉쇄에 더 큰 영향을 받는다고 주장했다. 따라서 봉쇄는 "더 큰 선을 위해 너무 많은 사람들에게 벌을 내리는" 행정 절차였다.

---

1 *The Big Questions*, BBC1, Series 14, Episode 1. 2021년 1월 17일 방영.

물론 이 말은 다음과 같은 질문을 촉발했다. "봉쇄를 하지 않는다면 노령자가 젊은이들의 선을 위해 희생해야 하는가?"

은퇴자로서 섬션은 기꺼이 그런 희생을 하려는 것처럼 보였다. "내 자녀들과 손주들의 삶은 내 삶보다 훨씬 더 값어치worth가 큽니다. 그들에게는 앞으로 살아갈 날이 훨씬 더 많기 때문입니다." 바로 이런 맥락에서 그는 이렇게 말했다. "나는 모든 생명이 동등한 가치value를 지닌다고 인정하지 않습니다."

인간의 '값어치'와 '가치'가 동등하지 않다는 섬션의 말이 촉발한 격노로 그다음 주 내내 신문의 칼럼과 텔레비전 낮 시간대 방송이 들끓었다. 섬션이 인간으로서의 동등한 가치에 대해 의문을 제기하고 불과 몇 분 지나지 않아서 암 때문에 코로나19 위험군에 속하게 된 여성 데버라 제임스Deborah James가 생방송 중에 문제를 제기했던 점도 그에게 유리하게 작용하지 않았다. 그녀는 이렇게 항의했다. "죄송하지만 제가 바로 가치가 없는 삶을 산다고 말씀하신 부류에 속한 사람인데요." 섬션은 그녀의 말을 가로막으며 해명하려 했지만 오히려 그의 말은 다음 한 주 내내 뉴스에서 논란이 되었다. "나는 당신의 삶이 가치가 없다고 말하지 않았습니다. 덜 가치 있다고 말했을 뿐입니다."

가치가 없는 것은 아니다. 덜 가치 있을 뿐이다. 놀라울 것도 없이 이 해명은 논란에 기름을 부었다. 이보다 가장 깊은 곳에 자리한 우리의 도덕적 감수성에 거슬리는 말을 떠올리기가 쉽지 않다. 젊은이가 노령자보다 더 가치 있다거나 건강한 사람이 아픈 사람보다 더 가치 있다는 생각은 우리 안에, 말하자면 종교적 격분을 불러일으킨다. 다른 어떤 종류의 말로도 이런 감정을 제대로 표현할 수 없어 보인다. 우리는 섬션의 표현이 신성 모독적이라고 느낀다. 혹은 그와 비슷한 일을 저지른다고 느낀다. 데버라 제임스는 많은 사람들을 대변해 은퇴한 판사의 말을 반박했다.

"당신이 무슨 자격으로 생명에 가치를 매깁니까? 내가 보기에 생명은 신성합니다. 다른 많은 사람들도 그렇게 생각할 것입니다. 그리고 그런 판단을 우리가 내려서는 안 된다고 생각합니다. 사람들이 어떤 삶을 살아가든지 상관없이 모든 생명은 구할 가치가 있습니다."

불평등이라는 관념에 대한 본능적 반감에 주목하라. 다른 어떤 상황에서도 '신성한'이라는 단어를 써 본 적이 없는 사람이라도 그것을 붙잡기 시작한다. 인간의 평등한 가치가 위협받을 수도 있다는 두려움을 느낄 때 우리는 종교적인 언어를 사용하게 된다. 그것을 부인하는 것은 신성을 더럽히는 행위다. 그것은 죄이고 신성 모독이다.

'평등'과 '하나님': 믿음의 문제

텔레비전 쇼에 또 다른 초대 손님이 있다고 상상해 보라. 스튜디오 조명에 눈을 깜빡이며 첨단 장비에 당혹스러워하면서 아리스토텔레스가 입장한다. 사회자가 "어떤 생명이 다른 생명보다 더 가치 있다고 생각하는가?"라는 주장에 동의하는지 묻는다. 고대의 사상가는 눈살을 찌푸린다. **정확히 무슨 주제로 토론을 하자는 말인가?**

서양 철학의 아버지인 아리스토텔레스에게 생명이 불평등한 가치를 지닌다는 주장은 진부할 정도로 명백하다. 어떤 이들은 남자이고, 어떤 이들은 여자다. 어떤 이들은 그리스인이고, 어떤 이들은 야만인이다. 어떤 이들은 자유인이고, 어떤 이들은 노예다. 부자와 가난한 사람, 지혜로운 사람과 어리석은 사람, 강한 사람과 약한 사람이 있다. 자연에도 차이가 존재함을 분명히 알 수 있다. 어떤 속성에 관해 두 사람을 비교해 보라. 어떤 결론을 내리게 될까? 이 사람이 저 사람보다 더 많이 가지고 있다. 물론 이것이 불평등의 정의다. 모든 인간의 특징에서 불평등한 면을 보는데도 두 사람이 실제로 평등하다고 주장한다면 이런 의문이 제기될 것이다. **어떻게 평등하단 말인가? '평등'이 존재하는 마법의 세계가 어디에 있단 말인가? 그곳을 나에게 보여 줄 수 있는가?** 아리스토텔레스가 정중한 태도를 유지한다면 이렇게 말할 것이다. "'평등'에 대한 당신의 믿음은 대단히 흥미롭습니다. 당신이 이해하는 것을 나도 이해하고 싶습니다. 분명히 당신에게는 '평등'이 대단히 중요하군요. 당신은 이 신념에 비추어 살아가고 있네요. 나는 당신의 삶의 방식을 존중합니다. 하지만 내게는 당신이 아무런 이유나 증거도 없이 무언가를 믿기로 작정한 것처럼 보입니다. 안타깝지만 나는 동의할 수 없습니다."

아리스토텔레스는 '평등'에 대한 우리의 현대적 신념을 이렇게 바라볼 것이다. 흥미롭게도 우리가 상상해 본 이 인용문에서 '평등'이라는 단어를 '하나님'으로 바꾼다면, 내 무신론자 친구들이 종교적 신앙을 어떻게 생각하는지 깔끔하게 요약할 수 있다. 즉 믿을 이유가 전혀 없지만 훌륭한 관념이라고 생각하는 것이다. 우리는 곧 '평등'에 대한 믿음과 '하나님'에 대한 믿음 사이의 유사성을 더 자세히 살펴볼 것이다. 하지만 잠깐 섬션에게 돌아가 보자.

수직적 차원과 수평적 차원

며칠이 지나서 섬션은 다른 텔레비전 채널에서 자신이 했던 말을 다시 해명하려 했다.[2]

---

2 *Good Morning Britain*, ITV1, 2021년 1월 18일 방영. https://www.itv.com/goodmorningbritain/articles/lord-sumption-expands-on-his-cancer-patientslives-are-less-valuable. 2021년 11월 1일 접속함.

"나는 정말로 간단한 주장을 하려고 했을 뿐입니다. 모든 정책 입안자는 어려운 선택을 해야만 합니다. 그러기 위해서 때로는 인간의 생명에 가치를 매겨야만 합니다. 이것이 보건경제학에서 표준적으로 사용하는 개념인 질 보정 생존 연수quality-adjusted life years입니다. 내가 말하려는 건 바로 그것입니다. 정책 입안자는 그렇게 해야만 합니다. 그렇게 하지 않으면 다른 정책적 선택에 따른 결과를 감당할 수가 없습니다."

맞는 말이다. 자원이 회소한 세상에서 우리는 생명을 구하는 모든 조치를 시행할 수는 없는 노릇이다. 하나의 문제를 해결하는 데 돈을 쓰면 다른 문제를 해결하는 데 쓸 돈이 없다. 우리에게 돈이 무한히 많지 않을 테니 말이다. 그러므로 생명의 가치를 존중하기 위해—생명의 가치를 최대한으로 존중하기 위해—정책 입안자들이 환자나 인구 집단에 앞으로 얼마나 많은 생명이 남아 있는지 고려해야만 할 때가 있다. 아홉 살의 환자와 아흔아홉 살의 환자가 있는데 단 한 사람의 생명만 치료할 수 있다면, **우리는 어떻게 해야 할지 안다**고 섬션은 말한다. 하지만 중요한 이 시점에 그는 앞에서 분명히 밝히지 않았던 관점을 덧붙였다.

"사람들이 도덕적으로 덜 가치 있다는 말이 아닙니다. 하나님이 보시기에, 혹은 그들의 동료 시민들이 보기에 그들이 덜 가치 있다는 말이 아닙니다…."

앞에서 섬션이 했던 말에는 핵심적 차원이 누락되어 있는데 바로 수직적 차원이다. 모든 사람에게는 도덕적 평등이 존재한다. 즉 연령이나 건강, 부와 관계없이 모든 사람은 하나님 앞에서 평등하며, 시민으로서 같은 법 앞에서 평등하다. 아무도 배제되지 않는다. (많은 사람들은 여기서 '하나님'을 뺀다면 더 좋아할 테지만) 이것은 우리가 공감할 수 있는 정서다. 하지만 이내 섬션은 수평적 차원으로, 그리고 앞에서 자신이 했던 말로 되돌아갔다.

"하지만 정책 입안자들로서는 '어떤 생명이 다른 생명보다 더 가치 있다'라고 말해야만 할 때가 있습니다.…"

"더 가치 있는…생명"이라는 말이 나오자 이전처럼 스튜디오에서는 고함이 터져 나왔다. 이것은 이단적 주장이었고, 섬션의 자세한 해명은 그 효과와는 별개로 시끄러운 울부짖음 속에 묻히고 말았다.

내 관심을 끄는 것은 섬션의 논리가 아니다. 맥락과 단서 조항을 고려한다면 그가 주장하는 바는 주장하는 방식보다 훨씬 더 나았다. 하지만 우리의 근대적 신념과 본능을 고려한다면 그의 말은 본능적인 공포를 유발할 수밖에 없다. 그리고 실제로 그랬다.

이 장에서는 그 공포에 귀 기울이기를 바란다. 특히나 기독교적 환경에서 자란 우리 안에 그런 공포가 솟아난다.

근대의 기원에 관한 이야기

유발 노아 하라리Yuval Noah Harari는 다수의 베스트셀러를 썼으며, 그중에서도 『사피엔스』Sapiens, 김영사와 『호모 데우스』Homo Deus, 김영사의 작가로 특히 유명하다. 역사가로서 그는 우리의 과거를 이해하지 못한다면 미래에 제대로 대응할 수 없다고 확신한다. 하지만 그가 지적하려고 애쓰듯이 우리의 과거는 무시무시한 투쟁의 세계다. 우리의 세계가 전쟁과 죽음에서 생겨났다고 보았던 고대인들처럼, 하라리도 우리의 자리를 충격적인 진화의 이야기 안에 둔다. 호모 사피엔스는 올림피아의 어느 신과도 견줄 만한 폭력과 탐욕, 자만심으로 지구를 지배했다. 인간은 결코 지구상에서 가장 빠르지도 않고 가장 강하지도 않으며 가장 억세지도 않은 종이지만 결국에는 모두가 인정하는 지구의 지배자가 되었다.

그렇다면 우리가 이렇게 성공을 거둘 수 있었던 비밀은 무엇일까? 하라리는 우리가 융통성 있게 적절한 규모로 협력하기 때문에 지배자가 되었다고 말한다. 우리 중에서 한 사람을 무인도에 보낸다면 살아남을 가능성이 희박하다. 한 가족이나 가문을 보낸다면 우리는 금세 그곳을 우리가 살아갈 만한 곳으로 만들 것이다. 우리는 왜 이렇게 협력을 잘할까? 이야기를 하기 때문이다. 우리에게 이런 이야기는 취미가 아니다. 우리는 이야기 안에서 의미를 찾는다. 우리 자신을 그런 이야기 안에 집어넣고 특정한 인물들과 목표를 자신의 것으로 여긴다. 그리고 그런 이야기는 우리를 분열시켰을 종족적·물리적 장벽을 넘어서 우리를 결합시킨다.

이런 이야기 중에는 하나님이나 신들에 관한 이야기도 있다. 종교는 우리 종의 발전에 핵심적 역할을 한다. 우리를 하나로 만들고, 우리의 행동을 감시하고, 우리 목표의 방향을 설정하고, 끊임없이 찾아오는 삶의 시련과 비극 앞에서도 위로와 희망을 제공한다. 하지만 '하나님 이야기'가 우리를 하나로 만드는 유일한 이야기는 아니다. 훨씬 더 최근에 등장한 또 하나의 이야기는 인권에 관한 이야기다. 이에 관해 하라리는 이렇게 말한다.

"오늘날 세계에서 대부분의 사법 체계는 인권에 대한 믿음에 근거를 둔다. 그런데 인권이란 무엇일까? 인권은… 하나님과 천국처럼 우리가 지어낸 이야기일 뿐이다. 객관적 실재가 아니다. 호모 사피엔스에 관한 생물학적 사실이 아니다. 인간을 데려와서 해부한 다음 안을 들여다보라. 심장과 신장, 뉴런, 호르몬, DNA를 발견할 것이다. 하지만 인권은 발견할 수 없다. 인권을 발견할 수 있는 유일한 영역은 우리가 지어내고 퍼트린 이야기 속이다. 그것은 매우 긍정적인 이야기, 매우 좋은 이야기일 터이다. 하지만 그래도 우리가 지어낸 허구의 이야기일 뿐이다."[3]

---

3 Yuval Noah Harari, *What Explains the Rise of Humans*, Ted Talks, London 2015. https://www.ted.com/talks/yuval_noah_harari_what_explains_the_rise_of_humans/transcript. 2021년 10월 27일 접속함.

이런 주장을 어떻게 이해하는가? 나는 많은 부분이 옳다고 생각한다. 첫째, 서사의 힘에 대해 주의를 환기한다. 우리가 우리 자신에게 들려주는 이야기가 우리 삶에 의미와 관점을 제공한다는 사실을 그 누구도 부인할 수 없다. 그런 이야기가 공동체를 만들고, 가치에 대한 공유된 감각을 제공하며, 공통된 지평을 지향하게 한다. 둘째, '하나님 이야기'와 '인권 이야기' 사이의 유사성에 대한 하라리의 지적은 옳다. 곧 살펴보겠지만, 하나님과 인권은 떼려야 뗄 수 없도록 연결되어 있다(이에 대해서는 하라리도 동의한다). 셋째, 하라리는 인권이 자명하거나 과학적으로 증명될 수 없는 문제라고 정확히 말한다. 우리 인간의 가치는 과학 실험으로 발견할 수 없다. 우리는 바나나와 우리 DNA의 40퍼센트를 공유한다. 이 사실은 인간이나 바나나의 가치에 관해 거의 아무것도 말해 주지 않는다. DNA는 도덕적 가치를 부여하지 않으며 부여할 수도 없다. 다운 증후군이 있는 사람들에게는 염색체가 하나 더 많지만, 그 때문에 그들이 더 가치 있거나 덜 가치 있는 것은 아니다.

과학은 서로와의 관계에서 우리가 동등한 지위를 갖는다는 사실에 관해 아무것도 말해 주지 않는다. 사실, 한 인구 집단에 더 많은 실험을 할수록 사람들 사이에 더 많은 차이가 있음을 발견한다. 어떤 이들은 더 크고, 어떤 이들은 더 작으며, 어떤 이들은 더 똑똑하고, 어떤 이들은 덜 똑똑하며, 어떤 이들은 더 강하고, 어떤 이들은 더 약하다. 우리가 **발견하는** 것은 차이다. 우리가 **추구하는** 것은 평등이다. 하지만 게놈 지도를 만들거나 실험을 하거나 종형 곡선을 그리는 방법으로는 평등을 찾을 수 없다—도덕적으로 어떤 중요한 것도 찾을 수 없다.

하라리의 말이 옳다. 인권은 우리가 하는 **이야기** 안에서 발견된다. 그렇다면 어떤 종류의 이야기가 인간의 가치에 대한 우리의 감각을 충분히 입증할 수 있을까?

엘튼의 물컵

2018년에 샘 해리스 Sam Harris 와 조던 피터슨 Jordan Peterson 은 수천 명이 참석하고 수백만 명이 온라인으로 시청한 연속 공개 토론에 참여했다. 해리스는 [리처드 도킨스 Richard Dawkins, 대니얼 데닛 Daniel Dennett, 작고한 크리스토퍼 히친스 Christopher Hitchens 와 함께] '무신론 계시록의 말 탄 자 4인' 중 하나로 불리는 신경 과학자이자 베스트셀러 작가다. 피터슨은 심리학 교수이자, 작가, 인기 있는 유튜버로, 10장에서 다시 다룰 작정이다. 두 번째 논쟁에서 그들은 가치에 관해, 어떻게 우리가 가치를 세우는지에 관해 논쟁을 벌였다. 해리스는 기억에 남을 만한 유비를 제시했다. 그는 자기 옆에 있는 물컵을 들어 올리면서 이렇게 말했다.

"이것이 평범한 물컵이 아니라고 말하면 어떨까요? 이것은 엘튼 존이 [이 경기장에서] 마지막 콘서트를 했을 때 사용한 물컵입니다. 여러분은 얼마를 지불하고 이 컵을 사시겠습니까?"[4]

이는 우리가 무언가에 가치를 부여하는 방식을 잘 보여 주는 예다. 물컵 자체는 가치가 거의 없다. 아마 1달러 정도 할 것이다. **엘튼 존이라는 문화의 아이콘과 연결된 물컵**은 원래 물건의 천 배에 해당하는 가치를 지닐 수도 있다. 구매자가 엘튼 존을 가치 있게 여긴다면, 그 물컵도 가치 있게 여길 것이다. 하지만 피터슨은 "가치는 어디에 자리했는가?"라고 묻는다. 물컵의 물질적 내용은 사실상 무가치하다. 하지만 물컵에 관한 이야기가 존재한다. 그리고 그 이야기와—또한 그 노래의 주인공인 엘튼 존과—연결될 때 그 물컵은 그것의 구성 요소를 뛰어넘는 의미를 갖는다.

토론 중에 해리스는 물컵의 예를 흥미로운 방향으로 끌고 간다. 그는 물컵이 땅 한 조각과 비슷하다고 말한다. 특히 그는 물컵을 지중해 동쪽 끝에 있는 길쭉한 땅, 즉 유대인과 팔레스타인인이 차지하기 위해 싸우는 땅에 비유한다. 한 집단은 그 땅을 '이스라엘'이라고 부르고, 다른 집단은 '팔레스타인'이라고 부르지만 그들의 갈등은 그 땅에 관한 이야기, 즉 종교적 이야기에서 비롯된다. 해리스는 절망한다. 그런 이야기가 A) 거짓이며 B)

---

[4] "Sam Harris & Jordan Peterson in Vancouver - Part 2". 2018년 6월 24일에 열린 토론. https://www.youtube.com/watch?v=GEf6X-FueMo. 2021년 10월 29일에 접속함.

위험하기 때문이다. 그런 이야기가 위험한 이유는 사람들이 그 부동산 조각에 원래의 가치를 훨씬 뛰어넘는 가치를 부여하기 때문이다.

"아랍과 이스라엘의 충돌에 관여하는 당사자들이 마치 부동산 거래를 하듯이 문제를 해결할 수 없는 이유는 [그 땅에 대한] 비합리적이며 양립할 수 없는 주장을 하기 때문입니다."

해리스의 말에서 컵은 이스라엘/팔레스타인이며, 엘튼 존은 '하나님'—그 땅의 가치를 부풀리고 있는 '성지'에 관한 이야기 속 등장인물—이다. '하나님 이야기'가 문제의 원인이다. 유비를 마무리하면서 해리스는 이렇게 말한다.

"우리는 컵의 가치에 관해 논쟁을 벌이고 있지만 엘튼 존은 이곳에 온 적이 없었습니다."

청중이 박수갈채를 보낸다. 사실, 현대인은 이 점에 대해 환호 **해야 한다**고 말해도 과언이 아니다. 우리는 생명보다 땅을 더 귀하게 여기지 말아야 한다. 팔레스타인/이스라엘 땅은 사람들을 희생시킬 만한 가치가 없다. 이것은 우리 모두가 지지할 수 있는 구호다. 하지만 왜 우리가 그런 구호를 지지할 수 있을까? 우리가 우리 자신에게 들려주는 또 다른 이야기, 즉 인간의 가치에 관한 이야기 때문이다. 우리는 그것을 다른 모든 것보다, 즉 땅보다, 이데올로기보다, 지어낸 이야기보다 가치 있게 여긴다. 우리는 사람을 귀하게 여긴다.

하지만 이것은 더 큰 질문을 제기한다. **왜** 우리는 사람들을 귀하게 여기는가? 그리고 어떻게? 컵의 유비로 돌아가 컵이 땅 한 조각이 아니라 인간을 가리킨다면 무슨 일이 일어나는지 생각해 보자. 바로 이 지점에서 해리스에게 환호를 보내던 청중은 다시 생각해야만 할 이유를 발견한다.

한 사람에 관해 생각해 보라. 그 사람의 물질적 구성물에 관해 생각해 보라. "그것을 얻기 위해 얼마나 지불하겠는가?" 나를 화학적 구성물로 환원한다면 아마도 30달러 정도의 가치가 있을 터이다. 혹은 나에게 일을 시킨다면 아마도 그보다 더 많은 돈을 벌 수 있다. 하지만 그것이 나의 가치일까? **당신의** 가치는 어떨까? 당신은 나보다 더 가치가 있을까? 아니면 덜 가치가 있을까? 어떤 병에는 페리에 Perrier 생수가 담겨 있고, 어떤 병에는 하수가 담겨 있다. 어떤 컵은 크리스털이고, 어떤 컵은 종이컵이다. 하지만 우리는 그런 방식으로 **사람**의 가치를 매기기 원하는가?

대부분은 아니라고 답한다. 우리는 사람들 안에 그들의 물질적 구성 요소나 경제적 유용성을 훨씬 넘어서는 가치가 있다고 인정하고 싶어 한다. 그렇다면 인간의 외부에 존재하며 인간의 가치를 높여 주는 것, 즉 인간보다 더 위대하지만 인간과 연결되어 있는 것은 무엇일까? 우주적 엘튼 존을 불러오라. 인류에게는 당신이 필요하다!

왜 하나님 이야기와 인권 이야기가 연결되어 있는지 아마도 분명해졌을 터이다. 하나님 이야기가 없다면 (또한 아주 특별한 하나님 이야기가 없다면) 인간들은 세상 속에서 표류하며 혼자서 헤쳐 나가야 하고 그들의 속성만큼만 가치를 인정받는다. 어떤 이들은 더 가치 있고 어떤 이들은 훨씬 더 가치 있다. 하지만 '엘튼 존 같은 인물', 즉 최고의 가치를 지닌 누군가가 존재한다면, 그리고 이 가치의 근원이 인류와 필수적으로 연결되어 있다면, 또 다른 가능성이 열릴 것이다. 하나님과의 관련성 덕분에 우리는 인간이 각자의 살과 피를 이루는 재료보다 훨씬 더 큰 가치를 지니며, 우리가 피땀 흘려 수고해서 얻을 수 있는 것보다 훨씬 더 큰 가치를 지닌다고 생각할 수 있다.

물론 우리가 어떤 **종류**의 이야기를 받아들이는지가 대단히 중요하다. 앞 장에서 언급한 창조 신화 중에서 그 어떤 것도 인간의 존엄성을 높이는 데 그다지 도움이 되지 않는다. 이런 이야기에서 우리는 그저 폭력의 산물이며 노예로 부리기 위해 만들어진 존재일 뿐이다. 하지만 다른 신God이 등장하고, 결과적으로 인간의 가치를 전혀 다르게 매기는 다른 이야기가 존재한다. 성경의 창조 서사는 오늘날 우리에게 놀랍거나 혁명적이라는 인상을 주지 않을지도 모른다. 하지만 이는 우리가 경쟁하는 고대의 다른 창조 서사에 익숙하지 않거나 성경의 창조 서사가 근대 세계에 미친 영향력에 지나치게 익숙하기 때문일 수도 있다.

그 서사의 전제 중 다수는 우리가 숨 쉬는 공기가 되었다. 따라서 이제 새로운 시선으로 고대 본문을 살펴보자.

태초에

"태초에 엘로힘 Elohim이…"(창 1:1). 성경은 이렇게 시작된다. (구약을 기록한 언어인) 고대 히브리어의 문법은 특이하다. '하나님'에 해당하는 히브리어 단어 **엘로힘**은 복수 명사지만 언제나 단수형 동사를 취한다. 영어로 "The dogs is barking"(개들이 짖는다)이라고 말하는 것과 비슷하다. 단수형과 복수형이 이상한 방식으로 상호작용한다. 그리고 하나님과 관련해 성경에서는 계속 이런 방식으로 우리의 주의를 환기한다. 이 하나님에는 복수적인 무언가와 단수적인 무언가가 존재한다.

성경 이야기는 서로 다른 신들, 즉 서로 전쟁을 벌이는 수많은 신들에 관한 이야기가 아니다. 자신의 뜻을 강요하는 외로운 신적 독재자인 한 폭군에 관한 이야기도 아니다. 비인격적 힘인 '그것'에 관한 이야기도 아니다. 오히려 성경은 셋-하나이신 인격적 하나님-다시 말해, '삼위일체'에 관한 이야기다. 성부, 성자, 성령은 가장 심오한 의미에서 하나다. 이는 구별을 초월한 통일성으로, 성경은 나중에 사랑이신 하나님에 관해 설명한다. 이것이 바로 하나님에 관한 독특한 관념이며, 바로 이 하나님에서 창조라는 독특한 관념이 나온다.

히브리어 성경에 따르면, "천지를 창조하[신]" 분이 바로 이 하나님, 오직 이 하나님이다(창 1:1). 이는 차이를 초월한 통일성의 또 다른 예다. 프랑스어나 독일어 같은 현대 언어처럼 고대 히브리어의 문법에서는 성을 사용한다. 예를 들어 '하늘'을 뜻하는 단어는 남성형이며 '땅'을 뜻하는 단어는 여성형이다. 이 배경을 듣자마자 고대 신화 애호가는 신들 사이의 성적 교합(혹은 정복)에 관한 이야기를 기대했을 것이다. 대신 천지, 곧 하늘과 땅은 서로를 마주하며 다른 종류의 사랑 이야기를 기다린다. 창조의 로맨스를 체현하는 것은 신들이 아니다. 인간이다. 하지만 우리는 너무 앞서가고 있다. 로맨스에 관해서는 나중에 생각해보려 한다. 먼저 배경을 살펴보아야 한다.

2절에서는 '공허'와 '흑암', '깊음'에 관해 이야기한다.

"땅이 혼돈하고 공허하며 흑암이 깊음 위에 있고 하나님의 영은 수면 위에 운행하시니라."

고대인의 관점에서 이 글을 읽는다면 여기서 전투를 기대할 것이다. 어쩌면 물이 꿈틀거리며 반란을 일으킬 것이다. 어쩌면 어둠의 세력이 서로에 맞서 공모할 것이다. 어쩌면 전쟁이 일어나서 승리한 신들이 원수들을 깊은 구덩이 안에 던져 넣을 것이다. 하지만 성경 이야기에서는 "혼돈하고 공허[한]" 시원적 공백 상태가 존재하지만, 그 공백을 채우는 것은 야심 찬 신들이 아니라 참고 기다리며 그것을 품고 있는 "하나님의 영"이다. 무엇을 기다리고 있을까?

"하나님이 이르시되 '빛이 있으라' 하시니 빛이 있었고."

이 이야기는 이야기 속의 하나님과 마찬가지로, 군중에게서 떨어져 있다. 다른 이야기에서 텅 빈 공허함은 전장이 될 것이다. 하지만 여기서는 배우를 기다리는 무대다. 그런 다음 스포트라이트처럼 하나님의 말씀이 갑자기 그 누구의 반대도 없이, 전혀 흔들림 없이 등장하고 어둠은 도망친다. 빛이 승리했다. 생명을 말한다.

이어지는 절도 마찬가지다. 날마다 공허함이 채워지고, 무언가가 생겨날 공간이 생겨나고, 혼돈에 질서가 부여된다. 하늘과 땅, 물이 명령을 받고, 하나님의 말씀에 순종해 빛을 비추고 움을 틔우고 그 안을 생명으로 가득 채운다. 전쟁도, 질투도, 반역도 없다. 단순함에서 복잡함으로 나아가는 과정이 있다. 어두운 공허함에서 찬란한 풍성함으로 나아가는 진행이 이루어진다. 조심스럽게 단계를 거쳐 창조하는 한목소리의 인도에 따라 무언가가 펼쳐진다. 시간이 되자 땅과 바다가 스스로 생명을 낸다. 피조물이 창조한다. 생명이 생명을 준다.

성경에서 우주는 냉혹한 필연성에 따라 악착같이 작동되는 기계가 아니다. 음모와 폭력이 들끓는 전쟁 지역도 아니다. 저

높은 곳에서 '손가락을 탁 튕기는' 마법사도 없다. 우주는 목적에 따라 창조되었고 사랑받는 예술이다. 그리고 매번 판결이 선포된다. "하나님이 보시기에 좋았더라."

이 과정의 마지막에 이르면 이처럼 강력하게 선언한다. "심히 좋았더라"(31절). 왜? 창조의 절정인 인류가 도착했기 때문이다. 무대가 세워지고 있다. 하늘 아래, 땅 위에, 물 사이에 공간이 확보되고 있다. 이제 이 모든 것의 정점이 찾아온다.

"하나님이 이르시되 '우리의 형상을 따라 우리의 모양대로 우리가 사람을 만들고 그들로 바다의 물고기와 하늘의 새와 가축과 온 땅과 땅에 기는 모든 것을 다스리게 하자' 하시고

하나님이 자기 형상 곧 하나님의 형상대로 사람을 창조하시되 남자와 여자를 창조하시고."

(26-27절)

성경의 첫 페이지에서 세상을 다스리시는 분은 바로 하나님이라는 이야기를 들을 거라고 예상했을지도 모른다. 하지만 이것은 인류의 통치다. 인류는 노예로 일하도록 창조된 것이 아니라 다스리도록 창조되었다. 남성과 여성은 함께 우주의 왕과 여왕이며, 하나님의 형상과 모양이 새겨진 존재다.

근대인들은 이런 관념에 대해 지루해할 테지만, 고대인들

은 사례가 들었을 것이다. 남성과 여성이 똑같이 하나님의 형상으로 창조되었다고? 똑같이 하나님의 세상을 다스린다고? 들어 본 적 없는 말이다! 다른 창조 이야기에서 **왕**이 하나님의 형상이라고 말할지도 모른다. 결국 폭군은 신들의 통치를 잘 흉내 내는 사람이다. 하지만 창세기에서는 하나님을 전혀 다르게 묘사하며, 따라서 인간을 전혀 다르게 묘사한다. 히브리어 성경의 다른 본문에서는 이렇게 말한다. "하늘은 여호와의 하늘이라도 땅은 사람에게 주셨도다"(시 115:16). 하늘에서부터 땅으로 인간을 **통해** 위로부터 복이 흐른다는 느낌이다. 복종이 아니라 지배가 우리의 몫이다. 그리고 우리는 **일종의** 하나님의 지배를 보여 주어야 한다. 다시 말해, 권력 없는 이들의 유익을 위해 행사하는 권력이어야 한다.

올라가는 유인원과 떨어진 천사

소설가 테리 프래쳇Terry Pratchett은 인류를 바라보는 두 가지 경쟁적 전망을 잘 요약한다. 어떤 이들은 우리가 "올라가는 유인원"이라고 생각하며, 다른 이들은 "떨어진 천사"라고 생각한다. 어느 쪽일까?

한쪽을 고르기 전에 성경에서는 두 전망에 관해 전부 말한다는 점을 알아 두어야 한다. 우리는 분명히 연약하고 이 땅에 매여 있으며 몸을 지닌 피조물로서 창조 과정의 마지막에 등장했다. 창세기 2장의 시적 전망에 따르면 인류는 흙으로 빚어졌다. 물질적으로 말하자면 우리는 비천하고 깨지기 쉬우며, 우리의 삶은 짧다. 하지만 우리는 하나님이 숨을 불어넣으신 존재이기도 하다. 우리에게는 상향성과 하향성이 모두 존재한다. 우리는 하늘의 입맞춤을 받은 흙 포대다. 사랑받는 흙 말이다. 우리 스스로는 1달러짜리 컵과 비슷하다. 하지만 동시에 하나님이 우리를 만지셨고, 하나님과 연결되어 있기에 우리는 이 세상의 모든 가치 평가를 넘어설 정도로 소중하다. 소중하지만 심층적으로 결함을 지닌 존재다. 이것이 이 이야기의 다음 장이 담고 있는 의미다.

창세기 3장에서는 흔히 '타락'이라고 부르는 것을 묘사한다. 성경의 첫 장에서 묘사하는 빛과 생명에서부터, 어둠과 죽음으로의 타락이다. 원래는 모든 것이 조화를 이루고 하나님의 목소리에 순종하며 화답했다. 그런데 첫 인간인 아담과 하와가 그 목소리, 즉 하나님의 명령에 맞서 반역을 일으키고, 혼돈이 뒤따른다.

이것이 고대의 다른 이야기와 얼마나 다른지 눈여겨보라. 고대의 이야기에서는 재난과 혼란이 창조보다 선행하며, 필연적으로 창조 안에 만연해 있다. 우리는 빌리 조엘Billy Joel과 함께 "우리가 불을 내지 않았다"라고 노래할 수도 있다. 하지만 창세기에서는 다른 노래를 부른다. 사실 인류가 불을 냈다. 우리가 세상 때문에 피해를 입은 것이 아니라, 세상이 우리 때문에 피해를 입었다. 인간에게 지구라는 좋은 배의 키가 맡겨졌고, 바로 우리가 이 배를 조종했다.

받아들이기 어려운 내용임을 인정한다. 여기서 내가 하려는 바는 당신에게 창세기 이야기가 믿을 만하다는 확신을 주는 것이 아니라, 인류가 이 이야기에서 비할 데 없이 중요한 역할을 맡았다는 사실을 알려 주는 것이다. 심지어 모든 것이 망가졌을 때도 성경에서는 우리에게 책임을 물음으로써 엄청난 찬사를 보낸다. 하늘과 땅은 제 역할을 다하는 인류를 위해 창조되었다. 잘못된 인류는 곧 잘못된 세상을 의미한다. 아담과 하와의 타락에 대해 주께서는 그 결과를 자세히 알려 주신다. 일의 고됨, 가정 안의 문제, 성별 간의 다툼, 지구의 절망, 우리 자신의 필멸성(창 3:14-24). 이 모든 것이 우리의 책임이다. 이것의 개연성이나 비례성에 관해 어떻게 생각하든지 상관없이 재앙의 규모가 원인의 중요성, 즉 **우리**의 중요성을 증언한다. 성경에서는 그저 우리의 지배에 관해서뿐만 아니라 우리의 책임에 관해서도 인간의 존엄성에 엄청난 중요성을 부여한다. 통치자로서, 하나님의 형상을 지닌 존재로서, **또한** 우주에 불을 피워 낸 존재로서 인류는 다른 종교에서는 신들에게만 부여되는 중요성을 지니고 있다.

근원적 오류

2세기 말 기독교를 가장 격렬하게 비판한 사람 중 하나였던 켈수스Celsus는 이렇게 말했다. "유대교와 기독교 사상의 근원적 오류는 인간 중심적 anthropocentric 이라는 점이다. 그들은 하나님이 인간을 위해 모든 것을 만드셨다고 말하지만, 이는 전혀 명백하게 드러나지 않는다."[5] 켈수스에게 명백한 사실은 "하나님이 보시기에 인간이 결코 개미나 벌보다 더 나은 존재가 아니라는 점"이었다. 이 점에서 켈수스는 플라톤의 견해를 따랐다. 인간이 자연이나 동물과 다른 종류의 존재라는 관념('인간 예외주의'라고 부르기도 하는 관점)은 이성과 자연에 대한 모욕이었다. 그러므로 그리스도인과 유대인은 근원적인 문제를 공유했다. 그들의 근원적인 오류는 지나치게 인본주의적이라는 점이었다.

물론 그리스도인들은 신적인 하나님의 아들, 곧 신약에서 세상을 창조하신 "말씀"으로 묘사하는 분이 사람이 되셨다고 주장함으로써 문제를 더 복잡하게 만들었을 뿐이다(요 1:1-14). 켈수스는 두려워하면서 기독교의 하나님이 "우주 전체와 천상의 영역을 버리고 우리하고만 사신다"는 사실을 공포에 질려 언급한다.[6] 하나님이 특별히 인간에게 복을 주신다는 생각이 교만이라면, 그분이 인간이 **되신다**는 생각은 얼마나 허황된 망상이겠는가? 켈수스에게는 말도 안 되는 소리였다. 하지만 그리스도인에게는 바로 이것이 모든 것을 이해할 수 있게 해 주는 진리다. (이 단어의 보편적 의미에서) '인간'이 '지배'하도록 세우심을 받았다

---

5   T. R. Glover, *The Conflict of Religions in the Early Roman Empire*, https://www.gutenberg.org/files/39092/39092-h/39092-h.htm (para. 244)에서 재인용. 2021년 10월 29일에 접속함.
6   Larry Siedentop, *Inventing the Individual* (Penguin, 2015), p. 71에서 재인용.

면, 참된 왕께서는 당연히 인간으로 나타나실 것이다. 그분은 당연히 이런 방식으로 역사 안으로, 무대 중앙으로 들어오신다. 바로 인류가 그분이 "태초에" 그분 자신을 위해 마련해 두셨던 자리다. 인간이 되는 것은 정확히 **이** 하나님이 하실 만한 일이다. 그리고 그분은 친히 그분 자신의 세상을 조종하고 피조물을 집으로 인도하기 위해 그렇게 하셨다.

켈수스가 오류라고 부른 관점이 계속해서 지배적인 관점으로 남을 것이다. '하나님의 형상으로' 만들어진 모든 인간의 내재적 가치가 우리의 근대적 세계관의 기초를 이룬다. 켈수스 이후로 역사는 그의 전제가 전복되고 기독교적 전제가 확립되었음을 계속해서 증언해 왔다. 이제 인간의 평등, 인권, 인본**주의**는 바로 이 성경적인 근원에서 그 기원을 찾을 수 있다.

물론 이는 이런 질문을 제기한다. 그런 믿음이 없다면 인권과 평등에 관해 무엇이 남겠는가?

켈수스에게 묻는다면, 그는 고전 세계의 관점에서 이렇게 답할 것이다. **인간 중심성을 버리라! 신들은 냉담하며, 자연은 불평등하다.**

하라리에게 묻는다면, 그는 우리의 근대적인 시각에서 이렇게 답할 것이다. **생존을 위한 투쟁은 중요하지 않으며 잔혹할 정도로 불평등하다. 인권은 그것을 보증하는 하나님만큼이나 허구적이다.**

하지만 고대인과 현대인인 두 사람 모두 이 점에 관해서는 옳다. 하나님 이야기와 인권 이야기는 함께 서 있거나 함께 무너질 것이다. 생명이 신성하며, 모든 인간이 불가침의 존엄성과 평등을 지니고 있고, 어떤 사람도 더 작거나 더 약하거나 더 가난하다는 이유만으로 짓밟혀서는 안 된다고 느낀다면, 우리는 독특한 성경적인 토대 위에 서 있는 셈이다. 창세기에서부터 시작되어 신약을 거쳐 21세기 우리의 인본주의적 확신으로 이어지는 흐름이 있다. 이어지는 장들에서 우리는 이런 발전을 더 자세히 추적할 테지만, 지금으로서는 그 흐름이 강력하다는 사실을 아는 것으로 충분하다. 그 흐름은 강력해야만 한다. 그것이 현대 세계를 지탱하고 있기 때문이다.

3 긍휼

왜 우리는 약자를 포기하지 않는가?

> "낙태를 하고 다시 임신을 시도해 보세요.
> 낙태를 선택할 수 있는 데도 아이를 낳는 것은 부도덕한 일입니다."
>
> ─리처드 도킨스, 2014년

이것은 저명한 생물학자이자 세계에서 가장 유명한 무신론자인 리처드 도킨스Richard Dawkins가 2014년에 했던 조언이다. 당시 한 여성이 트위터로 그에게 한 가지 질문을 했다. 임신했는데 태아에게 다운 증후군이 있음을 발견한다면 낙태해야 할지, 하지 말아야 할지에 관해 "심각한 윤리적 딜레마"에 빠지게 될 것이라고 말했다.

도킨스가 전혀 망설임 없이 했던 명석한 충고는 질문한 사람이 느끼던 양심의 가책을 단칼에 해결했지만, 온라인에서는 사람들의 격분에 찬 공격이 터져 나왔다. 즉각적으로 우생학과 나치 이데올로기를 비교하는 비판이 이어졌고, 이런 사건에서 흔히 볼 수 있듯이 그의 사과는 상황을 더 악화시켰을 뿐이다. 도킨스는 사실 이런 입장에 처한 대다수의 부모가 취할 법한 행동을 하라고 조언했을 뿐이라고 해명했다. 그는 고대 세계에서는 자신의 조언을 열렬히 환영했을 것이라고 덧붙일 수도 있었다.

플라톤은 양육할 가치가 있으려면 아이들이 "유순하고 덕스러운 성향을 지니며 신체적으로 건강해야" 한다고 생각했다.[1] 아이들이 스스로 가치 있음을 증명하지 못한다면, 부모는 "그들이 어떻게 되었는지 아무도 알 수 없도록 몰래 [아이들을] 제거하는 편이 마땅하다"는 것이다.[2] 아리스토텔레스는 신체적인 결함이 있는 아동을 유기해야 한다고 생각했다. 즉 쓰레기장에 버리거나 산에 두고 오거나 우물에 던져 넣거나 강에 빠뜨려야 한다고 생각했다. "태어난 아이를 유기할 것인지, 양육할 것인지에 관해 신체적 결함이 있는 아이를 기르지 못하게 하는 법이 있어야 한다."[3] 다시 말해서, 그렇게 하지 않는다면 이는 부도덕한 일일 것이다. 영아 살해가 로마 세계에서 (사실 전 세계에서) 너무나도 만연해서 우리에게 알려진 부인과에 관한 첫 논문에는 "양육할 가치가 있는 신생아를 식별하는 법"이라는 내용이 핵심 항목

---

1 Darrel W. Amundsen, "Medicine and the Birth of Defective Children: Approaches of the Ancient World" in *On Moral Medicine: Theological Perspectives in Medical Ethics*, edited Stephen E. Lammers and Allen Verhey (Eerdmans, 1998), p. 682에서 설명한 플라톤의 가르침을 요약함.
2 Plato, *Republic*, Book 5, p. 460. http://www.perseus.tufts.edu/hopper/text?doc=Perseus%3Atext%3A1999.01.0168%3Abook%3D5%3Apage%3D460. 2021년 10월 29일에 접속함.
3 Aristotle, *Politics*, Book 7, section 1335b. 『정치학』(길).

으로 포함되어 있을 정도였다.[4] 신생아가 기준에 미치지 못한 경우에는 "유기하고 다시 임신을 시도하라"고 그들은 조언했다.

세계 전역의 역사를 통틀어 대다수의 문화에서는 약한 이들이 없다면 우리가 훨씬 더 잘 살 수 있을 것이라고 생각하는 이들이 있었다. 우리 사회에서 발전된 기술은 이른바 '열등한 후손'의 식별과 제거를 훨씬 더 일찍, 심지어는 자궁 안에서도['인 우테로'(in utero)] 실행할 수 있다. 하지만 리처드 도킨스의 입장에 대한 분노는 우리 안에 깊이 자리 잡은 본능을 가리킨다. 요즘 우리는 장애가 있는 태아를 가능한 한 은밀하게 의료적으로 찾아내 파괴하려고 한다. 하지만 그럼에도 불구하고 약한 이들을 제거하는 것이 아니라 그들을 보호하는 것이 우리의 도덕적 의무라는 느낌을 피할 수는 없다. 이런 느낌은 어디에서 왔을까?

동정심이라는 독

프리드리히 니체 Friedrich Nietzsche, 1844-1900년 는 그의 책 『안티크리스트』 The Anti-Christ, 아카넷 에서 그 범인을 지목한다. 이 독일 철학자에 따르면 동정심이라는 독이 문제다. "동정심은 대체로 선택의 법칙인 진화의 법칙을 방해한다."[5] 다시 말해서, 자연은 강한

---

4 Soranus of Ephesus(98-138년)가 쓴 *Gynecology* (trans. Owsei Temkin, Johns Hopkins University Press, 1991), p. 79의 "On the Care of the Newborn"이라는 장은 "양육할 가치가 있는 신생아를 식별하는 법"이라는 절로 시작된다.
5 Friedrich Nietzsche, *The Anti-Christ*, Aphorism 7. *Writings of Nietzsche*, Col. 1, edited

자를 선택하고 약한 자를 제거한다. 우리가 누구이기에 우리에게 생명을 준 이 법칙에 불순종한단 말인가?

니체에게는 '법칙'이라는 단어가 이중의 의무를 수행한다는 점에 주목하라. 이것은 생물학적 실재에 대한 묘사인 동시에 윤리적 삶을 위한 명령이다. 생존에 가장 유리한 적자가 생존한다면(과학 법칙), 적자가 생존**해야 한다**(도덕법). 니체는 진화의 법칙을 따르겠다는 이런 결의를 "우리 인류애의 제일 원리"라고 불렀다. 인류애란 인간에 대한 사랑이다. 니체는 자연 선택이라는 현실을 인식하고 강력히 주장하는 방식으로 인간을 가장 잘 사랑할 수 있다고 믿었다. 니체는 "허약하고 병약한 이들은 소멸되어야 한다"라고 선언했다. 그리고 이렇게 덧붙인다. "그리고 우리는 그들이 소멸되도록 도와야 한다."[6]

이런 무자비한 행동에 혐오감을 느낀다면(니체는 우리가 그럴 것임을 알았다), 이는 우리가 "삶의 혐오", 즉 기독교에 사로잡혀 있기 때문일 뿐이다.

"기독교는 모든 약한 자, 낮은 자, 실패한 자를 편들어 왔다. 자기를 보존하려는 건강한 삶의 본능에 대한 적개심을 이상으로 삼았다."[7]

Anthony Uyl (Devoted Publishing, 2016), p. 122에 수록됨. 『안티크리스트』(아카넷).
6   같은 책, p. 121.
7   같은 책, p. 122.

번역하자면, 그리스도인들은 열등한 이들을 편들면서 인류라는 종의 생존을 위태롭게 만들었다는 주장이다. 니체의 관점으로는 설상가상으로 그들은 인류에 대한 이런 배신을 덕으로 가장해 왔다. 그가 다른 책에서 말했듯이, "기독교는…신앙이라는 옷으로 치장한…삶에 대한 혐오"다.[8] 그리스도인들은 인류의 자기 보존을 반대하고 위대함을 향한 인류의 발전에 반대하면서 감히 이것을 '이상'이라고 부른다. 당연히 "건강한" 행동의 경로는 "실패한 자"에게서 우리 자신을 보호하는 것이 아니겠는가? 하지만 그리스도인들은 긍휼이라는 반생명적이며 비자연적인 윤리를 내세우며 개입한다.

기독교가 우리 사이에서 동정심의 수호자라는 니체의 말은 옳았다. 우리가 약한 자를 보호하고 양육해야 한다는 사실을 본능적으로 알 수 있게 해 준 것은 기독교다. 예수 운동이 없었다면, 리처드 도킨스의 트위터 글이 "고마워요. 그렇게 할게요"라는 말보다 의미 있는 반응을 일으키기는 어려웠을 터이다.

하지만 여기서 우리의 도덕적 감수성에 더 가까이 귀를 기울이고 싶다면, 약하고 "실패한" 자에 관한 니체의 결론을 피하고 싶다면, 동정심을 약점이 아니라 덕으로 여긴다면, 최선의 사회란 가장 약한 구성원들을 (제거하기보다는) 보호하는 사회라고 생각한다면, 과학 법칙과 도덕법 사이에 가장 강력한 방화벽을

---

8 Friedrich Nietzsche, *The Birth of Tragedy* (Random House, 1967), p. 23. 『비극의 탄생』(아카넷).

3
긍휼

세워야만 한다. 즉 과학을 과학으로, 도덕을 도덕으로 유지해야만 한다.

전자로부터 후자를 도출할 때 수많은 문제가 발생한다. 과학은 무자비하게 약자를 속아 내고 강자를 편애하는 광경을 지켜본다. 이것이 자연의 방식이라면 다르게 행동할 어떤 이유를 제시할 수 있겠는가? "인간이라고 해서 특별할 것은 전혀 없다. 인간도 이 세계의 일부일 뿐이다." 홀로코스트의 주요 설계자였던 하인리히 힘러 Heinrich Himmler는 이렇게 말했다.[9] 우리가 자연의 일부일 뿐이라면, 그리고 아무것도 자연을 초월하지 못한다면, 자연에 따라 사는 것 말고 무엇을 할 수 있겠는가? 그리고 우리는 자연이 무엇을 하는지 알고 있다. 그것은 강자를 선택하고 약자를 버린다.

이런 대량 학살의 결론을 피하기 위해서는 자연을 넘어서며 자연을 초월하는 도덕, 말하자면 초자연적인 무언가가 필요하다. 그리고 역사 안에서는 잔인한 자연법칙을 초월하는 독특한 운동이 있었다. 자연 선택이 살아남는 데 가장 적합한 이들이 생존하고 가장 약한 이들은 희생시키는 것을 의미한다면, 기독교의 핵심은 가장 약한 이들(우리)을 생존시키기 위해 살아남는 데 가장 적합한 분(예수 그리스도)께서 희생하셨다는 것이다. 이는 이 세상

---

9   Heinrich Himmler, Tom Holland의 *Dominion* (Little, Brown, 2019), p. 521에서 재인용. 『도미니언』(책과함께).

의 니체들에게 당혹감을 주고 "실패자들"에게 희망을 주는 도덕 혁명이다. 이 혁명의 핵심은 하나님에 대한 독특한 전망이다.

하나님의 형상으로 살기

"하나님이 나타나시면 어떤 모습일까?" 내가 낯선 교회에 초청을 받아 했던 설교의 제목이다. 이 교회의 홍보 담당자가 대단히 열성적이었음이 분명했다. 내가 도착했을 때 "하나님이 나타나시면 어떤 모습일까?"라고 적힌 큰 홍보물이 건물 외부에 설치되어 있었기 때문이다. 여기까지는 좋았다. 불행히도 이 문구 옆에—마치 질문에 대한 대답처럼—인쇄된 내 얼굴 사진이 보였다. 사람들에게 깊은 실망감만 안겨 줄 홍보물이다. 혹은 신성모독처럼 느껴졌을지도 모른다. 하나님이 코가 굽은 중년의 호주 남자 같은 모습일까? 그렇지 않다면 하나님은 어떤 모습일까? 다르게 말하자면 하나님의 **형상**이나 **모양**은 어떠할까?

고대 근동에서 온 누군가에게 이렇게 묻는다면 그들은 "왕"이라고 답할 것이다. 결국 신들 자체가 전제 군주였다. 그리스 철학자에게 "무엇이 하나님을 닮았는가?"라고 묻는다면 "우주"라고 답할 것이다. 플라톤은 우리가 보는 세상이 신적 근원인 빛이 만들어 낸 그림자상이라고 생각했다.

하지만 "무엇이 하나님을 닮았는가?"라는 질문에 대해 성경은 놀랍게도 "우리"라고 답한다. 앞 장에서 보았듯이 인간, 즉 남자와 여자는 모두 하나님의 형상과 모양을 지닌다. 하나님이 우리를 닮은 것이 아니라 우리가 하나님을 닮았다. 여기 성경의 첫 페이지에 온 세상보다 더 귀한 보물이 있다. 우리가 온 세상보다 더 귀하다고 말하기 때문이다. 이 신분은 한 사람의 힘이나 계급, 인종, 성별에 따라 주어진 것이 아니라 그저 인간이라는 가족에 속하기 때문에 주어졌다.

성경에 따르면 하인리히 힘러는 틀렸다. 우리는 "이 세상의 일부"에 불과한 존재가 아니다. 우리에게는 세상을 다스릴 권세가 있다. 인류는 하늘과 땅 사이에 서도록 창조되었다. 아래에 있는 것을 돌보도록 위로부터 위임을 받았다. 그러므로 하나님의 자비가 아래로 그리고 밖으로 흘러내린다.

'아래로 그리고 밖으로'는 하나님의 사랑이 움직이는 방향을 묘사하지만, 그 사랑을 받는 전형적인 사람에 대한 좋은 묘사이기도 하다. 성경 이야기에서 나중에 그분의 '택하신 백성', 즉 고대의 이스라엘 사람들을 선택하러 오실 때 하나님은 그 선택의 이유를 분명히 강조하신다.

"네 하나님 여호와께서 지상 만민 중에서 너를 자기 기업의 백성으로 택하셨나니 여호와께서 너희를 기뻐하시고 너희를 택하심은 너희가 다른 민족보다 수효가 많기 때문이 아니니라. 너희는 오히려 모든 민족 중에 가장 적으니라. 여호와께서 다만 너희를 사랑하심으로 말미암아…너희를 그 종 되었던 집에서 애굽 왕 바로의 손

에서 구속하셨나니." (신 7:6-8)

하나님은 무력한 이스라엘을 사랑하셨으며, 정확히 그들이 이집트에서 '아래에 그리고 밖에' 있을 때 그분의 사랑이 그들에게 찾아왔다. 이스라엘이 종살이에서 구속된 사건, 출애굽으로 알려진 이 사건은 구약의 결정적 장이었다. 하나님은 그 백성을 사로잡았던 이들에게서 그들을 해방시키고 그들이 홍해를 통과해 지나가도록 인도함으로써 멸시당하고 무력한 백성을 당대의 초강대국에서 구원하고 그들을 약속의 땅, 즉 "젖과 꿀이 흐르는" 땅으로 데려가셨다.

그들이 다른 사람들보다 더 인상적이거나 더 가치가 있었기 때문에 하나님이 그들을 사랑하신 것이 아니다. 그분은 사랑이 없는 이들을 사랑스럽게 만들고 그분의 사랑을 세상에 전하는 이들로 만들기 위해 그들을 사랑하셨다. 이것이 성경에 나타난 하나님이 취하시는 모든 행동의 경향성이다. 그것은 '아래로 그리고 밖으로' 흐르는 긍휼이다. 그리고 그것은 '아래에 그리고 밖에' 있는 사람들**에게로** 흘러간다. 그 긍휼은 약한 사람들을 찾아가 일으켜 세우고 그들이 그 복을 더 널리 폭넓게 나눌 수 있게 한다.

('구약'이라고도 알려진) 히브리어 성경의 이야기가 계속 진행되면서 우리는 하나님이 '아래에 그리고 밖에' 있는 사람들을 통해 결정적으로 일하시는 양상을 볼 수 있다. 다른 나라들은 자기 왕

들을 자랑했을 테지만, 이스라엘의 소중한 영웅 중에서 왕은 거의 없었으며 이스라엘의 소중한 왕 중에서 영웅은 거의 없었다. 가장 훌륭한 통치자인 다윗과 솔로몬조차도 그들의 업적만큼이나 실패로 유명했다. 다른 군대들은 전투에서 거둔 승리를 자랑했을 테지만, 이스라엘은 물맷돌과 나팔, 장막 말뚝으로 가장 위대한 승리를 거둔 오합지졸이었다(삼상 17장; 삿 4장; 7장). 다른 왕국들은 자신들의 위대함을 노래했을 테지만, 이스라엘의 노래에는 실패로 가득 차 있다. 고대 세계에 살았던 많은 이들이 존재하는 의미는 영광과 위대함을 추구하는 것이었다. 이와는 대조적으로, 하나님은 유대인들에게 이렇게 말씀하셨다. "네가 너를 위하여 큰일을 찾느냐? 그것을 찾지 말라"(렘 45:5). 서로 다투는 세계의 제국들 사이에서 이스라엘은 모든 면에서 수수께끼였다.

주전 8세기부터 주후 1세기까지 앗시리아, 바빌로니아, 메대와 페르시아, 그리스, 로마를 비롯해 초강대국들이 차례로 이스라엘을 집어삼켰다가 토해 냈지만 이스라엘은 구속과 소망을 위해 하나님이 택하신 백성이라는 의식을 결코 잃어버리지 않았다. '그 책의 사람들'로서 그들은 절대로 파괴될 수 없는 무언가, 즉 하나님의 가르침과 약속을 간직했다. 그리고 때가 차면 모든 약속 가운데 가장 중요한 약속, 즉 메시아가 나타날 것이다.

이사야(주전 8세기경)는 다른 많은 예언자들과 더불어 이 오실 왕—다스리도록 택하심을 받은 '기름부음을 받으신 분'(히브리어로는 '메시아,' 헬라어로는 '그리스도')에 관해 말했다. 61장에서 우리는 메시아의 말씀으로 여겨질 이사야의 많은 예언 중 하나를 읽는다.

"주 여호와의 영이 내게 내리셨으니
　이는 여호와께서 내게 기름을 부으사
　가난한 자에게 아름다운 소식을 전하게 하려 하심이라.
　나를 보내사 마음이 상한 자를 고치며
　포로된 자에게 자유를,
　갇힌 자에게 놓임을 선포하며
　여호와의 은혜의 해[를]…선포하여." (사 61:1-2)

이것이 하나님 백성의 가장 깊은 소망이었다. 그 소망은 바로 메시아-성육신하신 긍휼-의 오심이었다.

성육신한 긍휼

메시아가 임했을 때 그분은 사람들의 기대를 충족하는 동시에 거부하셨다. 오랜 세월 기다려 온 왕은 우리가 흔히 아는 왕과 전혀 비슷해 보이지 않았다. 먼저 예수께서는 아무도 알지 못하는 동네 출신의 전혀 중요하지 않은 사람이었다. 전임 캔터베리 대주교인 로완 윌리엄스Rowan Williams는 현재 상황에서 그분을 미국이 이라크를 점령하던 시기에 바스라Basra 출신의 자동차

수리공에 빗대 생각해 볼 수 있다고 말한다.[10] 이 유비를 더 자세히 살펴보자. 예수님은 갈등을 벌이고 있는 모든 진영을 향해 평화를 선포하다 악명 높은 아부 그라이브Abu Graib 수용소에서 고문을 당하고 결국 죽음을 맞이한 자동차 수리공과 같다. 여기서 더 나아가 보자. 예수님은 모두가 잊어버린 끔찍한 곳에서 썩어가도록 방치된 이라크인 고문 희생자였지만 치욕스러운 죽음을 맞은 직후 세계의 주와 구원자로 예배의 대상이 된 사람과 같다. 그분은 **그런** 종류의 고문 희생자다.

신약에서 예수님의 삶에 관해 말하는 모든 내용이 역설을 웅변한다. 그분은 하나님의 신적 말씀이었지만 대다수가 비웃던 북부 억양으로 말씀하셨다(요 1:1; 마 26:73). 그분은 우주의 왕이었지만 종의 형체를 취하셨다(빌 2:7). 그분은 세상의 창조자였지만 이 땅에서 그분의 본업은 목수였다. 서른 살의 어느 날 망치를 내려놓고 두루마리를 들어 올려 작은 마을의 회중에게 설교를 하실 때까지는 말이다. 그분의 취임 연설은 (앞에서 인용한) 이사야 61장에 관한 설교였다. 읽기를 마치시고 그분은 그들 모두에게 이렇게 말씀하셨다. "이 글이 오늘 너희 귀에 응하였느니라"(눅 4:21).

이것은 엄청난 주장이었다. 그분은 자신이 예언의 성취이자, 복된 소식을 가져오는 자, 상한 마음의 치유자, 억눌리는 이

10　Rowan Williams, *Tokens of Trust: An Introduction to Christian Belief* (Canterbury Press, 2007), p. 68. 『신뢰하는 삶』(비아).

들의 해방자라고, 즉 메시아라고 생각하셨다. 청중은 그분을 죽이려고 했으며, 예수님은 너무 일찍 순교당하지 않기 위해 피하셔야만 했다. 예수님은 다음 3년 동안 그분의 원수들이 마침내 (또한 말 그대로) 그분을 붙잡을 때까지 그렇게 사셨다. 그분은 희망과 화해의 메시지를 전하셨지만, 그분의 말씀을 들은 사람들은 적대감을 드러내며 그분을 거부했다. 예수님은 늘 '긍휼'로 이런 충돌에 대응하셨다.

(그리스도의 삶을 기록한 전기인) 복음서에서 예수님의 정서적 삶을 가장 잘 보여 주는 단어는 '긍휼'이다. 예수님이 느끼시는 감정의 깊이를 묘사하기 위해 복음서의 저자들은 특이한 그리스어 용어를 사용해야 했다. '창자'를 뜻하는 단어의 동사형이었다. 사랑을 묘사할 때 우리 현대인들은 낭만적으로 '마음'에 관해 말하지만, 고대인들은 가장 깊은 감정을 경험하는 곳이 우리의 내장임을 알았다. 그리고 예수님은 이렇게 위장을 휘젓는 동정심을 너무나도 명백하게 보이셨다. 그래서 복음서 저자들은 항상 그 점에 관해 말했다. 예수님이 병을 고치거나(마 20:34) 회복시키거나(막 1:41) 새 생명을 주실 때(눅 7:13) [내장에서부터] 긍휼에 마음이 움직이셨다고 말한다. 그분이 자신을 비유(영적 이야기) 속 등장인물로 제시할 때는 반드시 자신의 내적 동기를 드러내셨다. 엄청난 빚을 탕감해 주는 자비로운 통치자처럼, 비참한 아들을 회복시키는 자비로운 아버지처럼, 죽어 가는 사람을 구조하는 착한 사마리아인처럼 예수님은 창자가 끊어지는 듯한

사랑, 즉 긍휼로 가득 차 있다(마 18:27; 눅 15:20; 10:33).

착한 사마리아인에 관한 그 마지막 비유는 아마도 그리스도께서 하신 가장 유명한 이야기다(눅 10:25-37). 강도를 당한 후 유기당한 채 죽어 가는 사람에 관한 이야기다. 두 종교 지도자는 그가 있는 길의 반대편으로 지나갔다. 무시당하던 사마리아인(민족과 종교가 달랐던 사람)만 긍휼에 마음이 움직였다. 그는 가던 길을 멈추고 몸을 굽혀 그 사람을 돌보고 임시 병원으로 옮겨 이 낯선 사람의 치료비 전액을 지불했다. 이것이 우리를 향해 몸을 굽히시는 그리스도의 사랑이다. 또한 그분을 따르는 모든 이들을 향한 권유다. "가서 너도 이와 같이 하라"(37절).

긍휼은 그리스도의 삶을 묘사하며, 그것은 또한 그리스도인의 삶을 묘사해야 한다는 의미다. 하지만 로마인들의 귀에는 믿기지 않을 정도로 이상한 관념일 뿐이었다. (우리가 하나님이나 그분의 사랑을 믿든 믿지 않든) 하나님이 세상을 사랑하신다는 관념이 우리에게는 익숙할지도 모르지만, 역사가 래리 허타도는 이 관념이 "로마 시대에는… 완전히 낯설고, 심지어는 어리석은" 것이었다고 말한다.[11] 우리는 '사랑의 윤리'라는 관념을 당연히 여기지만, 역사가들은 "로마 시대에 담론이나 행동에 관한 가르침을 제공하면서 사랑이 이처럼 중요한 역할을 했던 다른 어떤 종교

---

11 Larry Hurtado, *Destroyer of the Gods* (Baylor University Press, 2017), pp. 64-65. 『처음으로 기독교인이라 불렸던 사람들』(이와우).

집단도 알지 못한다."

로마의 종교는 달랐다. 그들에게는 이미 '하나님의 아들', 즉 황제가 있었다. 카이사르 아우구스투스Caesar Augustus, 주전 27년-주후 14년는 '주', '세상의 구원자', '하나님의 아들'이라고 불렸다. (입양되어) '하나님'의 아들이 된 카이사르Julius Caesar는 신성을 주장하면서 1백만 명의 갈리아인을 죽이고 또 다른 1백만 명을 노예로 삼았다. (갈리아는 프랑스 지역을 가리킨다.) 어쨌든 카이사르는 그런 사실을 자랑했다. 하지만 정확한 숫자가 어떠했든 그것을 오점이 아니라 자랑거리로 여겼다는 사실에 주목해야 한다. 그것은 카이사르의 위대함, 사실상 그의 신성에 대한 증거였다.

그리스도와 제국 권력의 충돌은 정반대였다. 십자가 처형을 마무리하기 위해 그리스도의 옆구리에 창을 꽂을 때 우리는 위대함에 대한 전혀 다른 두 가지 그림을 본다. 창의 한쪽 끝에는 제국의 힘을 집행하는 백부장이 있었다. 다른 쪽 끝에는 경멸당했지만 불의의 희생자인 무고한 예수님이 계셨다.

창의 어느 쪽 끝에서 참된 위대함을 발견할 수 있을까? 영광을 발견할 수 있을까? 능력을 발견할 수 있을까? 사도 바울은 모든 그리스도인을 대변하면서 **예수님이** "보이지 아니하는 하나님의 형상"이며 "십자가의 피로 화평을 이루[셨다]"고 선언했다(골 1:15, 20). 성경에 따르면, 우리는 십자가에 달려 죽은 그분보다 더 신적인 것을 본 적이 없다. 여기에 가장 강력한 사랑이 있다. 가장 높으신 통치자가 세상을 끌어안으려고 가장 깊은 심연으로 뛰어드셨다. 평화를 이루는 제물이 되어서 원수들에게까지 팔을 펼침으로써 하나님이 어떤 모습인지를 보여 주셨다.

긍휼의 나눔

예수 운동은 그 핵심에 '성육신한 긍휼'이라는 이 이미지가 자리 잡았는데, 이 예수 운동이 착한 사마리아인에게서 배우고 "가서 이와 같이 하[기]" 위해 노력했다는 사실은 전혀 놀랍지 않다. 아픈 이를 돌보는 것은 전형적인 **기독교적인** 일이 되었다.

물론 그리스도인들이 의료적 돌봄을 시작한 것은 아니다. 그리스인들에게도 의사와 지침서가 있었다. 로마인들은 노예와 군인을 위해 '진료소'를 두었다. 하지만 이런 진료소는 다친 이들을 치료해 다시 경제적·군사적으로 쓸모 있는 사람으로 만들기 위해 존재했다. 그리스도인들은 착한 사마리아인을 본받아 새로운 무언가를 개발했다. 바로 모든 사람을 위한 의료 서비스였다. 종교학자인 데이비드 벤틀리 하트David Bentley Hart는 초기의 발전을 이렇게 소개한다.

"시리아의 성 에프렘St. Ephraim the Syrian, 주후 306년경-373년은 전염병이 퍼져 에데사시가 황폐해졌을 때 모든 환자에게 문호를 개방하는 병원을 설립했다. 성 바실리오스St. Basil the Great, 주후 329-379년는 카파도키아에 나병 환자 전용 병동이 포함된 병원을 세웠고, 자신의 손으로 그들을 간호하기를 거리끼지 않았다. 누르시아의 성 베네딕투스 St. Benedict of Nursia, 주후 480년경-547년경는 몬테카시노에 무료 진료소를 열고 환자를 돌보는 일을 자신이 이끄는 수도사들의 가장 중요한 의무로 삼았다. 로마에서 그리스도인 귀족이자 학자였던 성 파비올라 St. Fabiola, 주후 399년경 사망는 서유럽에서 최초의 공공 병원을 설립했으며, 자신이 부와 지위를 가진 여성이었음에도 불구하고 직접 거리로 나가 돌봄이 필요한 사람들을 찾아 나서곤 했다. 성 요한 크리소스토모스 St. John Chrysostom, 주후 347-407년는 콘스탄티노폴리스 총대주교로 재직할 당시 자신의 영향력을 활용해 이 도시의 여러 의료 기관에 자금을 지원했다."[12]

가난하고 아픈 이들에 대한 돌봄을 주도한 이들은 교회 지도자들이었다. 자선은 신앙의 핵심이자 모든 그리스도인의 핵심 의무였으며, 주교들이 그 모범을 보였다. 그들은 '작은 복지 국가'를 운영했는데, 로마 황제 콘스탄티누스 Constantine 가 312년에 회심한 후에는 그 규모와 기반 시설이 더 확대되었다.[13]

5세기부터 중세학자 제임스 윌리엄 브로드먼 James William Brodman 의 표현을 사용하자면 "폭발적으로 많은 수의 병원"이 생겨났다.[14] 중세 서유럽의 베네딕도 수도회에서만 2,000개 이상

---

12 David Bentley Hart, *Atheist Delusions* (Yale University Press, 2010), p. 30. 『무신론자들의 망상』(한국기독교연구소).
13 Larry Siedentop, *Inventing the Individual* (Penguin, 2015), p. 81. 『개인의 탄생』(부글).
14 John Dickson, *Bullies and Saints* (Zondervan, 2021), p. 191에서 재인용. 『벌거벗은 기독교

을 운영했다.[15] 이런 운동은 철저하면서도 특별히 기독교적이었다. 오늘날 구급 처치가 필요하다면 초록색 바탕에 흰 십자가를 찾으라. 위기에 처했다면 수백만 명이 도움을 받는 '적십자사'가 있다. "위기에 처한 사람을 모른 체하기를 거부함"이라는 이 자선 단체의 구호는 예수님의 유명한 비유를 요약한 말처럼 들린다. 착한 사마리아인은 살아 있다. 사실 요즘은 착한 사마리아인이 너무나 당연하게 여겨진다.

하지만 이것은 전혀 자연스러운 일이 아니다. 시인 테니슨 Tennyson의 말처럼 자연은 "이빨과 발톱이 붉게 물들어 있다."[16] 긍휼은 다른 영역에서 온다. 그것은 진정한 의미에서 '초자연적이다.'

초자연

이 말에 거부감을 가진 사람들도 있다는 사실을 잘 안다. **요즘 누가 '초자연적'인 것을 믿는가? 증거가 어디 있는가?** 하지만 초자연적인 것에 대한 믿음은 어디에나 있다. 리처드 도킨스의 트위터 글에 대한 모든 반론을 통해 명백히 드러난다. 우리가 니체의 무자비한 철학에 대해 반감을 느낄 때마다 그런 믿음이 작동한다.

역사』(두란노).
15 David Bentley Hart, *Atheist Delusions* (Yale University Press, 2010), p. 30.
16 "In Memoriam A.H.H" (1850).

예수 그리스도를 율리우스 카이사르보다 더 나은 위대함의 본보기라고 생각할 때마다 그런 믿음이 나타난다. '선택의 법칙'보다 더 월등하며 그 법칙을 넘어서는 긍휼과 같은 가치가 존재하고 충돌이 발생할 때 그런 가치를 우선시해야 한다고 생각한다면, 당신은 초자연적인 것을 믿고 있는 셈이다. 그리고 바로 이 지점에서 그리스도인은 이렇게 말한다. "**당신의 증거는 어디에 있는가?**"

도움이 될지 모르겠지만 그리스도인은 **자신의** 관점을 뒷받침하기 위해 이런 증거를 제시한다. 1세기에 몇몇 놀라운 가치들이 잔인한 세계에 도입되었으며, 지금까지도 그 가치들이 계속해서 우리를 형성한다. 이런 가치들은 히브리어 성경에 미리 나타났지만, 무슨 일이 일어난 결과로 긍휼이 이스라엘의 제방을 터트리고 세계로 넘쳐흐르기 시작했다.

그리스도인은 이 과정을 설명할 수 있다. 우리는 자비 그 자체인 **그분 자신**—몸을 입고 오신 자비(딛 3:4)—이 친히 나타나셨기 때문에 자비가 세상에 나타났다고 말한다. 예수님은 대문자 P로 시작하는 동정심 Pity이시다. 그분은 무자비한 자연의 영역으로 들어와 그 잔인함에 고통당하셨다. 하지만 사랑으로 그분은 십자가를 택하셨다. 그리고 생존에 가장 적합한 분인 그리스도께서 가장 약한 이들인 우리를 위해 십자가에서 희생당하셨다. 그 결과 가장 약한 이들인 우리가 생존하게 되었다. 생존을 넘어서 우리는 용서받고 그분의 성령의 생명으로 가득 차 부활할 수 있다.

이것이 1세기의 예수 운동을 탄생시킨 메시지다. 인간의 운동은 당연히 인간의 업적과 독특성에 기초한다. 하지만 이것은 성령의 운동이며, '아래와 밖'을 토대로 작동하고 그것이 받는 모든 힘을 사용해 힘없는 이들을 섬긴다.

그런 운동은 어떤 모습일까? 예수님은 가장 먼저 그분을 따랐던 이들에게 이 운동의 독특성을 자세히 설명해 주셨다.

> "이방인[유대인이 아닌 민족]의 집권자들이 그들을 임의로 주관하고 그 고관들이 그들에게 권세를 부리는 줄을 너희가 알거니와 너희 중에는 그렇지 않을지니 너희 중에 누구든지 크고자 하는 자는 너희를 섬기는 자가 되고 너희 중에 누구든지 으뜸이 되고자 하는 자는 모든 사람의 종이 되어야 하리라. 인자가 온 것은 섬김을 받으려 함이 아니라 도리어 섬기려 하고 자기 목숨을 많은 사람의 대속물로 주려 함이니라." (막 10:42-45)

오늘날 우리는 '다른 이들에 대해 군림하려는 태도'가 좋지 않아 보인다는 사실을 당연하게 여긴다. 경영 자문을 하는 이들 사이에서는 '섬김의 리더십' servant leadership 이라는 표현을 진부할 정도로 자주 사용한다. "한 사회가 가장 약한 구성원을 대하는 방식이 그 사회를 평가하는 기준이다"라는 선언이 페이스북에서 밈이 되었다. 그리고 다수의 기독교화된 국가에서는 정부의 지도자인 장관을 '미니스터' minister 라고 부른다. 말 그대로 옛 영어에서 '종'을 뜻하는 말이다. 영국에서는 최고위 통치자인 총리를

'**프라임 미니스터**'prime minister, 즉 가장 앞장서서 우리를 섬기는 사람이라고 부른다. 기독교 혁명의 증거를 원한다면 다른 곳을 볼 필요가 없다. 우리의 통치자들이 전에는 스스로 '신'이라고 선언했지만, 지금은 종이라고 표현한다.

물론 지도자들은 그리스도를 닮은 긍휼에 관해 엇갈린 성적을 기록했다. 국민들 역시 마찬가지다. 하지만 우리가 그들을 판단하는 기준은 그대로 유지된다. 자비가 대세가 되었다.

검투사, 쓰레기 더미, 하나님

> "당신들은 우리의 연극을 관람하지 않고, 행진에 참여하지 않으며, 우리의 공적인 연회에도 참석하지 않고, 신성한[즉 검투사] 경기를 혐오한다."[17]

첫 그리스도인들에 대한 이런 불만은 로마 시민들이 이제 막 시작된 예수 운동에 관해 어떻게 느끼는지를 잘 보여 준다. 그리스도인은 사람을 미치게 하는 수수께끼였다. 그들은 유혈이 낭자한 스포츠에 참여하기를 거부했으며, 공민적 예배에 참석하기를 기피했고, (그리스도만이 주이므로) 황제 숭배를 거부했다. 이 때

---

17 Marcus Minucius Felix, *Octavius 12*, Alvin J. Schmidt, *Under the Influence: How Christianity Transformed Civilization* (Zondervan, 2001), p. 25에서 재인용.

문에 로마인들은 그리스도인들을 인류의 적으로 간주했고, 따라서 검투사 경기에 **참석하기**를 거부할 때 그리스도인들은 오락거리가 되었다. 짐승의 먹이가 된 것이다. 하지만 그들이 위엄 있고 단호한 태도로 죽어 갈 때 한 종류의 영광을 본 수천 명의 사람들이 또 다른 종류의 영광을 어렴풋이 보았다. 그들은 경기장에서 희생적인 사랑으로 제국의 폭력에 대응했다. 그리스도의 방식, 성령의 방식이 계속 흘러갔다.

주후 401년에 그리스도인 황제 호노리우스Honorius는 칙령으로 마침내 경기를 최종적으로 금지했다. (뒤에서 살펴보겠지만, 개인과 교회가 영적 실재를 파악하기까지 시간이 걸리며, 통치자와 제국 안에서 그 영적 실재가 뿌리내리기까지는 수 세기가 걸릴 수도 있다.) 그럼에도 불구하고, 역사가 윌리엄 레키William Lecky가 주장하듯이 "인류의 도덕적 역사에서 검투사 경기의 폐지만큼 중요한 개혁은 없었을 것이며, 이런 성과를 거둘 수 있었던 데는 거의 전적으로 기독교 교회의 노력 덕분이었다고 보아야 한다."[18]

적절하게도 이 경기의 폐지에 관한 이야기에 순교자가 포함된다. 호노리우스 황제는 어느 날 살육을 멈추려는 목표를 가지고 경기장에 들어왔던 텔레마쿠스Telemachus라는 수도사의 노력에 감동을 받았다고 전해진다. 수도사는 검투사들 사이에 서

---

18 Phillip Schaff, *History of the Christian Church*, §95. https://www.ccel.org/ccel/schaff/hcc2.v.x.viii.html에서 재인용. 2021년 10월 30일에 접속함.

있었지만 성난 군중에게 돌에 맞아 죽었다. 하지만 희생 안에는 힘, 즉 공포와 폭력을 뒤엎는 힘이 있다. 그가 보여 준 본보기가 많은 사람들의 가슴에 새겨지고 그의 이야기가 황제의 귀에 들어갔을 때 혁명이 일어났다. 그가 따랐던 주께서도 보여 주셨듯이 텔레마쿠스가 흘린 피는 복이 되었고, 그의 희생이 마음을 변화시켰으며, 그의 죽음이 평화를 이루었고, 그가 순교를 통해 승리했음을 모두가 알게 되었다.

영아 유기의 종식에 관해서도 비슷한 이야기를 할 수 있다. 다시 한번 초기의 그리스도인들은 자신들이 이 관습에 대해 절대적으로 반대한다는 사실을 널리 알렸고, 동시에 이를 해결하기 위해 희생적인 사랑을 보여 주었다. 처음부터 초기 교회는 가난하고 아픈 사람들, 자신들의 공동체에 속한 사람들뿐만 아니라 주변의 문화에 속한 사람들을 돕기 위해 돈을 모았다. 이처럼 가족과 친족이 아닌 사람들을 위한 자선과 구제는 고대 세계에서 극도로 드물었다. 마침 초기 교회의 주교들은 '복지 물품 분배소'를 관장하고 있었는데, 가난하고 아픈 사람들을 돌보기 위해 병원과 고아원을 세웠다.[19] 이렇게 말과 행동을 결합했고, 나중에는 이를 법제화했다. 4세기 말 그리스도인 황제 발렌티니아누스 1세 Valentinian I는 부모가 자신의 자녀를 반드시 양육해야 한다는 법을 제정했고, 영아 살해를 금지했다. 하지만 문화적으로

---

19 John Dickson, *Bullies and Saints* (Zondervan, 2021), pp. 33-36, 74-76.

항구적인 영향을 미친 것은 법의 변화가 아니라 마음의 변화였다. 새로운 종류의 영웅적 행위가 세상을 사로잡았다. 그것은 텔레마쿠스 같은 수도사나 쓰레기 더미를 뒤지고 다니며 유기된 영아를 구해 내고 자신의 공동체로 입양함으로써 급진적인 너그러움을 보여 주었던 마크리나Macrina, 330-379년 같은 수녀의 삶을 통해 분명히 나타났다.

이것은 상상력을 사로잡는 이야기였다. 왜냐하면 그 신앙의 중심에 본래의 순교자, 우리를 향해 몸을 굽힌 하나님이 계셨기 때문이다. 그분은 쓰레기 더미로 내려오신 하나님이다(실제로 로마인들은 쓰레기 더미에서 십자가형을 집행하곤 했다). 그리고 이것은 그저 부활절의 현실이기만 한 것이 아니었다. 예수님은 그분을 따르는 이들에게 굶주린 사람, 이민자, 아픈 사람, 옥에 갇힌 사람을 가리키면서 이렇게 말씀하셨다. "너희가 여기 내 형제 중에 지극히 작은 자 하나에게 한 것이 곧 내게 한 것이니라"(마 25:40).

마크리나는 쓰레기 더미에서 무엇을 찾았던 것일까? 가장 심층적인 답은 하나님이다. 그리고 "약한 자, 낮은 자, 실패한 자" 사이에서 그분과 그분에게 영감을 받은 많은 사람들이 그분을 찾았다.

결국 초자연적인 것이 실제로 나타난다는 사실을 알 수 있다. 그리고 그것이 나타날 때 그것은 바로 희생적인 사랑처럼 보인다.

4 합의

정의는 칼이 아닌 공감으로 가능한가?

> "어린 소녀는 얼마만큼 가치가 있을까?"
>
> —레이철 덴홀랜더, 2018년

레이철 덴홀랜더Rachael Denhollander는 169명의 여성 중에서 마지막으로 피해자 의견을 진술했다. 여러 해 전에 덴홀랜더는 다른 피해자들과 함께 많은 사람을 대상으로 성범죄를 저지른 래리 나사르Larry Nassar의 범행을 최초로 폭로한 바 있었다.

나사르는 전문 의료인으로서 수십 년 동안 최소한 265명의 소녀를 성적으로 학대했다. 그는 미국 체조 대표팀 주치의로서 자신의 직위를 이용해 자신이 담당하는 여성과 소녀들을 착취했다. 하지만 판사가 판결을 검토하는 동안 나사르의 학대 생존자survivor이자 변호사이기도 한 덴홀랜더는 법정이 이 질문에 주목하기를 원했다. "어린 소녀는 얼마만큼 가치가 있을까?"

덴홀랜더는 37분 동안 비범한 증언을 마무리하면서 판사에게 이렇게 말했다.

"아퀼리나Aquilina 판사님, 저는 판사님이 래리에게 내릴 선고를 숙고하실 때 이 희생자들이 모든 것만큼 가치 있다는 메시지를 보내 주시기를 간청합니다. … 형량 합의하에 최고형을 선고해 주시기를 간청합니다. 이 생존자들은 모든 것만큼 가치가 있기 때문입니다. 감사합니다."[1]

덴홀랜더가 진술을 마친 직후 판사는 나사르에게 그가 이미 받은 60년 형에 40년에서 175년에 이르는 복수의 징역형을 더해 선고했다. "당신의 사형 집행 영장에 서명했습니다." 판사는 나사르가 다시는 자유의 몸으로 걸어 나오지 못할 것이라고 밝히며 이렇게 말했다. 메시지는 분명했다. 소녀들, 즉 희생자, 생존자, 약자 들은 **모든 것**만큼 가치가 있다.

사법 체계가 생존자들을 위해 이런 종류의 판결을 내리는 경우가 거의 없다는 사실을 지적해 두어야 한다. 영국에서는 성폭행 신고 사례 200건 중에서 3건만 재판에 회부되는 것으로 추정된다.[2] 하지만 적어도 덴홀랜더의 질문이 진지한 성찰을 촉발

---

1 "Read Rachael Denhollander's Full Victim Impact Statement about Larry Nassar," CNN, CNN, 2018년 1월 30일. https://edition.cnn.com/2018/01/24/us/rachaeldenhollander-full-statement/index.html. 2021년 11월 10일에 접속함.
2 "Just 1.5% of all rape cases lead to charge or summons, data reveals", the Guardian, 2019년

할 것이라고 기대할 수 있다. 어린 소녀는 얼마만큼 가치가 있을까? 우리는 "**모든 것**"이라고 대답하기 원한다. 여성 네 명 중 한 명과 남성 여섯 명 중 한 명이 열여덟 살의 성인이 되기 전에 성적 학대를 경험할 것이라는 사실은 우리의 마음을 아프게 한다. 소아 성애는 가장 끔찍한 범죄이며, 수감자 중에서 성범죄자는 가장 저열한 범죄자로 간주된다. 오늘날은 이런 태도가 상상할 수 있는 가장 기초적이며 보편적이고 명백한 가치라고 생각하지만, 역사적으로는 전혀 그렇지 않았다.

로마인에게 "어린 소녀는 얼마만큼 가치가 있을까?"라고 묻는다면, 그들은 수많은 답을 제시할 것이다. 소녀가 아기였을 때 유기된 쓰레기 더미에서 그 소녀를 구해 냈다면 그 소녀는 공짜다. 노예상이 먼저 그 소녀를 발견했다면 그 소녀를 소유하기 위해 여덟 달치 임금을 지불해야만 할 것이다.[3] 하지만 일단 당신이 그 소녀를 사면 그 소녀의 몸은 완전히 당신의 소유가 된다. "모든 주인이 자기 뜻대로 노예를 이용할 권리를 인정받는다."[4] 하지만 당신이 소녀를 원하는 때 돈을 지불하는 방식으로 이용하길 원한다면, 성매매는 역사가 카일 하퍼의 말처럼 "대단히 공개적인 방식으로 번창하는 지배적인 제도였다. 성 산업은 고전

7월 26일. https://www.theguardian.com/law/2019/jul/26/rape-casescharge-summons-prosecutions-victims-england-wales. 2021년 10월 30일에 접속함.
3 *The Slave Systems of Greek and Roman Antiquity*, American Philosophical Society (William Linn Westermann, 1957), p. 100.
4 Tom Holland, *Dominion* (Little, Brown, 2019), p. 99에서 재인용.

세계의 도덕 경제를 구성하는 필수 요소였다."[5] (어디에나 있는) 가까운 매춘 굴에 다녀오는 비용이 빵 한 덩어리 값에 불과했다.[6]

그렇다면 어린 소녀는 얼마만큼 가치가 있을까? 우리는 "모든 것"이라고 답한다. 역사 안에서 다른 이들은 매춘 굴까지 들리도록 우리를 비웃을 것이다. 왜 이렇게 달라졌을까? 한마디로 기독교 때문이다.

학대의 발명

지난 20세기에 수많은 그리스도인들이 끔찍한 성범죄를 저지른 것으로 밝혀졌다. 어떤 이들은 머리기사를 장식했지만 다른 이들은 조용히 묻혔다. 그리고 범행만큼이나 은폐 시도가 극악무도할 때도 있었다. 하지만 학대를 이 세상에 소개한 것은 바로 기독교라는 점에는 여러 의미가 있다. 기독교 혁명 덕분에 성적 학대라는 범주가 생겨났는데, 그것은 기독교가 처음 퍼져 나간 문화에서는 알지 못했던 범주였다. 카일 하퍼는 로마 세계에 관해 이렇게 설명한다. "공민적 보호를 전혀 주장할 수 없는 상황에서 여성이 전적으로, 폭력적으로 착취를 당하는 상황 그 자체를 전혀 문제로 인식하지 않았다."[7] 다시 말해서, 성적 학대라는 우리

---

5   Kyle Harper, *Shame to Sin* (Harvard University Press, 2016), p. 3.
6   같은 책, p. 49.
7   같은 책, p. 8.

의 근대적 관념이 자유인으로 태어난 로마 남성에게는 터무니없는 생각일 뿐이었다. 왜냐하면 자유롭게 태어난 로마인 남성은 더 낮은 신분의 여성, 아동, 매춘부, 노예의 몸에 대한 절대적인 권리를 가지고 있다고 생각했기 때문이다. 우리가 '학대'abuse 라고 부르는 행태가 그에게는 성의 명백한 **용도**일 뿐이었다.

"로마 제국 시민이 성생활에서 성적 경계를 결정할 때 사회적 지위가 결정적 영향을 미쳤다고 말해도 과장이 아니다."[8] 중요한 것은 상대방의 합의나 나이나 성별 여부가 아니라 그의 지위였다. 그리고 어떤 만남이 옳은지를 결정하는 것은 특정한 행동이 본래 그릇된 것인지 여부가 아니라 수치에 기초한 문화에서 그 사람의 평판이었다. 하퍼의 표현을 사용하자면, 그것은 죄의 세계가 아니라 수치의 세계였다. 중요한 것은 법의 위반이 아니라 "체면의 손상"이었다. 하물며 몸을 더럽히는 문제가 중요하지 않았다는 점은 말할 필요도 없다. 상대방이 이미 사회적으로 비천하다면—그리고 어떤 사람도 로마 시민 남성보다 열등한 존재이지 않겠는가?—그들에게는 손상될 체면이랄 게 없다. 그들은 만만한 먹잇감일 뿐이었다.

물론 그렇게 행동해서는 안 되는 사람들도 있었다—명문가의 여인들과 부인들은 무슨 대가를 치르더라도 순결을 지켜야 했다. 남성과 여성에 대해 파렴치하며 노골적인 이중 잣대가 존

---

8   같은 책, p. 8.

재했다. 성도덕에 관한 핵심 단어인 '정숙함'조차 성별에 따라 다른 의미를 가졌다. 여성에게 '정숙함'은 결혼 관계에서 정절과 결혼 전에 순결을 지키는 것을 의미했다(다만 오래 기다릴 필요는 없었다 — 열두 살에 결혼하는 경우가 흔했다). 남성은 정숙함을 지키는 여성의 미덕을 존중하리라고 기대했다. (노예와 매춘부는 당연히 이런 덕이 결여되었다.)

이는 간음 — 다른 남자의 아내와 동침하는 문제 — 이 매우 심각한 범죄였지만 치정 범죄는 아니었음을 의미했다. 매매춘을 통해 자유롭게 성관계를 할 수 있었음을 고려할 때 간음은 대개 성애적 문제가 되기보다는 정치적 문제로 여겨졌다. 그것은 가증스럽게도 남편을 무시하는 행위이자 사회 질서를 교란하는 범죄였다. 간음을 저지른 사람은 자신의 "수치심, 단정한 자제력, 시민 의식, 이웃에 대한 책임"을 파괴했다.[9] 그러므로 남자들은 그들의 성욕을 어느 정도 자제해야만 했다. 사실 이것이 **남성**의 성 윤리와 관련해 '정숙함'이라는 단어가 뜻하는 바였다. 즉 정숙에서 중요한 것은 순결이 아니라 자제력이었다. 실제 상황에서 이것은 남성이 기혼 여성을 탐닉하지 않도록 노예와 매춘부가 그들의 욕정을 누그러뜨리는 도구로 사용되는 경우가 많았다는 사실을 의미했다. 정숙함, 즉 남성의 정숙함을 **지키기 위해** 매춘 굴에 다녀오는 상황이 쉽게 용인되었다.

9 같은 책, p. 56.

일부 철학자들은 다른 철학자보다 정숙함이 더 많이 필요하다고 충고했다. '유약하다'거나 '사내답지 못하다'라는 비판을 받지 않으려면 자제력이 있다는 평판을 얻어야 했다. 따라서 스토아 철학자인 무소니우스 루푸스Musonius Rufus처럼 극도로 엄격한 철학자는 출산을 위한 성관계를 제외한 모든 성관계를 포기하는 극도의 정숙함을 권고하기도 했다. 하지만 이 모든 것은 여전히 성관계와 성별, 신분, 몸에 대한 고전적 관점을 전제로 삼았다. 이런 가르침은 자연 질서에 대한 도전이 아니었다. 특정한 남성들에게 인상적인 수준의 자제력을 행사하라는 도전일 뿐이었다. 그리고 그런 도전에 부응한 사람들은 극소수에 불과했다. 라틴어에는 매춘부를 뜻하는 단어가 25개 있는 반면 동정인 **남자**를 뜻하는 단어는 하나도 없는 이유가 있다.[10] 이 두 사실은 매우 밀접하게 연결되어 있었다.

톰 홀랜드는 이 지배적 관점을 이렇게 요약했다.

"성관계는 그야말로 권력의 행사였다. 함락된 도시가 군대의 칼에 지배당하듯이 성적으로 이용당하는 이들의 몸은 로마 남성에게 지배당했다. 남성이든 여성이든 관통당한다는 것은 열등하다고 낙인찍힌다는 뜻이었다. 즉 여자 같고 야만적이며 노예처럼 비천하다고 낙인찍힌다는 뜻이었다.… 로마에서 남자들은 길 가장자

---

10 Joseph Henrich, *The Weirdest People in the World* (Penguin, 2020), p. 167. 『위어드: 인류의 역사와 뇌 구조까지 바꿔놓은 문화적 진화의 힘』(21세기북스).

4
합의

리를 거리낌 없이 변기로 사용했듯이, 자신의 성적 욕구를 해소하기 위해 노예와 매춘부를 이용하는 것도 전혀 주저하지 않았다. 라틴어에서 '메이오' *meio* 라는 한 단어는 '사정하다'를 뜻하기도 하고 '배뇨하다'를 뜻하기도 했다."[11]

우리가 학대라고 느끼는 것들, 즉 강압적 권력, 불평등, 대상화, 신체와 인격체의 임상적 사용이 당시의 성 윤리에서는 당연하게 받아들여졌다. 그것은 늘 하던 행동이었다. 이런 상황에서 성 혁명이 발생했다.

성 혁명

'성 혁명'에 관해 생각할 때 우리는 즉시 1960년대를 떠올린다. 피임법이 보급된 후였고 후천성면역결핍증 AIDS이 출현하기 전이었던 이때는 적어도 임신에 관한 한 성관계가 훨씬 덜 중요해졌다. 양성이 평등해졌다. 여성도 남성과 똑같은 종류의 성적 자유를 경험할 수 있었으며, 그 결과로 성, 결혼, 가정, 그 외에도 많은 면에서 급진적 변화가 일어났다.

'사랑의 여름'(1967년 여름 미국 서안에서부터 뉴욕에까지 퍼진 사회 현상으로, 히피 음악, 환각성 약물, 반전 사상, 자유 연애를 주창했다 - 편집자)

---

11 Tom Holland, *Dominion* (Little, Brown, 2019), p. 99.

보다 19세기 이전에 성적 가치와 실천과 관련된 또 다른 혁명이 세상에 등장했다―그리고 그 영향력은 세상을 훨씬 더 크게 변화시켰다. 이 1세기 성 혁명은 성과 사랑, 자유, 선택, 몸, 가정, 성별, 평등을 이해하는 특정한 방식을 세상에 전해 주었으며, 이런 이해 방식이 오늘날까지 작용한다. 심지어 스스로 교회의 구속으로부터 자유롭다고 생각하는 이들 사이에서도 여전히 작동 중이다. 하지만 이 두 혁명 사이의 관계는 시사하는 바가 많다. 많은 점에서 '흔들리는 60년대' swinging sixties 는 1세기 혁명의 거울상이었다.

1960년대에 성평등에 관한 관심이 높아졌고, 따라서 여성의 성과 관련된 사회적 금기가 완화되었다. 그와 비슷하게 초기 교회에서도 성평등에 관한 관심이 높았지만, 다른 방향에서 이중적 기준을 공격했다. 교회는 남성들에게 제약을 가했는데, 그것은 언제나 여성들에게 가해졌던 수준과 동일한 제약이었다. 20세기의 혁명이 "**여성은 남성처럼 자유로울 수도 있다**"라고 말했다면, 예수 혁명은 "**남성도 여성처럼 제약을 받아야 한다**"라고 말했다. 남성이 철저하게 성적으로 지배하고 있었던 고대 세계의 상황을 고려할 때 그 혁명은 대담했고 세상을 크게 변화시켰다.

고자처럼 살라

기독교가 성도덕에 지진을 일으켰다면 그 진원지는 마태복음

19장이었다. 이 장은 이스라엘의 가장 엄격한 종교인들인 바리새인들이 이혼과 재혼에 관해 예수님께 질문하는 것으로 시작된다. 로마 세계에서는 이혼이 쉬웠다. 이혼이 얼마나 어려워야 하는지에 관해 유대인 사이에 논쟁이 있었다. 예수님은 남성에게 가장 엄격한 기준을 요구함으로써 모두를 곤경에 빠뜨리셨다.

몇몇 바리새인이 그분께 와서 그분을 시험했다. 그들은 "사람이 어떤 이유가 있으면 그 아내를 버리는 것이 옳으니이까"라고 물었다.

"예수께서 대답하여 이르시되, '사람을 지으신 이가 본래 그들을 남자와 여자로 지으시고 말씀하시기를 그러므로 사람이 그 부모를 떠나서 아내에게 합하여 그 둘이 한 몸이 될지니라 하신 것을 읽지 못하였느냐? 그런즉 이제 둘이 아니요 한 몸이니 그러므로 하나님이 짝지어 주신 것을 사람이 나누지 못할지니라' 하시니."
(마 19:3-6)

예수님은 "본래"라고 말씀하시면서 듣는 이들이 성경의 첫 장들, 즉 창세기 1장과 2장으로 되돌아가게 하신다. 여기서 "한 몸"이라는 구절은 두 가지, 즉 몸의 연합(성관계)과 삶의 연합(결혼)을 가리킨다. 성경에서 성은 결혼의 관계에서 일어나며 결혼은 성적이다. 한 몸을 이루는 행위(성관계)는 한 몸을 이루는 연합(결혼)에 속해 있다.

그러므로 인간적 차원에서 성관계는 대단히 중요하다. 우리가 성관계를 맺는 파트너는 우리 삶의 파트너여야 한다. 하지만 예수님은 수직적 차원도 보태신다. 결혼에 관해 언급하면서 예수님은 "하나님이 짝지어 주신 것"이라고 말씀하신다. 따라서 우리가 우리 몸으로 하는 행위는 **영적**이기도 하다. 우리가 인간으로서 맺는 동반자 관계는 그저 인간적인 것에 그치지 않는다. 이 관계는 하나님께도 중요하다.

이런 가르침은 '우발적인 성관계'의 죽음을 의미한다. 또한 쉬운 이혼의 죽음이기도 하다. 따라서 예수님께 질문을 던지는 이들은 자신들의 조상 모세와 구약에서 그가 이스라엘에게 주었던 율법에 호소함으로써 그분을 압박한다.

"여짜오되 '그러면 어찌하여 모세는 이혼 증서를 주어서 버리라 명하였나이까?' 예수께서 이르시되 '모세가 너희 마음의 완악함 때문에 아내 버림을 허락하였거니와 본래는 그렇지 아니하니라. 내가 너희에게 말하노니 누구든지 음행한 이유 외에 아내를 버리고 다른 데 장가드는 자는 간음함이니라.'" (마 19:7-9)

예수님의 말씀에 따르면, 구약의 모든 것은 창조주의 본래 의도를 표상하는 것은 아니다. 예를 들어, 히브리어 성경에는 일부다처의 사례가 많으며, 아브라함이나 다윗 같은 중요한 이스라엘 사람에게도 여러 명의 아내가 있었다. 솔로몬에게는 1,000명의 첩(즉 부인보다 신분이 낮은 연인)이 있었다. 이런 관행은 세계 전역의 문화에서 상류층 남성들 사이에 널리 퍼져 있었지만, 성경에서는 이를 예외로 간주하며 일관되게 반목과 착취를 경고하는 이야기를 제시한다. 여기 신약에서 예수님은 자신의 말씀을 듣는 이들에게 구약의 몇몇 관행, 더 나아가 구약의 몇몇 **법률**이 이상적이지 않았다고 말씀하신다. 그것은 인간의 완고함 때문에 허용된 것이었다. 예수님이 지적하시듯 "마음의 완악함" 때문이었다. 하지만 예수님이 오셔서 상황을 창세기 1장과 2장에서 가르치는 본래의 모습으로 회복시키셨다. 결혼은 평생 한 남자와 한 여자 사이의 관계다. 이혼은 드문 예외에 대해서만 허용된다.

따라서 예수님의 말씀에 따르면 성관계는 두 가지 가능한 의미를 지닌다. 결혼 안에서 이루어지는 성관계는 자신의 몸으로 결혼 서약을 (다시) 이행하는 행위다. "죽음이 우리를 갈라놓을 때까지." 결혼 제도 밖에서 이루어지는 성관계는 하나님이 친히 만드신 연합을 깨뜨리는 행위다. 이것은 놀라울 정도로 성관계를 고귀하게(누군가는 '협소하게'라고 말할 것이다) 바라보는 관점이다. 예수님을 따르는 이들은 어떻게 반응하는가?

"제자들이 이르되 '만일 사람이 아내에게 이같이 할진대 장가들지 않는 것이 좋겠나이다.'" (마 19:10)

예수를 따르는 이들은 (기혼자였던) 베드로 같은 어부를 비롯해 혈기 왕성한 남자들이었다. 하지만 결혼의 문이 잠겼고 아무도 살아서 나갈 수 없다는 말을 들었을 때 이들은 두려워했다. 이미 결혼한 이들은 자신이 미혼이기를 바랐다. (남편이 이런 반응을 보였다는 사실을 알게 되었을 때 베드로의 아내가 어떻게 반응했는지 우리는 알지 못한다!) 아직 결혼하지 않은 이들은 결혼 계획을 철회하기 시작했다. 이 가르침에서는 남성의 성적 행동을 엄격하게 제한한다.

이것이 이상한 관점임을 알아차리지 못한다면 이는 우리가 야생에서 수컷의 성적 행동이 어떠한지를 알지 못하기 때문일 것이다. 조지프 헨릭은 우리와 다른 동물을 이렇게 비교한다.

"진화론적으로 우리와 가장 가까운 친척인 유인원과 원숭이 중에서 얼마나 많은 종이 호모 사피엔스처럼 큰 무리를 이루고 살면서 일부일처로 짝을 이루는지 알고 있는가? 맞다. 그런 종은 하나도 없다."[12]

우리가 하는 방식의 결혼은 자연적이지 않다. 그것은 이상하다. 그리고 인간 사회 안에서도 일부일처제는 거의 그 정도로 드물다. 하지만 결혼이 과도한 헌신이라고 생각한다면 예수님은 대안을 (하지만 단 하나의 대안을) 제시하신다. **고자처럼 살라**.

---

12 Joseph Henrich, *The Weirdest People in the World* (Penguin, 2020), p. 258.

"예수께서 이르시되 '사람마다 이 말을 받지 못하고 오직 타고난 자라야 할지니라. 어머니의 태로부터 된 고자도 있고 사람이 만든 고자도 있고 천국을 위하여 스스로 된 고자도 있도다. 이 말을 받을 만한 자는 받을지어다.'" (마 19:11-12)

고자는 고환이 없는 남자로서 주인의 아내들에게 위협이 되지 않도록 강제로 거세를 당한 경우가 많았다. 예수님은 결혼을 받아들이지 못하는 이들이 대신 다른 소명을 받아들일 수 있다고 말씀하신다. 그들은 성관계를 아예 포기하고 하나님의 나라를 섬기는 일에 온전히 헌신할 수 있다. 두 선택지가 있다. 평생 일부일처를 유지하거나 순결한 독신 생활을 택할 수 있다. 제3의 선택지는 없다. 카일 하퍼의 말처럼, 본래의 성 혁명을 통해 "온 세상에 퍼져 있는 성애적 에너지가 하나의 연약하고 신성한 연합 안에 갇히게 되었다."[13]

헨릭은 이것을 교회의 "결혼과 가정 프로그램"(Marriage and Family Program, MFP)이라고 부른다. 그리고 그 영향력은 심대했다. 헨릭은 이것이 서양의 이상한 심리학과 놀라운 번영에 가장 크게 기여한 요소라고 말한다. 신분이 높은 남성들이 지배하는 문화에서는 그들이 모든 여성들을 차지한다. 이는 여성들과 다른 남성들에게 끔찍한 상황이다. 결혼과 가정 프로그램은 성별

---

13 Kyle Harper, *Shame to Sin* (Harvard University Press, 2016), p. 163.

을 가로지르고 계급을 가로질러 성과 결혼을 재분배한다. 이론상 누구든지 짝을 찾을 수 있다(솔로몬이 모든 여성을 차지한다면 이는 어려운 일이다). 헨릭의 분석에 따르면, 이것은 "남성들 사이의 생식 경쟁을 억압하고" "미혼 남성 집단을…축소한다."[14] 이 집단은 남성 호르몬인 테스토스테론 수치는 높지만 책임 의식은 낮은, 자칭 "비자발적 독신자"들로 가득 찬 위험한 집단이다. 결혼과 가정 프로그램은 이 집단의 규모를 극적으로 축소하고, 대신 남성들을 그들의 여성들 그리고 그들의 자녀들과 결합시킨다. 그것은 그들의 성적 선택과 그 선택의 결과다. 남성들이 가정생활과 결합될 때 이는 자연스럽게 "테스토스테론 억제 체계"로 작동해 남성 인구의 공격성을 약화시킨다. 헨릭은 '고자'에 관한 예수님의 말씀을 떠올리게 하는 용어로 결혼과 가정 프로그램의 효과를 요약한다. "교회는 일부일처 결혼 제도를 통해 몸을 숙여 남성들의 고환을 움켜쥐었다."[15]

더 고귀한 관점

결혼과 가정 프로그램에 관한 헨릭의 분석은 정확하다. 하지만 여전히 의문이 남는다. 어떻게 교회는 문화적으로 우위를 차지

14　Joseph Henrich, *The Weirdest People in the World* (Penguin, 2020), p. 267.
15　같은 책, p. 273.

하지 못했을 때, 특히 처음 3세기 동안 사람들을 향해 "몸을 숙였을까?" 왜 지배적 위치의 남성들이 스스로 그런 제약을 받아들였을까? 그리고 "고자처럼 살라"는 그리스도의 가르침을 어떻게 설명할 수 있을까? 헨릭은 결혼과 가정에 초점을 맞춘다. 하지만 그리스도는 순결한 독신 생활을 훨씬 더 높이 평가하신다. 진화론의 관점에서 그런 독신 생활은 막다른 골목이다. 하지만 그리스도인은 생물학적 실재를 넘어서 영적 실재를 바라보았다.

> "너희 몸은 너희가 하나님께로부터 받은바 너희 가운데 계신 성령의 전인 줄을 알지 못하느냐?" (고전 6:19)

여기서 사도 바울은 대단히 놀라운 용어로 인간의 몸에 부여된 존엄성에 관해 말한다. 고대 세계에서는 많은 몸을 요강처럼 생각했다. 근대 세계에서 우리는 우리 몸을 놀이터처럼 생각할지도 모른다. 하지만 우리의 연약한 인간적 몸이 하나님을 위한 집이 될 수 있다고 상상할 때 물질적인 것에 놀라운 영적 의미를 불어넣게 된다. 바울은 이렇게 신성한 몸이 하나가 될 때 결혼에 관해 상상할 수 있는 최고의 진리가 드러난다고 말한다.

> "남편들아 아내 사랑하기를 그리스도께서 교회를 사랑하시고 그 교회를 위하여 자신을 주심같이 하라.…'그러므로 사람이 부모를

떠나 그의 아내와 합하여 그 둘이 한 육체가 될지니' 이 비밀이 크도다. 나는 그리스도와 교회에 대하여 말하노라." (엡 5:25, 31-32)

바울은 결혼을 통해 한 남자와 한 여자가 연합하는 것은 그것을 뛰어넘는 무언가, 즉 그리스도와 그분의 백성 사이의 사랑 이야기를 가리킨다고 생각했다. 예수님이 우리를 사랑하고 스스로 우리와 하나가 되셨듯이, 남편과 아내도 이 신적 로맨스를 표상하는 이미지로서 연합되어야 한다. 부부의 사랑은 가장 심오한 연합에 대한 선포다.

이런 이유 때문에 결혼 관계에서 이루어지는 성관계를 열정적으로 권장한다.

"서로 분방하지 말라. 다만 기도할 틈을 얻기 위하여 합의상 얼마 동안은 하되 다시 합하라." (고전 7:5)

침실 안에 상호 합의라는 놀라운 관념을 도입하고 있다는 점에 주목하라. 이런 상호성은 실제로 두 가지 상반된 결과를 낳았다. 바로 앞 절에서 바울은 고대 세계에서 쉽게 동의를 얻을 만한 가르침으로 이야기를 시작한다.

"아내는 자기 몸을 주장하지 못하고 오직 그 남편이 하며." (4절)

4
합의

바울의 시대에 그 누구도 이 구절에 대해 반대하지 않았을 것이다. 하지만 다음 구절은 성과 결혼, 남성, 여성, 몸, 선택에 관한 이해에서 급진적 전환이 일어났음을 의미했다.

"남편도 그와 같이 자기 몸을 주장하지 못하고 오직 그 아내가 하나니." (고전 7:4)

"그와 같이"라는 말은 혁명을 의미했다. 바울은 완전한 상호성을 주장하고 있다. 결혼한 부부는 평등한 존재로서 서로에게 속해 있다. 우리는 이 말이 얼마나 충격적이었는지 이해하기 어렵다. 오늘날 우리에게는 그런 상호 합의와 헌신이 당연하게 여겨진다. 하지만 우리가 지금 그것을 당연하게 받아들이는 이유는 그때 그것이 급진적이었기 때문이다.

고대 세계에서 신들은 폭력적인 성폭행범이었으며, 성적 자기 결정권은 권력을 지닌 남성들만 누릴 수 있었고, 성적 비행은 몸이나 의지에 대한 모독이 아니라 평판에 대한 모독이었다. 이런 세계에 기독교 혁명이 찾아왔고, 그 결과 성을 신적 로맨스라는 캔버스 위에 그리게 되었으며 평등한 두 사람이 신성하고 깨뜨릴 수 없는 약속으로 연합하게 되었다. 결혼과 가정 프로그램이 (헨릭의 표현을 사용하자면) 결국 "고환을 움켜쥐게" 되었다는 말이 참일지도 모른다. 그러나 그럴 수 있었던 까닭은 그 프로그램이 먼저 마음을 사로잡았기 때문이다.

노예, 여성, 아동

그 시대의 잔인성에 가장 심하게 상처를 받은 마음은 당연하게도 예수 운동에 사로잡혔다. 2세기에, 앞에서 이미 언급한 기독교의 비판자 켈수스는 그리스도인들이 "어리석고 비천하며 멍청한 사람들, 노예와 여성, 어린아이만 설득할 수 있다"라고 말했다.[16] 하지만 켈수스에게는 비웃음거리였던 것을 초기 교회는 자랑거리로 여겼다. 역사가 로드니 스타크는 "[기독교에] 관해 들었던 **모든** 여성이 왜 그리스도인이 되지 않았는지" 매우 궁금해한다.[17] 교회는 여성들이 존엄성을 누리고 보호받으며 양식을 얻을 수 있는 곳이 되었다. 251년에 로마의 한 주교는 안디옥에 있는 다른 주교에게 보낸 편지에서 "1,500명 이상의 과부와 곤궁한 사람들"이 지역 회중(약 3만 명의 회중)의 돌봄을 받고 있다고 지적했다. 현대인들은 이런 회중이 '작은 복지 국가'였다고 생각할 테지만, 그 시대에 교회는 스스로를 가족이라고 생각했다. 우주적 로맨스에서 그리스도의 헌신적 사랑을 따르는 이들은 결혼과 비슷한 관계를 통해 하나님의 아들과 연합되었다. 이로써 그들은 성부의 가족이 되었고 동료 그리스도인들을 형제자매로 부른다. 다시 말해서 그들은 가족이다.

---

16 Origen, *Contra Celsum*, Book 3, Chapter 44, Michael J. Kruger, *Christianity at the Crossroads* (IVP Academic, 2018), pp. 34-35에서 재인용.『켈수스를 논박함』(새물결).
17 Rodney Stark in "Jesus the Game Changer Season One - Rodney Stark Extended Interview". https://youtu.be/3h2OnGUU1Uk, 7:00. 2021년 10월 30일에 접속함.

4
합의

"너희가 다 믿음으로 말미암아 그리스도 예수 안에서 하나님의 아들이 되었으니 누구든지 그리스도와 합하기 위하여 세례를 받은 자는 그리스도로 옷 입었느니라. 너희는 유대인이나 헬라인이나 종이나 자유인이나 남자나 여자나 다 그리스도 예수 안에서 하나이니라." (갈 3:26-28)

교회 안에서는 그리스도 외에 그 누구도 '주'가 아니며 모두가 하나다. 인종이나 신분, 성별과 상관없이 모두가 하나님의 가족에 속해 있다. 또한 가족으로서 교회 윤리의 뛰는 심장은 사랑으로, 신약과 초기 기독교의 저술 안에는 사랑에 대한 언급이 가득하다. 그러나 사랑은 고전기의 덕 목록에서는 거의 언급하지 않는 특성이다. 플라톤과 키케로 같은 철학자들은 지혜, 정의, 용기, 중용을 근본 덕목으로 생각했는데, 이런 것들은 병영에 잘 어울리는 특성이다. 사실 '덕'virtue이라는 단어는 '사내다움'virile이라는 단어와 밀접한 연관이 있다. 두 단어 모두 '남자'를 뜻하는 라틴어 단어 '비르'vir에서 유래했다. 덕이란 '남자다움'이다.

하지만 그리스도는 다른 종류의 하나님과 다른 종류의 인간을 계시하셨다. 그분은 최고의 선이란 사랑하는 것, 즉 하나님과 이웃을 사랑하고, 심지어는 우리의 원수까지 사랑하는 것이라고 가르치셨다. 그렇다면 사랑이란 무엇일까? 바울은 성경에서—사실상 모든 글 중에서—가장 유명한 본문 중 하나를 썼다.

"사랑은 오래 참고 사랑은 온유하며 시기하지 아니하며 사랑은 자랑하지 아니하며 교만하지 아니하며 무례히 행하지 아니하며 자기의 유익을 구하지 아니하며 성내지 아니하며 악한 것을 생각하지 아니하며." (고전 13:4-5)

이것은 훈련 교관의 표어가 아니라 건강한 가정의 분위기다. 따라서 이 장을 시작한 논의로 다시 돌아가려면 교회 가족생활의 특수한 양상, 즉 교회가 아동을 대하는 방식에 관해 생각해 보아야 한다.

고대 세계에서 소년, 소녀와의 성관계는 그저 용인되는 정도에 그치지 않았다. 유베날리스Juvenal, 페트로니우스Petronius, 호라티우스Horace, 스트라톤Strato, 루키아노스Lucian, 필로스트라토스Philostratus 같은 작가들은 이를 칭송했다.[18] 그들이 사용한 단어는 '소년애'pederasty, 즉 아동에 대한 사랑이었다. 그리스도인들은 한결같이 이 관습을 혐오했으며 그것을 다른 명칭, 즉 '아동 파괴'paidophthoros라고 불렀다.[19] 고전 세계가 사랑이라고 부른 것을 그리스도인들은 학대라고 불렀으며, "이로써 어린이와의 모든 성적 접촉을 타락한 행동으로 이해했다."[20] 그리스도인 황제인 유스티니아누스Justinian, 527-565년 재위가 통치하는 동안 소년애가

18　Larry Hurtado, *Destroyer of the Gods* (Baylor University Press, 2017), p. 167.
19　같은 책, p. 167.
20　Kyle Harper, *From Shame to Sin* (Harvard University Press, 2016), p. 98.

법으로 금지되었고, 학대가 발생하고 한참이 지난 후에도 기소가 가능해졌다.[21] 설교를 선포하는 교회와 법률로 통치하는 국가가 함께 작용해 아동의 성적 대상화를 막는 결정적 역할을 했다.

오늘날 '혁명의 자녀'인 우리는 아동을 존중하는 우리의 태도에 관한 이 혁명을 당연하게 받아들인다. 아동을 성적으로 학대하는 악은 아마도 우리 시대의 도덕적 확실성을 상징할 것이다. 하지만 우리 시대는 역사적 맥락에 대한 배경이 필요하다. 우리는 예수 운동, 즉 "아동 학대에 맞서는 가장 위대한 전진"의 **이쪽** 편에서 상황을 바라본다.[22] 예수 이전에, 또한 예수가 없었다면 "어린 소녀가 얼마만큼 가치가 있는지"를 사람들이 언제나 분명히 알지는 못했을 것이다.

굽은 선은 굽어 있다

레이철 덴홀랜더는 피해자 의견 진술을 마무리하면서 래리 나사르를 향해 직접 말했다.

> "앞선 심리에서 당신은 법정으로 당신의 성경책을 가지고 들어왔고 용서를 구하는 기도를 한다고 말했습니다.…"

---

21 같은 책, p. 13.
22 Paul Offit, *Bad Faith* (Basic Books, 2015), p. 127.

우리는 덴홀랜더가 그리스도인이기 때문에 나사르가 고백한 신앙을 무시하거나 부인할 것이라고 예상했을지도 모른다. 아무도 소아 성애자가 자기 '편'이라고 말하고 싶어 하지 않는다. 하지만 이런 현실과 씨름하는 것이 중요하다. 지구상 최악의 학대 범죄자들 중에는 그리스도인의 정체성을 주장하는 사람들이 있었다. 덴홀랜더는 이 진실을 숨기지 않았다. 모든 그리스도인은 그 명칭을 주장하면서도 삶을 변화시키는 그 실체를 부인할 수 있다고 인정한다. 예수님이 가르치셨듯이 우리는 순진한 신자의 가면을 쓴 사악한 약탈자, "양의 옷을 입고…노략질하는 이리"를 경계해야 한다(마 7:15). 하지만 덴홀랜더는 나사르의 기독교에 대해 의문을 제기하려는 것이 아니다(물론 그렇게 하는 것도 분명히 적절한 일일 것이다). 덴홀랜더는 그가 믿는다고 주장하는 기독교를 그에게 **적용한다**. 그가 공언하는 기준을 그에게 적용하며, 그 결과는 통렬한 고발이다.

> "당신이 들고 있는 성경에서는 작은 아이 하나라도 비틀거리게 한다면 차라리 당신 목에 돌을 매달아 호수에 던져 버리는 편이 더 낫다고 말합니다. 그런데 당신은 수백 명에게 해를 입혔습니다."

이것은 가르침을 통해 아동을 존중하는 방식에 관해 혁명을 일으키신 예수님의 말씀이다(마 18:6). 작은 소녀와 소년은 모든 것만큼 가치 있다. 예수님은 우리에게 이것을 가르쳐 주셨다. 그리고 기괴하게도 나사르 같은 학대 범죄자도—색상이 반전된 네거티브 필름 같은 방식이기는 하지만—우리에게 이것을 가르쳐 주었다. 그가 저지른 범죄의 끔찍함이 그에게 희생당한 이들의 가치에 대한 증언이다. 또한 우리가 소중하게 여기는 가치에 대한 증언이기도 하다. 덴홀랜더는 그것을 이렇게 설명했다.

"이 재판 내내 나는 루이스C. S. Lewis가 한 말을 계속 생각했습니다. '하나님에 대한 나의 반론은 우주가 너무나도 잔인하고 불의해 보인다는 것이었다. 하지만 나는 정의와 불의라는 이 관념을 어떻게 갖게 되었을까? 먼저 곧음이라는 관념을 갖고 있지 않다면 어떤 선이 굽어 있다고 말하지 않을 것이다. 우주가 불의하다고 말한다면 나는 우주를 무엇과 비교했던 것일까?'
　래리, 당신이 한 일이 악하고 사악하기 때문에 나는 그것이 악하고 사악하다고 말할 수 있습니다. 그리고 직선이 존재하기 때문에 나는 그것이 악하고 사악하다는 것을 알고 있습니다. 직선은 당신의 지각이나 다른 누군가의 지각을 근거로 측정되지 않으며, 이는 내가 당한 학대에 관한 진실을 축소하거나 누그러뜨리지 않고 말할 수 있음을 의미합니다. 그리고 나는 선이 무엇인지 알기 때문에 그것을 악이라고 말할 수 있습니다."

우리는 레이철 덴홀랜더가 끔찍한 일을 당한 후에 하나님을 믿는 믿음이 약해졌을 것이라고 예상할지도 모른다. 오히려 덴홀랜더는 불의에 대한 이 감각을 더 깊이 파고들었다. 그가 인용한 저자 루이스도 마찬가지였다. 이 세상이 굽어 있음을 인식한 루이스와 덴홀랜더는 우리에게 직선을 바라보라고 말한다. 직선이라는 것이 없다면 굽은 선이라는 것도 없을 것이다. 선은 선일 뿐이고, 사건은 그저 일어날 뿐이다. 하지만 우리는 굽어 있음을 볼 때 그것이 굽어 있음을 안다. 또한 악을 볼 때는 그것이 악임을 안다.

덴홀랜더는 나사르의 행위가 악하다고 말할 수 있다. 그렇다고 해서 그것이 용서받을 수 없다는 뜻은 아니다. 덴홀랜더는 같은 진술에서 자신을 학대한 사람에게 용서를 베풀었다—이는 놀라울 정도로 그리스도인다운 행동이었다. 하지만 그는 학대가 잘못된 행위이기 **때문에**—그저 불쾌하거나 고통스럽거나 문화적으로 부적절한 행위이기 때문이 아니라—용서를 베풀었다. 그것은 무시무시할 정도로 잘못된 행위였다. 대문자 W로 표기할 만한 잘못된 행위였다. 하지만 그것이 정말로 잘못된 Wrong 행위였다면, 대문자 R로 표기하는 올바른 Right 무언가도 존재한다고 덴홀랜더는 말한다.

이 모든 것은 우리가 학대를 판단하는 기준에 관해 생각해 보도록 해 준다. 학대가 학대이려면 우리는 무언가를 믿어야만 한다. 몸을 성전처럼 다뤄야 하며, 성은 신성하고, 아동은 귀하며, 권력을 가진 사람들은 약한 사람들을 착취하지 말고 섬겨야 한다고 믿어야만 한다. 이런 가치들이 우리가 나사르의 행동이

4
합의

굽어 있다고 반대할 때 기준으로 삼는 직선을 이룬다. 하지만 그런 가치들은 결코 보편적이지 않다. 이런 가치들은 동물의 왕국이 작동하는 방식이 아니며, 다른 인간 사회의 전제가 아니다. 이런 가치들은 기독교적 신념이다. 래리 나사르는 어떤 종류의 기독교를 주장함으로써 자신이 저지른 악행에 대해 책임을 면할 수 없다. 오히려 기독교가 그를 고발한다. 특히 그가 저지른 학대의 악을 규정하는 예수의 선하심이 그를 고발한다.

중요한 것이 위협을 당할 때에야 비로소 그것이 우리에게 중요함을 깨닫는다. 또한 안타깝게도 인격체, 몸, 합의가 침해를 당한 후에야 비로소 이런 것들이 늘 신성한 가치였음을 깨닫는다. 하지만 덴홀랜더가 "어린 소녀는 얼마만큼 가치가 있을까?"라고 물을 때 당신이 진심으로 어떻게 대답하는지 귀 기울여 들어 보라. 이 질문에 대한 답은 과학적이거나 경제적인 차원에 근거하지 않는다. 그저 사회적이거나 심리학적인 차원에만 근거하지도 않는다. 이 질문에 대한 가장 심오하고 진실한 답은 영적인 답이다. 그리고 '모든 것'이라는 답이 목구멍을 타고 올라올 때 이것이 바로 당신의 기독교가 하는 말이다.

5 계몽

기독교가 없었다면 1,000년의 암흑이 사라졌을까?

"정말이지 중세적이다. 요즘 시대에 충격적인 일이다."[1]
―휴대전화 수신 가능 범위에 관한 뉴질랜드 주민의 불평, 2018년

휴대전화가 잘 터지지 않을 때도 '중세적'medieval이라고 말할 정도로 '중세'라는 단어는 매우 나쁜 말이 되었다. 엄밀히 말해서 '중세'는 로마의 멸망(410년)과 르네상스의 발흥(14-15세기) 사이의 역사적 기간을 가리킨다. 하지만 요즘 '중세적'이라는 말은 '시대에 뒤떨어진', '고장 난', '야만적인'과 동의어가 되었다. 온라인으로 검색해 보면 '중세적'이라는 단어는 컴퓨터 체계,[2] 탈

---

1 '뒤떨어진' 휴대전화의 신호 범위에 좌절을 느끼는 극북 지역 거주민들의 이야기는 Stuff 웹사이트를 참고하라. https://www.stuff.co.nz/auckland/local-news/northland/106654790/residents-frustrated-at-medieval-cellphone-coverage-in-the-far-north. 2021년 11월 3일에 접속함.
2 "그들은 오늘날의 기준에 따르면 확실히 중세적으로 보이는 컴퓨터 체계를 사용하고 있다." '중세적'이라는 단어의 추천 용례, Merriam-Webster Dictionary. https://www.merri-

레반,³ 럭비의 수비 방식,⁴ 외설적 텔레비전 프로그램,⁵ 축구에서 승부차기를 할 때 느끼는 심리적 고통⁶을 묘사할 때 사용된다.

이 단어는 역사와 너무나도 철저하게 분리되었기 때문에 컴퓨터나 휴대전화, 텔레비전 프로그램이 '중세적'이라고 말하는 것이 얼마나 어처구니없는 일인지 아무도 알아차리지 못한다. 사실 이 단어는 더 이상 역사적 시기를 의미하지 않는다. 그저 끔찍하다는 뜻일 뿐이다. 혹은 잔인하거나 시대에 뒤처져 있다는 뜻일 뿐이다. 또한 적들에게 "중세적으로 행동하겠다"라고 위협하는 <펄프 픽션>Pulp Fiction의 등장인물 마셀러스 월리스 Marsellus Wallace의 말처럼 폭력과 고문을 암시하기도 한다.

여기서 미리 경고하고자 한다. 이 장에서 우리는 중세로 돌아갈 것이다. 하지만 <펄프 픽션>의 의미는 아니다. 앞으로 살펴보겠지만 중세로 돌아가는 것이 참으로 계몽적일 수 있다. 하지만 우리는 중세에 관한 강력한 편견 몇 가지를 뒤엎어야 한다.

am-webster.com/dictionary/medieval. 2021년 10월 28일에 접속함.
3   "Taliban Give The Word Medieval A Bad Name", Douglas Murray, *The Sun*, 2021년 7월 13일. https://www.thesun.co.uk/news/15586446/douglas-murray-talibangovernment. 2021년 10월 28일에 접속함.
4   Twitter, @kgoatlapa, 2014년 7월 26일. https://twitter.com/kgoatlapa/status/492963576995672065.
5   "How amoral Love Island is taking us back to the Dark Ages", Sarah Vine, *Daily Mail*, 2021년 8월 22일. https://www.dailymail.co.uk/debate/article-9915397/SARAHVINE-amoral-Love-Island-taking-Dark-Ages.html. 2021년 11월 3일에 접속함.
6   "Love, courage and solidarity: 20 essential lessons young athletes taught us this summer", Sirin Kale, *The Guardian*. 2021년 8월 5일. https://www.theguardian.com/sport/2021/aug/05/20-essential-lessons-young-athletes-taught-us-this-summereuros-olympics. 2021년 11월 3일에 접속함.

당연히 나도 많은 편견을 극복해야 했다. 중세를 떠올리면 먼저 전투와 종기, 흑사병을 상상한다. 이것은 대학교와 대헌장Magna Carta, 샤르트르 대성당을 우리에게 남겨 준 시대에 대한 한쪽으로 치우친 평가에 불과하다. 그렇다면 어쩌다 과거를 이렇게 평가하게 되었을까? 왜 우리는 이렇게 쉽게 중세 시대에 '그림자를 드리워도' 된다고 생각하는 것일까?

'그림자 드리우기'는 모욕을 뜻하는 현대의 관용구지만 수세기 동안 우리가 해 왔던 일을 완벽하게 묘사하는 표현이다. 역사가들은 이미 오래전부터 그런 표현을 사용하지 않고 있지만 대부분의 사람들은 여전히 중세를 '암흑시대'라고 부른다. 우리는 그때를 '미개한' 시대로 회고하며 우리 자신은 '계몽된' 사람들이라고 생각한다. 이제는 두 관점 모두를 본능적으로 받아들인다. 하지만 이 장에서 묘사하듯이 이런 관점들은 근본적으로 기독교적인 이유 때문에 발전했다. '암흑시대'라는 신화를 파괴함으로써 우리는 이 장에서 역사에 관해 많은 것을 배울 테지만, 그 이상으로 우리 자신에 관해 배울 것이다. 우리가 기독교를 비판할 때조차도 기독교가 영향을 끼쳐 우리를 형성했다는 사실에 관해 배울 것이다.

그림자 드리우기의 역사

기독교가 없는 세계를 상상해 보라. 애니메이션 <쇼킹 패밀리>

Family Guy에는 그런 세계를 상상한 에피소드가 있다. "다중 우주로 가는 길"Road to the Multiverse에서 스튜이와 브라이언은 사람을 대안 현실로 순식간에 이동시킬 수 있는 원격 조종기를 발견한다. 어느 순간 그들은 놀라울 정도로 발전된 평행 우주로 이동한다. 같은 해 같은 동네지만 사람들은 공중 부양을 할 수 있고, 빛의 속도로 달리는 기차가 있으며, 모든 병을 즉시 치료할 수도 있다. 어떻게 이런 발전이 가능했을까?

"이 [평행] 우주에서는 기독교가 존재한 적이 없으며, 따라서 과학을 억압한 암흑시대도 없었고, 인류는 1,000년 더 일찍 발전할 수 있었다."[7]

<쇼킹 패밀리>에서만 이런 사고 실험을 하는 것이 아니다. 교회 때문에 우리가 1,000년의 '암흑시대'에서 허우적거리지 않았다면 문명이 어떻게 발전했을지 많은 사람이 궁금해한다. 그랬다면 훨씬 더 잘 살았으리라고 결론을 내리는 듯하다. 그런 생각은 어쩌다 하게 되었을까?

과학을 대중화하는 데 큰 성공을 거둔 칼 세이건Carl Sagan, 1934-1996년은 5세기부터 15세기에 이르는 시기를 "1,000년의 공

---

7   Stewie, *Family Guy*, season 8, episode 1, 2009. https://tvshowtranscripts.ourboard.org/viewtopic.php?f=430&t=21353. 2021년 10월 28일에 접속함.

백"이라고 부른 것으로 유명하다. 세이건은 이 시기를 "인류라는 종에게는 안타깝게도 놓치고 만 기회"라고 생각했다. 획기적인 텔레비전 시리즈 〈코스모스〉Cosmos에서 그는 400년 이전의 시기에 활발하게 이루어진 발견과 이런 발견에 기여한 사람들의 인명과 1400년 이후 재개된 발견과 인명으로 가득 찬 연대표를 제시했다. 그 사이의 기간에는 아무런 항목도 기록되어 있지 않다─그야말로 '암흑시대'였다. 세이건은 어떻게 그런 생각을 하게 되었을까?

잃어버린 '암흑시대'라는 관념을 가장 활발하게 주창했던 때는 이른바 '계몽주의 시대'였다. 계몽주의(17-18세기)를 대표하는 사상가는 이마누엘 칸트Immanuel Kant, 에드워드 기번Edward Gibbon, 존 로크John Locke, 데이비드 흄David Hume, 장 자크 루소Jean Jacques Rousseau 등이다. 그들의 역사 서술에서는 기독교에 대해, 수많은 용맹한 영웅이 우리를 교황과 수도사, 종교 재판관의 손아귀로부터 구해 낼 때까지 1,000년 동안 고전 세계의 영광을 억압했던 퇴행적 세력으로 묘사한다(물론 나는 이것이 일반화임을 인정한다). 먼저 고전 학문의 재발견이 이루어진 14-15세기의 르네상스가 있었다. 그런 다음 16-17세기에 과학자들이 등장해 신앙을 끝장내고 이성의 시대를 위한 길을 마련했다.

『이성의 시대』 The Age of Reason, 돋을새김 는 토머스 페인Thomas Paine 이 쓴 유명한 책의 제목이다. 이 책에서 그는 자신의 시대의 합리성과 그 이전의 "신앙의 시대"를 대조했다. 페인은 "신앙"을 미신이나 무지와 동일시했다.

"무지의 시대는 기독교 체제로부터 시작되었다.… [이 시대는] 과학의 긴 궐위기[즉 공백기] … 수백 년 동안 지속된 거대한 단절 … 저 멀리 비옥한 언덕에 이르기까지 작은 나무 한 그루조차 눈에 띄지 않는 광활한 모래사막이었다."[8]

페인은 (적어도 요즘) 우리 모두가 느끼는 것처럼 느꼈다. 우리는 **우리 자신이 우리가 기다려 온 사람들이라고** 생각한다. 우리는 역사를 우리의 장엄한 등장을 위한 배경 이야기일 뿐이라고 여긴다. 페인은 약간 더 대담하게 말한다. 그와 그의 무리는 그 비옥한 언덕에 이르러 불모의 황무지를 뒤돌아보고 있다고 주장했다. 그들은 계몽되고 합리적인 반면, 그들의 선조는 무지한 광신자였다. 이것이 현대 서양에서 우리가 물려받은 관점이다. 우리는 토머스 페인과 함께 서서 우월감을 느끼며 그 "광할한 모래사막"을 뒤돌아보고 있다고 생각한다. 분명히 나는 본능적으로 그렇게 느낀다. 나는 (때로는 인쇄된 글을 통해) 평생 중세에 그림자를 드리워 왔다.

하지만 이 장에서는 두 가지를 다룬다. 첫째, 우리는 '암흑시

---

8 Thomas Paine, *The Age of Reason*, Part I, Chapter XII. *The Writings of Thomas Paine: Volume IV*, ed. Moncure Daniel Conway (Project Gutenberg, 2001). 『이성의 시대』(돋을새김).

대'에 이미 존재했던 계몽을 살펴볼 것이다. 중세 시대에는 교육과 철학, 신학, 법학, 정치학, 문학, 예술, 음악, 건축, 상업, 기술 분야에서 위대한 발전이 이루어졌다. 더 나아가 이 시기에 이 책에서 곧 살펴볼 발전, 즉 과학과 자유, 진보를 위한 필수적인 기초가 놓였다. 이 장에서 탐구하는 '계몽'이라는 관점에서 살펴볼 때, 수백 년 동안 '그리스도의 빛'을 전파하는 역할을 맡아 온 교육과 설득에 대해, 뒤섞이기는 했지만 그럼에도 불구하고 놀라울 정도로 헌신적인 노력이 이루어졌다.

따라서 한편으로 우리는 이 시기의 수백 년 동안 이미 빛이 존재했다는 점을 지적하고 싶다. 하지만 둘째로 우리가 그토록 오랫동안 중세 시대에 그림자를 드리웠던 **이유**를 파고들 것이다. 우리의 역사적 우월감은 무엇에서 비롯되었을까? 그 답은 우리를 놀라게 할지도 모른다.

하지만 그 전에 연대를 살펴볼 필요가 있다.

사교에서 문화로

어떻게 보잘것없고 주변적인 1세기의 예수 운동이 몇 세기만에 서양 세계의 지배적인 종교 세력이 되었을까? 사회학자 로드니 스타크는 『기독교의 발흥』 *The Rise of Christianity*, 좋은씨앗 이라는 책의 부제 *How the Obscure, Marginal Jesus Movement Became the Dominant Religious Force in the Western World in a Few Centuries* 에서 이런 질문을 제기한다. 이 책

에서 그는 회심과 출생률, 여성의 역할, 자선, 순교자, 심지어 감염병 대유행을 비롯해 수많은 요인을 제시한다. 그는 첫 부활절 때부터 교회가 10년마다 40퍼센트의 비율로(해마다 3.4퍼센트라는 그다지 빠르지는 않지만 꾸준한 속도로) 성장하기 시작했다고 추산한다. 300년에 이르면 그리스도인의 수가 제국인 가운데 약 10분의 1에 해당하는 600만 명에 이르렀다. 콘스탄티누스 황제가 312년에 기독교로 개종했을 때 그는 앞서 달리는 말에 지지를 보낸 셈이다. 스타크의 말처럼 "콘스탄티누스의 개종은 기독교가 기하급수적으로 거대하게 성장한 원인이 아니라 이미 진행 중이었던 성장에 대한 반응으로 이해하는 편이 더 낫다."[9]

313년 콘스탄티누스의 '밀라노 칙령'은 당시로서는 놀라운 수준의 자유를 그리스도인들에게 부여했으며 향후 수백 년 동안 종교적 관용의 본보기가 되었다. 이로써 기독교 공동체는 특히 3세기 말 4세기 초에 있었던 극심한 박해에서 벗어나 달콤한 안도감을 느꼈다. 이제는 분위기가 바뀌고 있었다. 테오도시우스 황제가 기독교를 로마의 공식 종교로 삼은 380년에 이르면 인구의 절반 이상이 이미 개종한 상태였다. 불과 몇 세기 만에 급진적인 대항문화였던 기독교가 지배적인 문화 권력이 되었다. 이로써 교회가 세계와 맺는 관계에 놀라운 전환이 이루어졌다.

---

9   Rodney Stark, *The Rise of Christianity: How the Obscure, Marginal Jesus Movement Became the Dominant Religious Force in the Western World in a Few Centuries* (HarperSanFrancisco, 1997), p. 10. 『기독교의 발흥』(좋은씨앗).

그런 다음 410년에 세계 자체가 폭력적으로 바뀌었다.

몰락과 발흥

로마 제국의 몰락에 관해 이야기할 때 일반적으로 5세기에 제국의 서쪽 절반이 몰락한 것을 의미한다. 하지만 (현재의 이스탄불을 수도로 삼았던) 비잔티움 제국으로 알려진 동쪽 절반도 있었다. 이 제국은 비록 7세기 이후 이슬람의 침략으로 많은 고통을 당하기는 하지만 서로마 제국이 멸망한 후에도 1,000년 동안 지속되었다.

하지만 서로마 제국은 극적으로 무너졌다. 410년 (게르만의 일파인) 서고트족이 로마를 약탈했다. 이 사건은 제국의 세력권 안에서 살아가던 이들에게 상상도 할 수 없는 충격을 주었다. 로마는 '영원한 도성'이라고 생각했으며, '팍스 로마나' *pax Romana*, 로마의 평화는 수 세기에 걸친 정치적 안정을 제공했다. 이런 확실성이 박살나고 제국이 수백 개의 독립적인 소국가로 쪼개지면서 더 높은 차원의 전망, 단순한 인간적인 안정을 넘어서는 무언가가 필요했다. 교회가 바로 그런 전망을 제공했다. 그리고 특히 한 사상가가 서방이 생각지도 못한 어려움에 맞설 수 있도록 도와주었다.

북아프리카의 주교였던 아우구스티누스(354-430년)는 철학, 신학, 법학 등에 관해 500만 단어에 가까운 글을 썼다. 하지만 그중에서도 그의 역작인 『하나님의 도성』 *City of God*, CH북스은 그 어느 작품보다 더 큰 영향력을 발휘했다. 이 책에서 그는 연약한 지상의 왕국과 영원한 천상의 왕국을 구별했다. 인간의 도성인 로마는 몰락할 테지만 교회라는 공동체를 통해 표현된 하나님의 도성은 영원하다. 이런 구별은 필수적이었으며(또한 수 세기 동안 어떻게 황제들이 숭배를 받아 왔는지를 생각해 볼 때 참신했으며), 여기서부터 '세속 영역'이라는 관념이 등장했다. '세속'이란 '이 시대'를 뜻하며, 아우구스티누스는 이를 영원하고 '거룩한 영역'과 대조한다. 11세기와 12세기에 이르면 아우구스티누스가 심었던 '세속'이라는 성경적 관념이 톰 홀랜드의 말처럼 "찬란하게 만개한다."[10] 우리가 '교회와 국가의 분리'라고 생각하게 된 것은 이른바 중세의 "모래사막"에서 솟아 나왔다.

오늘날 대부분의 사람은 이런 구별에서 '세속적인' 측면에 끌리지만, 로마의 몰락에 큰 충격을 받았던 이들은 거룩한 영역에서 위로를 찾았다. 불확실한 시대에 많은 이교도가 교회의 안정감을 갈망했다. 500년경 (서유럽에서) 프랑크족의 왕이 개종했고, 그 후로 수 세기 동안 메로빙거 왕조(500년경-750년)와 카롤링거 왕조(750-887년)는 공식적으로 기독교 국가로 남아 있었다.

이교도의 땅에서 온 사람들 중 일부가 교회로 들어오는 사이에 교회는 사절들, 즉 선교사들을 각 나라로 보냈다. 하지만 교회가 그 영향력을 퍼트리는 방식은 해결하는 데 수 세기가 걸

---

10 Tom Holland, *Dominion* (Little, Brown, 2019), p. 214.

리는 문제가 될 터였다(그리고 이 문제는 많은 실패를 거친 후에야 해결될 터였다). 과거에 황제는 거의 언제나 무력으로 자신의 영향력을 퍼트렸다. 페르시아인들은 주변 국가가 '거짓말'을 거부하고 '빛'으로 돌아와야 한다는 전망을 가지고 있었다. 로마인들에게는 저 너머 야만인들과 공유하고자 하는 '평화', 즉 '팍스 로마나'가 있었다. 하지만 그런 영향력을 퍼트리는 수단으로서 그들은 칼 혹은 칼의 위협을 사용했다. **그리스도의 통치를 어떻게 확장할 수 있을까?**

위협 혹은 설득?

기독교는 처음부터 선교의 종교였다. 그리스도 자신이 빛이셨으며(요 8:12), **크리스마스가 오기 전의 밤**을 몰아내려고 오셨다. 따라서 교회는 빛을 비추는 이 사역을 계속하라는 명령을 받았다. 그리스도께서는 그리스도인들을 "세상의 빛"이라고 부르셨다(마 5:14). 그들은 "땅끝까지" 나아가는 그분의 "증인"이다(행 1:8). 다른 이들은 성가시다고 여길지도 모르지만 그리스도인은 혼자서만 지낼 수 없고, 그 신앙을 갖지 않은 이들에 관해서 "각자 그들 나름대로" 살아간다고 말할 수 없다. 그리스도인은 다른 이들에게 빛을 비추기를 깊이 열망한다. 그리고 바로 이런 이유 때문에 597년 교황 그레고리우스 1세는 앵글로색슨족을 개종시키기 위해 아우구스티누스(다른 아우구스티누스)를 브리타니아로 보냈다.

아우구스티누스는 그레고리우스에게 '온화한 수단'만 사용하라는 명령을 받았다. 그의 목표는 설득이었다. 그의 방법은 가르침과 설교였다. 그리고 그는 성공을 거두어 켄트의 애설버트 Aethelbert 왕을 개종시키고 초대 캔터베리 대주교가 되었다. 이는 어둠에 싸여 있다고 생각했던 이방 나라들에 그 빛을 비추려고 했던 서방 교회의 노력에 대한 중요한 선례가 되었다.

그 후로 한 세기가 지나 브리타니아는 선교를 받아들이기만 하지 않았다. 이제는 선교를 보내고 있었다. 색슨족의 웨섹스 Wessex 왕국 데번 Devon 출신인 보니파키우스 Boniface, 675-754년는 게르만족 땅에 있는 색슨족에게 그리스도의 빛을 전하도록 교황 그레고리우스 2세 Gregory II 에게서 파송을 받았다. 그의 조언자였던 윈체스터 주교의 말에 따르면, 그의 목표는 "많은 문서와 논증으로 그들을 설득하는 것"이었다.[11] 이러한 설득과 교육의 선교는 대체로 성공적이었으며, 그는 현재 우리가 독일이라고 부른 지역 전역에 교회와 종교 공동체를 세웠다. 하지만 754년에 적대적인 땅을 방문한 그는 자신이 복음을 전하려고 했던 이들에게 난도질당해 죽고 말았다.

보니파키우스는 그리스도의 나라를 위해 일하면서 죽음에 이를 때까지도 비폭력과 비보복 정책을 고수했다. 그가 사용한 검은 폭력의 검이 아니라 사도 바울이 "성령의 검 곧 하나님의

---

11   John Dickson, *Bullies and Saints* (Zondervan, 2021), p. 144.

말씀"이라고 부른 것이었다(엡 6:17). 기독교 신학과 이런 선교사들의 본보기에서 비폭력과 말씀에 기초한 설득은 필수적으로 연결되어 있었다. 톰 홀랜드는 보니파키우스에게서 배울 수 있는 교훈을 이렇게 요약한다. "개종시킨다는 것은 **교육한다**는 것이다."[12]

다음 세기에 프랑크족의 왕 샤를마뉴 Charlemagne로도 알려진 카롤루스 대제 Charles the Great에게 이 교훈이 절실하게 필요했다. 그는 스스로 교회에 충성한다고 생각했지만 그의 검은 강철로 만든 검이었다. 그는 무자비하게 그 검을 휘두르면서 서유럽 대부분을 지배할 정도로 카롤루스 왕국을 확장시켰다. 그 결과 그는 '아우구스투스', 즉 새로운 카이사르가 되고 그의 왕국은 '신성로마제국'이 되었다.

권력을 잡는 샤를마뉴의 방식은 잔인했다. 색슨족이 자신의 목표에 방해가 되자 샤를마뉴는 단 하루 만에 색슨족 4,500명을 참수했다. 3년이 지난 785년에 그는 마침내 그들을 굴복시키고 "세례 아니면 죽음"이라는 정책과 다름없는 방식을 강요했다. 어느 현대 작가의 말에 따르면 이것은 "샤를마뉴의 지하드"였다.[13] 따라서 이 시대에는 진정한 어둠이 있었다. 오늘날 '중세적으로 행동한다'라는 표현이 잔인성을 연상시킬 만한 구체적인

12　Tom Holland, *Dominion* (Little, Brown, 2019), p. 206, 강조 추가.
13　Yitzhak Hen, John Dickson, *Bullies and Saints* (Zondervan, 2021), p. 150에서 재인용.

이유가 존재한다.

하지만 샤를마뉴의 행동을 비판하는 목소리를 듣기 위해 계몽주의 시대까지 기다릴 필요는 없다. 샤를마뉴와 동시대인인 요크의 앨퀸 Alcuin, 735-804년은 대담하게도 비판이 담긴 편지를 샤를마뉴에게 직접 보냈다. "억지로 사람에게 믿음을 강요하는 대신 그 사람을 믿음으로 이끌 수 있다"라고 앨퀸은 썼다. 우리는 "사도들의 본보기"를 따라야 한다. "그들이 약탈자가 아니라 설교자가 되게 하라."[14] "믿음은 강요가 아니라 의지에서 생겨나기" 때문이다.[15] 앨퀸은 그리스도의 길, 성경의 지혜, 초기 교회의 본보기, 두 세기 전 아우구스티누스에게 '온화한 수단'을 사용하라고 권면했던 그레고리우스와 같은 선교사 주교들의 가르침을 반향하고 있었다. 샤를마뉴는 예수의 성령과 보조를 맞추지 않고 폭력적으로 행동했다.

이후에 교회의 공식적 가르침은 앨퀸의 입장을 따른다. 믿음은 강요가 아니라 의지에서부터 생겨나기 때문에 12세기에는 모든 '무자비한 수단'이 금지되었다. 계몽은 교육과 설득을 통해 찾아온다. 그러므로 샤를마뉴의 폭력은 규칙이 아니라 예외임이 밝혀졌다.

이 시점에서 나는 두 가지 반론이 제기되는 것을 예상할 수

---

14 John Dickson, *Bullies and Saints* (Zondervan, 2021), p. 152.
15 Tom Holland, *Dominion* (Little, Brown, 2019), p. 209.

있다. 십자군과 에스파냐의 종교 재판은 어떤가? 이는 일반적으로 기독교를 논할 때, 특수하게는 중세를 논할 때 흔히 제기되는 반론으로서 전혀 놀랄 만한 일이 아니다. 이는 교회가 '무자비한 수단'을 사용한 분명한 사례다. 이런 극악무도한 사건은 기독교가 폭력과 강요를 편안하게 느낀다는－어쩌면 심지어 그 위에 세워졌다는－사실을 예증한다. 우리는 앞 장에서 논했던 '굽은 선과 직선'이라는 관념을 사용해 이 두 주제를 간략히 살펴볼 것이다. 우리는 1) 신화를 파괴하고, 2) 굽은 것을 인정하며, 3) 직선을 고수할 것이다.

잠깐, 십자군은 어떤가?

신화를 파괴하라

십자군(1096-1229년) 이야기를 서술하는 상이한 방식이 존재한다. 이 이야기를 들어 보라. 십자군은 기독교 세계를 위해 이슬람이 점령하고 있던 예루살렘을 되찾으려 시작한 다섯 차례의 (혹은 세는 방식에 따라 여섯 차례의) 군사 작전이었다. 처음부터 이슬람은 아무런 거리낌도 없이 정복 전쟁을 통해 세력을 확장했고 637년 이후로 계속 예루살렘을 점령한 상태였다. 450년 동안 패배를 거듭했던 비잔티움의 황제는 동방 제국 전체를 지도상에서 제거하기 직전이었던 이슬람이라는 적에 맞서기 위해 서유럽의 그리스도인들에게 도움을 간청했다. 교황 우르바누스 2세

Urban II가 응답했고, 수만 명의 십자군도 응답했다. 그들은 첫 번째 작전에서 열세를 극복하고 예루살렘을 되찾는 놀라운 성공을 거두었지만 그 과정에 관련된 모두가 큰 대가를 치러야 했으며 그 후로는 수많은 실패가 뒤따랐다. 지난 세기까지는 이슬람교인들도 십자군 원정은 대체로 그리스도인들의 당혹스러운 실패였다고 생각했다.

역사가 로드니 스타크는 자신의 견해를 이렇게 요약한다. "십자군 원정은 정당한 이유 없는 침략 행위가 아니었다. 유럽 식민주의의 1회전이 아니었다. 그들의 목적은 땅이나 전리품, 개종자도 아니었다. 십자군은 교양 있는 이슬람교인들을 괴롭힌 야만인이 아니었다. 십자군은 기독교 역사의 오점이 아니다. 전혀 사과할 필요가 없다."[16] 이것은 이 이야기를 서술하는 **한** 방식이며, 분명히 몇몇 중요한 신화를 파괴한다. 하지만 또 다른 역사가(이며 그리스도인)인 존 딕슨은 다른 관점을 취한다. 그는 우리에게 십자군 전쟁이 "굽어 있었다"는 사실을 정면으로 응시하라고 요구한다.

굽은 것을 인정하라

존 딕슨은 십자군에 대해 이렇게 주장한다. "교회가 교의와 증

---

16 Rodney Stark, *The Triumph of Christianity* (Bravo Ltd, 2012), p. 234. 『기독교 승리의 발자취』(새물결플러스).

오, 적을 향한 폭력에 빠질 수 있는 너무나도 인간적인 능력을…보여 주는 상징이다. 이 현실을 받아들이면서 참된 그리스도인은 교훈을 얻어야 한다." 그는 예루살렘으로 가는 길에 저지른 잔학 행위에 관해 쓰면서 십자군이 이슬람 방어 진지를 돌파했던 1099년 7월 15일의 상황을 목격한 사람의 증언을 포함한다.

"놀라운 광경을 보아야 했다. 몇 명의 우리 군인은 적의 머리를 잘랐다. 다른 군인들은 적을 화살로 쏘아 탑에서 떨어뜨렸다. 다른 군인들은 화염 속에 적을 던져 넣어 그들을 더 오래 고문했다. 성 안의 거리에서 머리와 손, 발이 쌓여 있는 광경을 볼 수 있었다.… 그것은 하나님의 정의롭고 웅장한 심판이었다."[17]

이렇게 하나님과 고문을 섞는 것이 너무나도 혐오스럽다고 느끼지만, 이것이 십자군 원정의 핵심이었다. 지금 우리가 매우 심각한 문제라고 생각하는 교회와 국가의 혼합 역시 핵심적이었다. 교황들이 군인을 징집하고 파견했다. 클레르보의 베르나르 Bernard of Clairvaux, 1090-1153년 같은 당대의 선도적 신학자들이 이런 말로 군인들을 안심시켰다. "십자가 표시를 취하라. 그러면 모든 죄에 대해 사함을 받을 것이다." 군인들은 십자가 표시를

---

17   John Dickson, *Bullies and Saints* (Zondervan, 2021), p. 3에서 재인용.

붙인 제복을 입고 있었지만 그 의미를 뒤집었다. 십자군 원정은 오싹할 정도로 뒤틀려 있었다. 하지만 다시 한번 우리는 이렇게 물어야 한다. 무엇과 비교하여 판단할 때 굽어 있었는가?

직선을 고수하라

십자군을 정죄하는 직선은 바로 그들이 들고 그 아래에서 싸웠던 표시, 바로 십자가다. '십자군'Crusader이라는 명칭은 십자가를 뜻하는 라틴어crux에서 유래했으며 '십자가 표시가 붙은 사람'이라는 의미다. 예루살렘 원정을 떠나는 십자군을 가리킬 때 흔히 그들이 '자신의 십자가를 지고 있다'고 말한다. 이는 그리스도께서 친히 하신 명령을 의도적으로 되풀이한 표현이다. "누구든지 나를 따라오려거든 자기를 부인하고 자기 십자가를 지고 나를 따를 것이니라"(마 16:24). **예수**님의 이 말씀은 고통을 감당하라는 뜻이었다. 십자군에게 이 말씀은 고통을 가하라는 뜻이었다.

이 모순은 기괴했지만 모두가 이 모순을 보지 못했던 것은 아니다. 예를 들어, 제5차 십자군 원정 기간에 아시시의 프란체스코Francis of Assisi, 1181-1226년는 (이 시점에는 이집트에서 벌어진) 전쟁터로 가서 폭력을 버리고 대신 설득의 방법을 택하라고 군인을 설득하려고 애썼다. (아이러니하게도 그는 설득에 실패했다.) 그런 다음 그는 이집트의 술탄에게 설교하도록 허락해 달라고 요청했다—놀라운 요청이었지만 더욱 놀랍게도 그 요청이 받아들여졌다. 선교적 만남이 이루어졌을 때 어느 쪽도 상대방을 설득하지 못했지만, 프란체스코는 무사히 빠져나올 수 있었다. 그 모든 과정에서 목숨을 무릅쓰고 비폭력과 설득을 끌어안았던 그의 태도는 '십자가를 지는' 참된 모습을 잘 보여 주었다.

극단적인 대비이지만 더 깊이 파고들 만하다. 십자가의 깃발 앞에서 싸웠던 십자군 원정을 역겨운 모순이 아니라면 무엇이라고 부를 수 있겠는가? 하지만 이제 다른 기준에서 판단해 보라. 알렉산드로스 대제나 율리우스 카이사르, 심지어 무함마드의 깃발 아래서 그런 싸움이 이루어졌다면 우리는 그것을 무엇이라고 부르겠는가? 그런 경우라면 그 싸움은 예외적이지 않고 표준적인 관행, 즉 정상적 상황이다. 우리가 십자군에 대해 분노한다면—우리는 그래야 한다—그 분노 자체가 우리가 경험하고 있는 **기독교적인** 분노다.

잠깐, 에스파냐 종교 재판은 어떤가?

신화를 파괴하라

에스파냐 종교 재판(1478-1834년)은 에스파냐와 에스파냐의 식민지에서 이단을 조사하고 고발하기 위해 마련된 재판정이었다. 종교 재판은 잔인성으로 악명이 높았다—그리고 역사적으로 개신교인들이 신화 만들기에 앞장섰다. 사망자 수를 크게 부풀려서 보도하거나 그런 암시를 했다.

하지만 냉정한 역사적 조사를 실시하면(또한 참고할 수 있는 매우 신중한 기록이 남아 있다) 토마스 데 토르케마다Tomas de Torquemada 와 그의 부하들이 활동했던 악명 높은 50년(1480-1530년) 동안 약 2,000명이 죽임을 당했음을 확인할 수 있다. 그 후 300년 동안 추가로 3,000건의 사형이 집행되었다. 토르케마다가 활동한 최악의 시기와 지난 45년 동안 미국 정부에서 집행한 사형 건수를 비교해 보면 거의 비슷한 수준임을 알 수 있다. 더 나아가서 우리는 이것을 '계몽주의 시대' 동안 혁명기 프랑스의 공포 정치 Reign of Terror와 비교해 볼 수 있다. 바스티유 습격 사건(1789년)이 일어난 이후 아홉 달 동안 17,000명이 자유와 평등, 박애의 명분으로 처형당했다. 혹은 러시아 혁명(1917년) 이후의 적색 테러Red Terror와 비교해 보라. "최선의 추정치에 따르면 처형된 사례가 약 10만 건에 달했다."[18] 에스파냐 종교 재판에서 집행된 처형 건수의 1,400배에 이르는 수치다.

굽은 것을 인정하라

이 5,000건의 사형은 교회사의 어두운 오점이다. 각각의 숫자는 죽임을 당한 사람에 대한 죄일 뿐만 아니라 '양심의 자유'에 반하는 범죄다. 무력이 아니라 설득이 영향력을 확산시키는 수단이어야 하며, 기독교의 이름으로 가해진 모든 죽음은 그 원칙에

---

18 Lincoln, W. Bruce, *Red Victory: A History of the Russian Civil War* (Simon & Schuster, 1989), 384.

대한 공격이다. 그것은 참으로 어둡다. 그렇다면 왜 우리는 그런 무력이 강제로 가해진 상황에 대해 이토록 본능적으로 반감을 갖는가? 다시 한번 굽은 선이 직선에 대해 증언한다….

직선을 고수하라

당신이 귀하게 여기는 관점이 기독교에 관한 것이든, 자유에 관한 것이든, 민주주의에 관한 것이든, 노동자의 천국에 관한 것이든, 이슬람 칼리파국에 관한 것이든 자신의 관점을 다른 이들에게 강요하는 것은 잘못된 일이다. 하지만 이것이 잘못된 일인 까닭은 무엇이 옳은지에 관한 감각을 우리가 가지고 있기 때문이다. 우리는 말과 폭력 사이에 근본적 차이가 존재한다고 믿는다. 우리는 영향력을 확장하는 방법은 무력이 아니라 설득이라고 믿는다. 우리는 어디에서 이런 관념을 얻었을까? 우리에게 "네 칼을 도로 칼집에 꽂으라"라고 가르치시는 분은 예수님이며(마 26:52), 그리스도인에게 "성령의 검 곧 하나님의 말씀"을 사용하라고 권면한 사람은 바울이다(엡 6:17). 사악하게도 종교 재판에서는 강압을 위해 가혹한 수단을 사용했다. 하지만 우리가 온화한 수단을 사용해야 한다고 믿는다면 이를 가장 잘 뒷받침하는 논거는 기독교의 독특한 토대다.

어둠 속의 빛

폭력으로 우리의 영향력을 확장해야 하는가? 아니면 설득으로 영향력을 확장해야 하는가? 강압으로, 아니면 대화로? 무력으로, 아니면 믿음으로? 780년대 초 샤를마뉴와 앨퀸은 이 물음에 대해 근본적으로 다른 두 가지 접근 방식을 제시했다. 샤를마뉴는 관습적인 방식으로 제국의 사명을 수행했으며, 사망자 수는 계속 늘어나기만 했다. 하지만 놀랍게도 780년대 말 학자인 앨퀸이 군사 지도자인 샤를마뉴의 마음을 바꾸었다. 그는 설득 방식에 관해 그를 설득했다. 샤를마뉴는 강압적인 개종 정책을 철회하고—무엇이든 대충하는 법이 없었던 사람이었던 그가—스스로 새로운 모험에 뛰어들었다. '아우구스투스'로 왕좌에 앉은 사람이 교육자가 되었다.

    설득이 그리스도인 통치자의 참된 '무기'라면 샤를마뉴는 앨퀸과 그의 동료 학자들을 파견해 새로운 제자들의 군대를 일으켜야 했다. 그리고 그는 바로 이 일을 열정적으로 했다. "교육 없이 그들은 멸망할 수밖에 없다. 교육 없이는 그들을 그리스도께로 이끌 수 없다."[19] 그래서 789년에 샤를마뉴는 중요한 교육 개혁을 실시했으며, 이를 통해 지금 우리가 카롤링거 르네상스 Carolingian Renaissance 라고 부르는 교육이 시작되었다. 이 교육 개혁

---

19 Tom Holland, *Dominion* (Little, Brown, 2019), p. 211.

으로 70개 이상의 학교가 설립되었다. 이 교육 개혁은 자유 교양liberal arts ─ 기초 문법, 논리학, 수사학에 이어서 대수, 기하, 음악, 천문학 ─을 가르쳤다. 이 과정을 마친 후에 의학이나 법학, 신학을 더 공부할 수도 있었다. 하지만 처음부터 대단히 폭넓은 학습을 기대했다는 점을 눈여겨보라.

또한 그런 학문의 자료에도 주목하라. 성경이나 심지어는 그리스도인 저자에만 국한되지 않았다. "플라톤, 아리스토텔레스, 갈레노스, 대플리니우스, 호라티우스, 키케로, 세네카, 베르길리우스, 리비우스, 오비디우스 등 약 60명의 다른 저자들"이 포함되었다.[20] 실제로 8세기에서 9세기 동안 이 광범위한 저자들의 책이 약 5만 권 정도 필사되고 생산된 것으로 추정된다.[21] 그리고 이런 관행은 계속 확대되는 양상이었다. 12세기에 고전기 저작의 "라틴어 번역본이 그야말로 홍수처럼 쏟아졌다." 당시의 수도원에서 만들어서 지금까지 남아 있는 가장 초기의 도서 목록을 보면 "고전 작가의 책을 방대하게 소장하고 있었음"을 알 수 있다.[22]

그리스도인들이 고전 학문을 파괴했다는 비판을 들어 본 적이 있겠지만 사실은 정반대였다. 그들은 이 고대의 저작을 매우 세심하게 공부하고 지켜 냈다. 이 세기들은 분명히 신앙의 시대

---

20 John Dickson, *Bullies and Saints* (Zondervan, 2021), pp. 164-165.
21 같은 책, p. 165.
22 Rodney Stark, *The Triumph of Christianity* (Bravo Ltd, 2012), p. 251.

였지만 그렇다고 해서 무지나 맹신, 미신의 시대였다는 뜻은 아니다. 오히려 학문의 시대였다. 자신이 이성의 시대의 일부라고 생각하는 사람들은 스스로를 희화화된 악당에게서 세상을 구하는 희화화된 영웅으로 묘사하는 위험을 무릅쓰는 셈이다. 하지만 우리는 중세에 이미 존재했던 계몽을 자세히 살펴보아야 한다. 중세에 이루어진 다섯 가지 핵심적 발전을 지적하고자 한다. 바로 기술과 인권, 대학, 의회, 종교 개혁이다.

기술

중세 유럽에서 노동력을 아낄 수 있는 혁신은 매우 중대한 관심사였으며, 수도원과 같은 종교 공동체가 이런 혁신을 주도했다. 로마인들은 (아리스토텔레스와 플라톤이 '살아 있는 도구'라고 불렀던) 노예에게 심하게 의존했지만 수도사들은 기계적 노예를 만들기 시작했다. 인간의 고된 노동을 대체하기 위해 풍력과 수력, 항해 기술, 농경(품종 개량, 삼포 윤작, 심경 쟁기 등) 분야에서 큰 발전이 이루어졌다. 안경이 발명되었는데, 이는 글을 읽을 수 있는 사람들이 점점 더 많아지는 상황에서 큰 도움이 되었다.
 하나님을 찬양하기 위해 거대하고 화려한 건축물, 대성당이 세워졌다(잉글랜드에만 26개의 대성당이 있다). 공중 부벽과 고딕 아치 같은 건축적 혁신 덕분에 이런 성당을 세울 수 있었다. 이런 대성당 안에는 당시 세계에서 가장 정교한 기계, 즉 파이프 오르간이 설치되었다. 하지만 곧 13세기에 발명된 기계식 시계가 건물에 추가되었다. 시계를 설치한 이유는 수도원에서는 정해진 시간에 기도해야 했기 때문이다. 중세 그리스도인에게 기술은 인간의 유익과 하나님의 영광이 어우러지는 공간이었다.

인권

앞에서 우리는 '세속 영역'에 관한 톰 홀랜드의 유비를 언급했다. 아우구스티누스가 이 개념을 "심었으며", 이 개념은 11세기와 12세기에 "찬란하게 만개"했다.[23] 이 특별한 세기들은 역사에서 중요하지만 종종 간과되는 만개의 시기다. 교황 그레고리우스 7세Gregory VII, 1020-1085년의 이름을 따서 이 시기를 '그레고리우스 개혁'이라고 부르기도 한다. 그레고리우스가 '개혁'이라고 불렀던 것을 실행에 옮겼던 여러 교황이 존재했으므로 '교황 혁명'papal revolution이 있었다고 말하는 이들도 있다. 이 시기 동안 교회 법원의 판례를 수집하고 분석해 평등, 자선, 결혼 등과 같은 개념을 신앙의 전제로 삼고 이를 교회의 법률('교회법')로 성문화했다.

그 결과 '권리'라는 강력하며 전례 없는 언어가 생겨났다. 이것은 새로웠다. 처음부터 그리스도인들은 (가난한 이들에게 기부를

---

23 Tom Holland, *Dominion* (Baker Books, 2019), p. 214.

5
계몽

해야 할 것 같은) 의무를 느끼고 있었지만, 이제 교회의 법률가들은 방정식의 반대쪽에 들어가는 개념인 **권리**를 확립했다. 부자가 가난한 이들에 대해 어떤 책임을 가지는 것에 그치지 않는다. 가난한 이들은 부자들에게 요구할 권리가 있다. 그들은 권리를 갖고 있다. 즉 신분이나 부와 무관하게 단지 태어남으로써 각 사람이 인권을 갖는다. 오랜 시간에 걸쳐 이런 개념이 세속법의 일부가 되기도 했다. 우리는 법 아래에서 특정한 불가침의 권리를 지닌 자유롭고 평등한 개인이다. 이런 사상은 계몽주의의 발견이 아니라 창세기가 심고 교회가 키웠으며 중세 기독교 세계의 어두운 시절 동안 밝게 꽃을 피운 성경의 진리다.

대학

기독교 문명이 세계에 준 가장 위대한 선물 중 하나는 중세의 심장부에서 나타났다. 수도원에서 학문을 중시하고 추구했다는 사실은 이미 살펴보았지만, 대학은 새로운 무언가였다. 대학은 단일한 교사나 학파가 세웠던 그리스와 로마의 철학 학교와 달랐다. 궁정의 관리를 훈련시켰던 중국의 학교와도 달랐다. 대학은 받은 지혜를 전수하거나 단지 사람들이 직업 기술을 갖추도록 훈련시키기 위해 존재한 기관이 아니었다. 더 고등한 학문을 추구하기 위해 세워졌다. 대학의 목표는 지식의 보존이 아니라 혁신이었으며, 이제 학자들이 다른 교수들의 관심을 얻기 위해 경쟁하게 됨에 따라 혁신이 촉진되었다. 1200년대에 볼로냐와 파리, 옥스퍼드, 케임브리지에 대학이 있었다. 다음 세기에는 적어도 스무 군데에 대학이 더 세워졌고 학생 수는 수천 명에 이르렀다. 오늘날 대학은 보편화되었지만, 대학에 영감을 주었던 것은 옥스퍼드의 표어와 같은 정서였다. "하나님은 나를 인도하는 빛이시다."

의회

이 세기들에 교회의 법률가들은 신학적 개념을 정치 현실에 적용하는 일에도 분주하게 참여했다. 시민이 '권리'의 소유자라면 통치자는 결코 무제한적 권력을 가지고 있다고 생각할 수 없다. 오히려 통치자는 피지배자를 '섬겨야' 했다. 이는 물론 그리스도께서 가르치신 바다. 이에 더해 구약에서 하나님은 그분의 백성과 이른바 '언약'이라는 계약을 맺으셨으며, 이를 통해 선하고 자비로운 통치자가 되겠다고 약속하셨다. 이는 지상의 통치자들이 자기들의 백성을 대하는 방식에 대한 본보기가 되었다. 그들이 시민의 권리를 존중하지 않는다면, "그들이 임명된 근거가 되는 계약을 깨뜨린" 셈이다.[24] 이 모든 것은 계몽주의 정치 철학

---

24 Larry Siedentop, *Inventing the Individual: The Origins of Western Liberalism* (Penguin, 2015), p. 249.

자들이 주창한 '사회계약론'과 매우 비슷하게 들리지만 이것은 600년 먼저 등장했다. 또한 이런 개혁이 실질적인 효과를 발휘하기도 했다. 예를 들어, 잉글랜드에서는 대헌장(1215년)을 통해 왕의 권력을 제한하기 시작했다. 의회가 설립되었고(1275년), 평민에게까지 확장되었다(1295, 1327년). 법적·정치적으로 더디기는 하지만 확실하게 개혁과 재활성화가 이루어지고 세계를 개조하고 있었다. 그다음은 종교의 차례였다. 우리가 흔히 종교 개혁 the Reformation 이라고 부르는 사건이다.

종교 개혁

마르틴 루터 Martin Luther, 1483-1546년는 자주 '최후의 중세인이자 최초의 근대인'으로 불린다. 아우구스티누스회의 수도사이자 대학교수였던 그는 많은 면에서 중세의 산물이었다. 하지만 그런 특권적 지위 덕분에 그는 언제든지 성경을 읽을 수 있었으며, 수도원과 스콜라주의를 통해 훈련받은 대로 꼼꼼한 방식으로 성경을 연구했다. 그는 결코 죄책으로부터 자유로울 수 없는 종교 체계에 갇힌 것처럼 느꼈다. 그는 끝도 없이 혹독한 보속(로마 가톨릭교회가 죄에 대해 부과하는 벌)을 행했지만 결코 용서받았다는 느낌을 받지 못했다. 하지만 바울이 로마서 1장에서 한 진술을 연구하다 마침내 깨달았다. "나는 완전히 거듭났고 열린 문을 통해 천국으로 들어갔다고 느꼈다."[25]

문제의 구절은 로마서 1:16-17인데, 의, 곧 하나님과의 올바른 관계는 "믿음으로 말미암는다"라고 말한다. 구원이 제도적 교회가 관장하는 기나긴 보속의 체계에서 나오는 조건적 결과가 아니었다는 깨달음은 루터에게 해방감을 주었다. 오히려 구원은 결혼과 비슷하다. 남편과 아내가 연합하는 순간에 성취된다. 그리고 부유한 왕자 같은 예수님이 가난한 매춘부(우리)에게 자신을 내어 주신다. 우리는 우리의 빚(우리의 죄)을 쌓았을 뿐이지만 그분이 (십자가 위에서) 우리의 빚을 갚고 우리에게 그분의 모든 부(그분의 의)를 주신다. 결혼과 같은 이 연합을 통해 그분은 우리 자신의 선함 때문이 아니라 단지 우리가 그분을 받아들였기 때문에 우리를 의롭게 (하나님 앞에서 죄 없다고 선언된 존재로) 만드신다. 다시 말해서, 우리는 오직 믿음으로 말미암아 의롭다 하심을 받는다.

루터가 양심에 따라 교황과 황제에게 모두 이의를 제기하며 자신의 관점을 견지했을 때, 그는 급진적으로 권위에 대해 의문을 제기하는 동시에 개인적 양심의 자유를 주장한 셈이다. 그는 성경을 높이면서 전통과 제도적 권위를 격하시켰다. 이 모든 가치는 (성경적 가치를 제외하면) 대단히 동시대적으로 느껴진다. 그렇

---

25 Luther's Works 34:337, Robert Kolb and Charles P. Arand, The Genius of Luther's Theology (Baker Publishing, 2008), p. 36에서 재인용.

기 때문에 루터는 역사의 첫 '근대적' 인물로 여겨진다. 그리고 그로부터 우리는 역사에 대한 '근대적' (또한 근대화하는) 관점을 물려받았다.

빛 속으로 걸어 들어가다

'언제나 개혁하라'는 인기 있는 개신교의 구호였다. 또 다른 구호는 '어둠 뒤에 빛이 온다'였다. 루터는 영적 어둠에 관심을 기울였으며, 분명히 주변에 많은 어둠이 존재했다. 하지만 일단 이런 관념이 문화의 혈류 안으로 들어오면 과거를 비롯해 다른 것들에 대한 태도도 바꾸어 놓는다. 지속적인 개혁과 계몽의 필요성이 이 점을 확인해 준다. 다른 요소를 고려함으로써 이런 관점에 균형을 맞추지 않는다면 우리는 우리의 역사가 칭찬할 거리는 많지 않고 문제는 더 많다는 식으로 바라보기 시작한다.

그렇기 때문에 17세기와 18세기에 토머스 페인과 같은 계몽주의 사상가들은 중세에 대해 이 땅을 지배한 1,000년의 어둠이라고 불렀다. 이 시기의 세계는 '밤'이었고 르네상스(말 그대로 '다시 태어남'을 뜻하는 고대 프랑스어)로만 세계가 잠에서 깨어날 수 있었다. 그것은 약속의 땅으로 들어가기 위해 우리가 막 건너온 "광활한 모래사막"이었다. 과거를 바라보는 이런 관점에 대해 무엇을 알아차렸는가? 이런 관점에서는 근원적으로 기독교적인—더 구체적으로 개신교적인—무언가가 느껴진다. "신앙의 시대"였던 중세를 비판했던 이들조차 그 신앙으로 형성될 수밖에 없었다. 그리고 동시에 이성의 가치를 선전하는 이들도 교회에 관해서는 자신이 덜 합리적이었음을 깨달았다.

중세를 불모의 시대라고 부르는 것은 명백히 **비**합리적이다. 중세 성당의 영광, 대학의 설립, 의회의 확립, 단테Dante와 제프리 초서Geoffrey Chaucer의 시가 있었고, 이 목록에 추가할 만한 수많은 성취가 있었기 때문이다. 아직 완전한 구조를 확립하지는 못했지만 근대적 자유 민주주의를 위한 기본적인 지적 토대가 마련되고 있었다. 교회와 국가의 분리, 인권, 정의로운 전쟁, 정의로운 통치자, 정의로운 법률, 정의로운 사회에 관한 이론이 바로 그것이다. 이 모든 것이 기독교적 이유 때문에 기독교 사상으로 확립되었지만, 계몽주의의 현자들은 사막만을 보았다. 우리는 이러한 이성의 **실패**를 심각하게 받아들여야 한다. (1472년에 완공된) 요크 민스터York Minster 대성당을 10분만 둘러보아도 '암흑시대'라는 신화를 버릴 수 있을 테지만 이 신화는 끈질기게 계속된다.

중세가 불모의 시대가 아닌 이유가 무엇일까? 우리는 그것을 중세 수도사에게서 배웠다.

5
계몽

6 과학

과학을 탐구하도록 부추긴 믿음은 어디서 왔는가?

> "우리는 이 보이지 않는 암살자[코로나 바이러스]에 과학의 빛을 비추고 있습니다. … 우리는 과학적으로 움직일 것입니다."
>
> —보리스 존슨, 2020년

다른 모든 세계의 지도자들과 함께 영국 총리 보리스 존슨Boris Johnson은 코로나 감염병의 대유행에 관해 정부가 "과학을 따르고", "과학의 안내를 받고", "과학에 입각해 정책을 추진할" 것이라고 국민들을 안심시키려고 노력했다. 세 가지 표현 중 마음에 드는 것을 골라 보라. 그런 다음 '과학'이 무엇을 의미하는지 골라 보라. 흔히들 우리가 면역학자, 바이러스 학자, 역학자들에 관해 이야기하고 있다고 생각하지만, 이런 전문가들 사이에서도 이견이 있다. 우리는 어떻게 판결해야 하는가?

그리고 우리가 조언을 구하기 원하는 다른 종류의 과학자가 있을까? 이에 관해 사회학자가 지침을 제공할 수 있을까? 심리학자나 보건 경제학자가 지침을 제공할 수 있을까? '과학'이라는 이름으로 이들 모두를 아우를 수 있을까? 윤리학자나 정치철학자, 역사가는 어떠한가? 우리는 이들의 지침을 따라야 하는가? 이들은 그다지 '과학적인' 것 같지 않다. 그러니 아마도 그러지 않는 게 좋을 듯하다. 종교 지도자는 어떠한가?

현대인의 귀에는 '종교 지도자'를 이 범주에 포함시키는 것이 터무니없게 들린다. 현대 민주주의에서 "우리는 사제의 지침을 따를 것이다"라는 말은 슬로건이 될 가능성이 희박하다. 하지만 이전 세기들에서는 전염병이 퍼질 때 사제가 사람들을 이끄는 데 두드러진 역할을 맡았다. 한때는 필수적인 의학적 치료와 격리 이외에 우리의 궁극적인 '지도자', '운전자', '안내자'가 하나님이시라는 감각이 존재했다. 요즘은 과학이 우리의 안내자임이 명백하다. 하지만 그냥 과학이 아니라 그 과학 the science 이다. 우리에게는 빛을 비추고, 우리의 충성을 요구하고, 우리를 악에서 구원할 '과학'이라고 불리는 통일된 무언가가 존재한다는 감각이 있다. 이런 묘사에 관해 무엇을 알아차렸는가? 의심스럽게도 이런 묘사는 하나님에 관한 전통적 역할처럼 들린다.

그렇다면 과학이 하나님을 대체한 것일까? '과학'이 어두운 시기에 우리의 '빛'이라면, 즉 우리에게 위로와 소망을 주는 주된 원천이라면 과학은 종교적 차원에 대한 필요성을 밀어내지 않는가? 어쩌면 과학과 신앙 사이에 영역 다툼이 일어나고 있는지도 모른다. 그리고 이제 우리는 아이폰과 백신, 우주여행의 시대를 살고 있다는 사실을 직시하자. 신앙이 졌다—그것도 극적으로 졌다.

신앙에 관해 사람들에게 이야기할 때 분명히 이런 느낌이 든다. 사람들은 이렇게 반응할 때가 많다. "고맙지만 사양할게요. 나는 과학을 더 신봉하거든요." 어쩌면 당신도 그렇게 느낄지도 모르겠다. 내 지인 중에서 신앙에 관심이 없는 사람들은 하나님을 **반대하지** 않는 경우가 압도적으로 많다. 그들은 과학에 찬성하고, 근대성에 찬성하고, 진보에 찬성한다. "서로 감정 상하지 않기로 합시다. 하지만 나는 과학으로 충분합니다"라고 말한다. 하지만 우리가 선택할 필요가 없다면 어떻겠는가? 이것이 이 장의 논점이다.

과학과 신앙이 전쟁을 벌이고 있다는 사실이 우리에게는 너무나도 당연해 보인다. 하지만 역사적으로 이것은 새로운 견해다. 근대의 과학적 방법을 확립한 사람들은 이런 논쟁에 대해 당혹스러워할 터이다. 무슨 일이 일어난 것일까?

원수가 된 친구?

과학을 비추는 '빛'이라고 불렀을 때 보리스 존슨은 닳고 닳은 유비를 사용한 셈이다. 300년 전에 시인인 알렉산더 포프 Alexander Pope 는 아이작 뉴턴 Isaac Newton 과 그의 발견에 관해 이 표현을 사용한 바 있다.

"자연과 자연의 법칙이 밤 안에 감춰져 있었다.
하나님이 '뉴턴이 있으라' 하고 말씀하시니 모든 것이 밝아졌다."[1]

근대 물리학의 아버지에 관한 이 시는 이른바 '과학 혁명'(16-17세기)의 시기에 과학과 신앙을 어떻게 바라보았는지를 완벽하게 보여 준다. 여기서 하나님과 뉴턴은 같은 팀에 속해 있다. 과학과 과학자는 하나님이 주신 선물로서 하나님의 일을 하도록 돕는다. 즉 무지라는 어둠을 쫓아 버린다. 그런 다음 무언가가 바뀌었다.

18세기의 계몽주의를 통해 다른 관점이 나타났다. 19세기 말에 이르면 일부에서 하나님과 과학 사이에 생긴 거대한 갈등에 관해 이야기하기 시작한다. 그리고 그들은 쫓겨나는 어둠은 인간의 무지가 아니라고 생각했다. 과학의 빛이 **기독교**를 몰아내고 있었다. 예를 들어, 이것이 미국 대통령 토머스 제퍼슨 Thomas Jefferson 의 견해였다.

"마녀가 햇빛이 다가오는 것을 두려워하듯이 사제들은…과학의 발전을 두려워한다."[2]

---

1 *Oxford Essential Quotations* (4th ed), ed. Susan Ratcliffe (Oxford University Press, 2016). https://www.oxfordreference.com/vie w/10.1093/acref/9780191826719.001.0001/q-oro-ed4-00007865S. 2021년 11월 19일에 접속함.
2 Thomas Jefferson, Letter to José Correia da Serra, 1820년 4월 11일.

제퍼슨에게 교회는 과학과의 싸움에서 패배하고 있는 밤의 세력을 상징했다. 저항은 부질없었다. 과학적 진보에 반대하는 것은 지구에 족쇄를 채워 거스를 수 없는 지구의 회전을 멈추려는 시도와 같고, 태양의 불을 끄려는 시도나 마찬가지였다. 하지만 교회가 그것을 멈추려고 아무리 노력해도 빛은 올 것이며, 무지와 독단의 그림자는 사라질 것이고, 세상은 다시 태어날 것이다.

19세기 말에 이르면, 과학과 종교 사이의 총력전이라는 관념이 대중의 상상력에 자리를 잡는다. 1874년에 존 드레이퍼 John Draper 는 『종교와 과학 간 갈등의 역사』 History of the Conflict Between Religion and Science 라는 책을 썼다. 그리고 1896년에 『과학과 신학의 전쟁사』 A History of the Warfare of Science with Theology 를 쓴 앤드루 딕슨 Andrew Dickson 은 '갈등'을 본격적인 '전쟁'으로 격상했다. 이런 논쟁적인 책 때문에 과학과 종교가 전쟁을 벌이고 있다는 믿음이 확산된다. 최근에 나온 책에 등장하는 표현을 사용하자면 이런 믿음은 "사라지지 않을 관념"이 되었다.[3]

과학과 신앙에 대한 이런 전망을 '갈등 가설'이라고 부를 수 있다. 오늘날 이것은 여전히 주요한 관점이다. 하지만 이 장에서는 우리는 과학적인 작업을 할 것이다. 이 가설을 자세히 살펴보고 사실에 비추어 시험해 보려 한다. 우리는 이 이론이 증거로

---

3   Ed. Jeff Hardin, Ronald L. Numbers, Ronald A. Binzley, *The Warfare between Science and Religion: The Idea That Wouldn't Die* (Johns Hopkins University Press, 2018).

뒷받침을 받지 못하고 있음을 발견할 것이다. 따라서 좋은 과학자가 그렇게 하듯이 우리는 우리의 가설을 수정해야 한다.

과학 혁명(진화)

근대 과학을 이야기하는 (적어도) 두 가지 방식이 존재한다. 바로 혁명과 진화다. 어떤 이들은 혁명을 선호한다. 중세의 어둠이 수 세기 동안 계속된 후 전례 없는 돌파가 이루어졌다는 주장이다. 갑자기 니콜라우스 코페르니쿠스Nicholas Copernicus가 태양을 태양계의 중심에 배치했고—"빛이 있으라"—과학이 창조되었다. 하지만 이 창조 이야기에는 큰 구멍들이 존재한다. 증거는 다른 방향을 가리키는 것처럼 보인다. 아래에서 나는 과학이 훨씬 더 진화에 가까운 방식으로 발전했다는 모형을 소개할 것이다. 그리고 그 과정은 16세기가 아니라 훨씬 더 이전에 시작되었다. 이를 이해하기 위해 우리는 시간을 거슬러 올라가 한 고대 천문학자의 마음을 헤아려 보아야 한다.

16세기까지 사람들은 지구가 우주의 중심이며 태양과 달, 별이 지구 주위를 돌고 있다고 생각했다. 우리는 고대의 사상가들이 우주가 자신들의 주위를 돌고 있다는 사실을 자랑스러워했다고 생각할지도 모른다. 하지만 이것은 자랑이 아니었다. 그들의 생각에 천체는 더 완벽한 대상이 존재하는 공간이었다. 바닥에 있는 지구는 우주의 늪이었다! 지구 중심 모형을 가르친 가장 유명한 사람은 그리스 철학자 아리스토텔레스(주전 384년경-322년)와 이집트 천문학자인 프톨레마이오스(주후 100-170년)였다. 프톨레마이오스는 수학을 활용해 아리스토텔레스의 모형을 설명했으며, 그의 수학은 복잡했지만 (또한 개연성이 매우 약할 때도 있었지만) 중요한 점은 작동했다는 것이다. 적어도 별과 행성의 움직임을 예측할 수 있을 정도로 잘 작동했다. 하지만 문제가 있었다.

고대 그리스 세계관의 핵심적 특징은 운명과 필연성이라는 관념이었다. 아리스토텔레스는 모든 것을 결정하는 이성에 의해 만물이 펼쳐지고 있다고 보았다. 신도, 인간도, 세계도 자유롭지 않았다. 모든 것은 존재해야만 하는 방식으로 존재했다. 따라서 "행성의 궤도는 어떤 형태인가?" 이런 물음에 관해 아리스토텔레스는 이렇게 답할 것이다. "**원이다. 원은 가장 완벽한 형태이며, 온 우주 안에서 천체가 가장 완벽에 가깝기 때문이다.**" 전제에 주목하라. 즉 우주의 구조와 분리될 수 없는 내재된 사물의 존재 방식이 있다. 행성의 궤도는 이성에 의해 고정되어 있으며, 우리는 주의 깊게 생각함으로써 그 이성에 접근할 수 있다. 우리의 감각으로 세계를 조사하는 것은 그다지 믿을 만하지 않다. 결국 우리의 감각이 우리를 속일 수도 있기 때문이다. 아리스토텔레스와 그를 따르는 이들에게 세계를 연구한다는 것은 사물이 **존재하는** 놀라운 방식을 알기 위해 '밖으로 나아가는' 여정이라기보다, 사물이 **존재해야만 하는** 예측 가능한 방식을 알기 위해 '위로 올라가는' 지성의 여정이었다. 이런 까닭에 그리스인들은 추론에 탁월했지만 실험에는 무관심했다.

하지만 성경은 전혀 다른 그림을 제시했고, 따라서 세계를 이해하기 위한 근본적으로 다른 토대를 제공했다. 성경의 처음 세 장에서 가르치는 성경적 가르침의 세 특징인 하나님과 세계, 인간에 관한 진리를 살펴보자.

근대 과학의 탄생

"태초에" 하나님이 계셨다(창 1:1). 창세기에 따르면 이것이 우리의 기원이다. 그리고 하나님은 우주보다 먼저, 우주의 배후에 존재하신다. 이는 하나님이 어떤 제약도 받지 않으심을 뜻한다. 영원한 우주라는 고대 그리스의 관념과 달리 성경의 하나님은 이미 존재하는 세계를 상대할 필요가 없고 그분 바깥에 존재하는 법칙이나 논리를 따르실 필요도 없다. 하나님은 자유로우시다. 그분은 세상을 만들기로 작정하실 때 창조하는 그분 자신의 목소리로 세상을 빚으셨다. 따라서 세상은 정확히 그분이 원하시는 그 모습 그대로다. "하나님이 지으신 그 모든 것을 보시니 보시기에 심히 좋았더라"(창 1:31).

지구의 달은 하나이지만(16절) 셋 혹은 아홉일 수도 있었다. 왜 하나일까? 지구에 달이 하나만 있어야 한다는 논리적 필요성에 답이 있는 게 아니다. 가장 심오한 답은 "하나님이 그렇게 만드셨기 때문"이라는 것이다. 그리고 실제로 지구에-혹은 어떤 행성에든-달이 몇 개 있는지 알아보고 싶다면 가서 확인해 보아야만 한다.

이는 자연 세계 안에 있는 모든 것에 적용된다. 행성의 궤도는 원의 모양일 수 있지만 하나님이 삼각형 모양으로 만들기로 작정하셨을 수도 있다. 아무것도 전제할 수 없다. 모든 것을 시험해 보아야 한다. 이는 하나님이 자유로우신 분이라면 우주가 지금의 모습과 다른 모습일 수도 있기 때문이다. 어떤 모습이든지 하나님이 택하신 모습일 수 있기 때문이다. 우리는 세계가 특정한 방식으로 존재**해야만 한다**고 생각할지도 모른다. 하지만 그래야만 하는 것은 없다. 실제로 무엇이 존재**하는지** 조사할 필요가 있다. 하나님의 자유는 그리스도인이 과학에 접근하는 방식에 토대를 이루는 개념이 되었다.

두 번째 중요한 신념은 세계를 알아낼 수 있다는-작고 늙은 인간들이 알아낼 수 있다는-생각이다. 과학 철학자들은 이런 토대를 지칭하는 더 전문적인 용어, 즉 '명료성'이나 '이해 가능성'을 사용하지만, 이는 우주를 알아낼 수 있다는 뜻일 뿐이다. 세계가 작동하는 방식에는 규칙성이 존재하며, 이런 규칙성은 신뢰할 만하다. 그 규칙성은 지금도 나타나고 쥐라기 시대에도 나타났으며, 여기서도 나타나고 저 멀리 목성에서도 나타난다. 이는 우주가 신뢰할 만한 방식으로 질서 잡혀 있다는 신념이라고 말할 수 있다. 하지만 또 하나의 신념이 포함된다. 즉 인간이 이 질서를 이해할 수 있다는 신념이다.

이 두 진리가 적용된다는 것은 놀라운 일이다. 천체 물리학자인 닐 드그라스 타이슨 Neil deGrasse Tyson 은 "1.4킬로그램의 인간 두뇌 안에서 일어나는 일 덕분에 우주 안에서 우리의 위치를 이해할 수 있다"라고 감탄했다.[4] 우주와 인간의 두뇌가 놀라운 조화를 이루고 있음을 본다. 우리의 두뇌는 전체를 어느 정도 이해할 수 있는 물리적 우주의 일부(거대한 사물의 구조 안에 자리 잡은 무한히 작은 부분)다. 놀랍게도 우리는 우주를 알아낼 수 있음을 깨닫는다. 알베르트 아인슈타인 Albert Einstein 은 이 사실이 너무나도 경이롭게 느껴져서 기적이라고 불렀다. "세상을 이해할 수 있다는 점은 세상에 대한 영원한 신비다.···우주를 이해할 수 있다는 사실은 기적이다."[5]

이런 기적이 과학을 위한 근본적 전제 조건이다. 하지만 왜 세상이 이래야 할까? 그리고 왜 우리의 지성이 이토록 특권적인 지위를 가져야 할까? 무신론을 근거로 삼는다면 이런 물음에 답하기가 어렵다. 우리의 지성이 순전히 생존 기계일 뿐이라면 우리는 진리를 추구하는 지성의 능력에 대해 크게 신뢰할 수 없다. 하지만 창세기 1장을 읽어 보면 과학이 요구하는 세계와 인간 능력을 확인할 수 있다.

---

[4] Neil deGrasse Tyson, "Cosmic Perspective". https://www.naturalhistorymag.com/universe/201367/cosmic-perspective. 2021년 10월 31일 접속함.

[5] Albert Einstein, *Out of My Later Years* (Citadel Press, 1956), p. 61. 『아인슈타인 나의 노년의 기록들』(지훈).

성경의 첫 장에서 우리는 질서 있는 세상을 만들고 하늘과 땅이 교차하는 지점에 인간을 두신 질서의 하나님을 만난다. 인간은 "하나님의 형상"으로 창조되었으며, 우리는 땅을 "다스리는" 권세를 가지고 있다(창 1:26-27). 성경을 제쳐 둔다면 1.4킬로그램에 불과한 인간의 두뇌가 우주의 신비를 파고들 수 있다는 사실은 설명할 수 없는 기적일 수밖에 없다. 무신론자에게 그것은 기적을 행한 이가 없는 기적이다. 하지만 창세기 1장을 받아들인다면 이 기적을 이해할 수 있고, 그 덕분에 과학의 토대가 놓였음을 깨닫는다.

따라서 창세기 1장에서는 하나님의 자유와 세계를 이해할 수 있는 능력을 가르치지만, 이 모든 것이 우리에게 잘못된 인상을 줄 수도 있다. 우리는 인간이 마치 하나님처럼 우주를 파악할 수 있다고 상상할지도 모른다.

그렇게 생각하고 싶은 유혹을 받는다면 창세기 3장은 우리가 현실을 냉정히 바라보게 해 준다. 이 장에서는 인간의 타락을 이야기한다. 아담과 하와가 하나님의 목소리에 불순종하고, 세상이 망가진다. 이런 불순종은 세상을 만든 매우 합리적 성격을 거스르며, 그 결과가 우리의 합리적 능력을 포함해 인간의 모든 부분에 영향을 미친다. 이 일이 일어나자마자 아담과 하와는 심각할 정도로 어리석은 일을 하기 시작한다. 하나님을 피해 숨고(터무니없는 놀이), 무화과나무 잎사귀로 벗은 몸을 가리고(터무니없는 의복), 변명으로 죄책을 가리려고 한다(터무니없는 자기 정당화).

하지만 그들의 행동이 터무니없기만 한 것은 아니다. 충분히 공감할 만한 행동이다. 우리는 모두 진리와 복잡한 관계를 맺고 있다. 시인 엘리엇 T. S. Eliot은 "인간은 현실의 무게를 제대로 감당할 수 없다"라고 말했다. 우리는 진리를 추구하는 사람이 되어야 한다는 사실을 알지만, 불편한 현실을 피해 숨으려고 할 때가 많다. 그리고 우리의 실수를 드러내기보다는 변명한다.

이는 우리에게 세 번째 중요한 신념을 제공한다. 과학을 하기 원한다면 이처럼 인간이 오류를 범할 수 있음을 감안해야만 한다. 바로 이런 이유 때문에 근대의 과학적 방법이 지금과 같은 모습을 갖추었다. 심리학자인 스티븐 핑커 Steven Pinker는 이렇게 설명한다.

> "공개 토론, 동료 심사, 이중 맹검법 double-blind method을 비롯해 과학의 특징적 관행의 목적은 과학자들이 인간으로서 저지를 수 있는 죄를 피하고자 함이다. [물리학자] 리처드 파인먼 Richard Feynman의 말처럼 과학의 제일 원리는 '당신 자신을 속이지 말아야 한다. 그리고 당신은 가장 속기 쉬운 사람이다'이다."[6]

따라서 창세기에서 유래한 세 가지 근본적 가르침은 하나님의 자유, 세상을 이해할 수 있는 능력, 인간의 오류 가능성이다. 이

---

6   Steven Pinker, *Enlightenment Now* (Penguin, 2018), p. 390. 『지금 다시 계몽』(사이언스북스).

진리를 깊이 파고들면—특히 중세에 그리스도인들이 그랬듯이—과학 혁명을 얻을 것이다. 이제 중세의 발전을 추적해 보자.

거인의 어깨에 앉아

아우구스티누스의 가장 유명하고 가장 읽기 쉬운 책인 『고백록』(400년경)은 하나님께 드리는 긴 기도였다. 하지만 기도의 맥락 속에서도 북아프리카의 주교는 그가 다른 글에서도 항상 다루는 주제, 즉 하나님의 자유라는 주제로 돌아갈 수밖에 없었다.

> "주님은 계셨고, 주님 외에는 아무것도 없었습니다. 그런데 주님은 무로부터 하늘과 땅을 창조하셨습니다."[7]

'무로부터'의 우주 창조는 아우구스티누스의 사유에서 핵심 주제였으며 기독교 신학의 토대가 되었다. 이는 세계가 언제나 존재했다고 가르쳤던 아리스토텔레스의 사상과 정반대였다. 하지만 아리스토텔레스가 이 점에 관해 틀렸다면 다른 주제에 관해서도 틀렸을 것이다. 고전적 전제에 대해 이의를 제기하는 데 가장 편안하게 느꼈던 이들은 그리스도인들이었다.

---

7 Augustine, *Confessions*, Book XII, Section 7, trans. R.S. Pine-Coffin (Penguin, 1961), pp. 284-285.

예를 들어, 동방의 비잔티움 제국에서 요한네스 필로포노스John Philoponus, 주후 490-570년경는 아리스토텔레스의 또 다른 신념에 의문을 제기했다. 그것은 운동을 위해서는 직접적이며 연속적인 외부의 힘이 반드시 필요하다는 신념이었다. 아리스토텔레스는 (행성과 같은) 물체가 움직이는 이유는 움직이는 존재가 매우 직접적으로 밀고 있기 때문일 뿐이라고 생각했다. 그렇기 때문에 그와 그의 동시대인들은 영적인 힘이 별과 행성을 항상 밀고 있거나 그 자체가 하늘을 통과해 움직이는 영적 힘일지도 모른다고 생각했다.

하지만 몇 가지 실험만으로도 그들이 기초로 삼았던 전제가 그릇되었음을 쉽게 입증했다. 오늘날 다트 경기만 해 보아도 (당신의 작전이 다트를 던지는 대신 보드로 걸어가 다트를 과녁 한복판에 꽂는 것이 아니라면—하지만 상대방은 이런 작전에 눈살을 찌푸릴 것이다) 물체가 계속해서 그것을 미는 동자動者 없이도 움직일 수 있음을 알 수 있다. 아리스토텔레스는 행성이 속임수를 쓰려고 하는 그 다트 경기자의 손에 들린 다트와 같다고 생각했다. 하지만 요한네스 필로포노스는 물체를 언제나 밀어야만 하는 것은 아님을 경험을 통해 깨달았다. 경우에 따라서는 그 물체를 던질 수도 있었다. 물체는 그것에 가해진 최초의 운동력을 힘입어 움직일 수 있다. 또한 그렇다면 별과 행성도 일단 움직이도록 만든 후에는 계속해서 밀어야 할 필요 없이 하늘에서 선회하는 중인지도 모른다. 필로포노스에게 문제는 별과 행성이 속도를 늦춰 결국에는 정지 상태에 이르지 않는 이유를 알아내는 것이었다. 무언가가 별과 행성을 밀고 있지 않더라도 분명히 마찰 때문에 별과 행성은 멈추고 말 것이다.

시계를 앞으로 빨리 감아 대학의 시대로 가 보면 자연 세계에 관해 궁리하는 학자들인 '자연 철학자들'을 만날 수 있다. 그들을 과학자라고 부르는 것은 시대착오일 테지만 그들이 없었다면 근대 과학의 발전도 이루어지지 않았을 가능성이 높다. 이것이 철학자이자 수학자인 앨프리드 노스 화이트헤드Alfred North Whitehead, 1861-1947년의 견해였다. 그는 그리스도인이 아니었음에도 불구하고 과학이 "중세 신학에서 유래하여" 널리 퍼지게 된, "과학의 가능성에 대한 믿음" 때문에 기독교의 맥락에서 출현했다고 확신했다.[8]

중세인들의 핵심적 신념은 '두 책'에 있었다. 즉 하나님의 책(성경)과 자연의 책(우주)에 대한 믿음이었다. 이것이 세계를 이해할 수 있다는 그들의 믿음을 이루는 가장 중요한 요소였다. 우리는 성경을 공부함으로써 하나님을 알 수 있으며, 세계를 공부함으로써 그분이 만드신 작품을 알 수 있다. 둘 다 중요하며, 엄격하게 경외하는 마음으로 두 책을 연구했다. 오컴의 윌리엄 William of Ockham, 1295-1347년은 그런 철학자였다. 옥스퍼드 대학교

---

8   A. N. Whitehead, *Science and the Modern World* (Cambridge University Press, 1926), 16. 『과학과 근대 세계』(서광사).

에서 그는 필로포노스가 제기한 질문에 몰두했다. 윌리엄은 우주가 마찰이 없는 진공 상태이며 한 물체에 지속적인 운동력을 가할 수 있다는 (그에게서 기원하지 않은) 관념(뉴턴이 제시한 제1운동 법칙의 전조)을 주창했다.

그다음으로 파리 대학교 출신의 니콜 오렘Nicole d'Oresme, 1325-1382년은 지구가 축을 중심으로 회전하고 있음을 증명해 냈다. 하지만 이는 많은 질문을 불러일으켰다. 지구가 시속 1,600킬로미터의 속도로 돌고 있는 것처럼 느껴지지 않는다! 많은 사람들이 이 이론에 대해 도전했다. 하지만 도전에 대해 답하는 것은 중세에 발전한 대학의 삶을 이루는 필수 요소였다. 교수진이 최고의 학자가 되기 위해 경쟁하고 있었다는 사실은 강력한 논증이 지적 삶의 본질임을 의미했다. '인간의 오류 가능성'을 온전히 이해했으며, 이에 대한 대책으로 논쟁을 장려했다. 결국 파도바 대학교의 니콜라우스 쿠자누스Nicholas of Cusa, 1401-1464년는 오렘의 발견에 대한 반론 가운데 다수에 성공적으로 답했다.

마지막으로 16세기 초 파도바 대학교의 니콜라우스 코페르니쿠스Nicholas Copernicus, 1473-1543년는 태양을 중심에 배치하고, 지구가 하늘에 속해 있음을 입증했다. 작업 완료! 하지만 아직 끝나지 않은 일이 남아 있었다.

코페르니쿠스의 체계는 천문학적 사건을 예측하는 면에서 프톨레마이오스의 체계보다 더 뛰어나지 않았고, 복잡함이나 개연성 부족이라는 문제에 관해서도 더 훌륭하다고 말하기 어려웠다. 그의 문제는 아리스토텔레스와 마찬가지로 원형 궤도를 전제했다는 것이다. 그런 다음 코페르니쿠스는 프톨레마이오스의 우회 방법을 따랐다. 이 모형을 작동시키기 위해 그는 행성의 궤도 안에 (관측되지 않은) 수십 개의 작은 원을 고안해야만 했다. "그 결과 태양을 중심에 둔 점을 제외하면 코페르니쿠스의 유명한 책 『천체의 회전에 관하여』 On the Revolutions of the Heavenly Spheres에 나오는 모든 것이 틀린 내용이 되고 말았다."[9] 실제 관측을 통해 얻은 증거는 코페르니쿠스의 이론을 뒷받침하지 않았다(코페르니쿠스의 관점을 채택한 갈릴레오의 이론도 마찬가지였다). 태양 중심 이론(지동설)을 지지하는 이 천문학자들은 우연히 옳은 주장을 했지만 '과학'이 그들의 이론을 논박했다.

요하네스 케플러 Johannes Kepler, 1571-1639년를 통해서 비로소 궤도가 타원형임을 깨달았고, 아이작 뉴턴 Isaac Newton, 1642-1727년과 그의 중력 이론을 통해서 비로소 천체가 이렇게 움직이는 이유-예를 들면, 우주 안으로 빨려들어 가지 않고 궤도를 따라 도는 이유-를 설명할 수 있었다. 그 시점에 이르러서야 실제로 관측 결과와 일치하며 개선된 예측을 가능하게 하는 논리적인 천문학과 물리학 체계가 존재하게 되었다. 하지만 이런 일들은 한순간의 '유레카'를 통해 이루어지지 않았다. 아이작 뉴턴은 "내가 더 멀리 볼 수 있었다면 그것은 거인들의 어깨 위에 서 있었

---

9 Rodney Stark, *The Triumph of Christianity* (Bravo Ltd, 2012), p. 280.

기 때문이다"라는 유명한 말을 남겼다.[10] (너무나도 적절하게 이 구절 자체도 중세에 발명되었다.)

지난 두 장에서 우리는 1,000년의 어둠이 끝나고 갑자기 '빛이 있으라'라고 하여 빛이 나타난 것이 아니라는 사실을 살펴보았다. 중세라는 모래사막이 끝나고 기적적으로 꽃이 피어난 것이 아니었다. 과학 혁명은 사실 진화였다. 저명한 과학사가 버나드 코언I. Bernard Cohen은 "과학에서 코페르니쿠스 혁명이 일어났다는 관념은 증거가 뒷받침하지 않으며…후대 역사가들의 발명일 뿐이다"라고 지적한다.[11] 중세 기독교 세계는 인권과 대학, 의회와 같은 많은 것을 우리에게 전해 주었듯이, 과학을 위한 길을 준비하기도 했다. 증거를 조사해 보면 신앙과 과학에 관한 '갈등 가설'을 받아들일 수 없음을 알 수 있다.

잠깐, 갈릴레오 갈릴레이의 경우

이 시점에서 갈등 가설을 지지하는 이들은 갈릴레오라는 비장의 카드를 꺼내고 싶어 할 것이다.

피사에서 태어나 그곳의 대학에서 교육을 받은 갈릴레오는 당시로서는 역사상 최고의 물리학자, 가장 정교한 망원경의 발

---

10 Isaac Newton, "Letter from Sir Isaac Newton to Robert Hooke", Historical Society of Pennsylvania. https://discover.hsp.org/Record/dc-9792/Description#tabnav. 2021년 9월 11일에 접속함.
11 Rodney Stark, *For The Glory of God* (Princeton University Press, 2003), p. 139에서 재인용.

명가였다. 하지만 로마 가톨릭교회에 따르면 이단자였다. '종교 대 과학'의 이야기를 하고 싶다면 갈릴레오가 주인공이다. 그는 과학을 따르면서 감히 교회의 교의를 의심했다는 죄목으로 유죄 선고를 받았다. 명백한 사례처럼 보이지만 사실을 순서대로 확인해 볼 만한 가치가 있다.

갈릴레오가 코페르니쿠스의 모형을 주창했을 때 자료와 과학계에서 합의한 모든 견해가 그의 주장에 반대했다. 이는 교회가 당대의 가장 저명한 천문학자들과 상의한 후 한쪽 편을 들었던 1616년에 문제가 되었다. 그들은 지동설(태양 중심 모형)이 이단적이라고 선언했다. 의심할 나위 없이 이는 과학을 추동하는 자유로운 연구를 저해하는 중범죄였다. 이 사건은 교회가 과학에 개입할 때 나타나는 부정적인 양상이다. 이 사건 전후로 수세기 동안 교회는 세계에서 가장 중요한 천문학의 후원자였다. 하지만 1616년은 분명히 잘못된 개입이었다. 그리고 이제 와서 돌이켜 보면 그들이 완전히 잘못된 판단을 했음을 알 수 있다.

하지만 교회가 과학자들에 반대해서 성경을 지지한 경우가 아니었음에 주목하라. 교회는 소수의 과학자들에 반대해 다수의 과학자들을 지지했다. 그리고 성경에 관해 교회는 논박할 수 없는 증거가 있다면 기꺼이 생각을 바꿀 것이라고 기록에 남겼다. 모든 진영에서 1,000년 전의 성경 해석이 자연에서 발견한 확실한 진리를 반대해서도 안 되고 반대할 수도 없다고 가르쳤던 아우구스티누스를 인용했다. 하지만 교회는 코페르니쿠스의 견해가 전혀 확실하지 않았다고 주장했다(그리고 대부분의 천문학자들도 그 주장에 동의했다).

따라서 갈릴레오 사건을 과학의 계몽된 힘과 몽매한 교회 권력 사이의 논쟁으로 묘사하고 싶은 마음이 들 수도 있지만 과학사가인 모리스 피노치아로Maurice Finocchiaro는 더 복잡한 그림을 제시한다. "실제로 일어난 갈등은 단일한 교권 세력과 단일한 과학계 사이의 충돌이라기보다는 양쪽을 가로지르는 두 가지 태도 사이의 충돌이었다."[12] 교회와 과학계에 모두 '진보파'와 '보수파'가 있었다. 갈릴레오는 굳건히 '그 과학'the science을 지지하는 용감한 개척자의 상징이 되었지만 '올바른 과학' 같은 것은 존재하지 않았다. 이 단계에 증거와 과학계는 다른 방향으로 기울고 있었을 뿐이다.

자신의 친구가 교황이 되었을 때 갈릴레오는 자신의 견해를 널리 알릴 기회를 포착했다. 그는 교황 우르바노 8세Urban VIII에게 태양계에 관한 두 견해를 나란히 설명하는 책을 쓸 수 있도록 허락해 달라고 청원했다. 교황은 이를 허락했지만 1632년에 갈릴레오가 지동설과 천동설 사이의 대중적 대화를 담은 책을 출간했을 때 이를 뼈저리게 후회했다. 천동설 지자에게는 '심플리키오'Simplicio라는 이름을 붙였기 때문이다. 심지어 갈릴레오

---

12 Maurice A. Finocchiaro, *The Warfare Between Science and Religion* (Johns Hopkins University Press, 2018), p. 33.

는 교황이 직접 한 말을 이 '얼간이'Simpleton가 하는 말로 묘사했다. 데이비드 벤틀리 하트의 말에 따르면 이 모든 것이 "거대한 독단에 빠진 사람들 사이의 … 어리석은 갈등"으로 전락하고 말았다.[13] 부끄럽게도 교회는 1633년에 갈릴레오를 재판에 회부했다. 그러나 아이러니는 이 유명한 "신앙 대 과학"의 재판에서 "증거를 요구한 쪽은 교회였으며 잘못된 모형에 대한 맹목적인 동의를 요구한 쪽은 갈릴레오였다"는 점이다.[14]

결국 갈릴레오는 "대단히 심각한 이단 혐의를 받는 인물"이라는 판결을 받았고, 남은 평생 가택 연금 상태에서 살아갔다.

근대 화학자인 로버트 보일Robert Boyle, 1627-1691년과 시인 존 밀턴John Milton, 1608-1674년과 같은 개신교인들은 이 사건이 로마 가톨릭의 비행을 보여 주는 대표적인 사례라고 생각했다. 그들에게는 이 사건이 무지한 교황에게 탄압을 당한 개척자적인 사상가 루터의 이야기와 무시할 수 없을 만큼 비슷하게 느껴졌다. 하지만 '개신교 대 가톨릭'의 점수 대결에 관심이 없는 데이비드 벤틀리 하트 같은 이들은 나무를 보느라 숲을 놓쳐서는 안 된다고 생각한다. 갈릴레오 사건에 초점을 맞출 경우 …

> "16세기와 17세기에 기독교 대학에서 교육을 받고 과학적·수학적 추론이라는 기독교 전통을 따르던 그리스도인 과학자들이 이교적

---

13 David Bentley Hart, *Atheist Delusions* (Yale University Press, 2010), p. 65.
14 같은 책, p. 66.

우주론과 물리학을 전복하고 [고대 그리스의] 과학 전통이라는 한계 안에서는 상상도 할 수 없었던 결론에 이르렀다는 매우 중요한 현실을 흐릿하게 만들어 버린다."[15]

코페르니쿠스와 갈릴레오, 케플러, 뉴턴의 사례에서 다른 어떤 교훈을 배우건 간에 상관없이, 근대 과학이 다른 곳이 아니라 독실한 기독교 시대에 명시적으로 기독교적인 신념과 실천을 원용했던 독실한 그리스도인들 사이에서 발명되었다는 사실은 명백하다. 신앙과 과학에 관한 그들의 신념에 귀를 기울여 보자.

과학의 기적

코페르니쿠스: "하나님이 하신 위대한 일을 아는 것, 그분의 법칙이 작동하는 놀라운 방식을…이해하는 것, 틀림없이 이 모든 것은 지극히 높은 분이 기쁘게 받으실 만한 방식으로 그분을 예배하는 방법이다."[16]

갈릴레오: "전능한 하나님의 영광과 위대함을 그분이 하신 모든 일을 통해 경이롭게 분별해 낼 수 있다."[17]

---

15 같은 책, p. 65.
16 Louis E. Van Norman, *Poland: The Knight Among Nations* (Fleming H. Revell, 1907), p. 290.
17 *Letter to Madame Christina of Lorraine, Grand Duchess of Tuscany* (1615). https://inters.org/Galilei-Madame-Christina-Lorraine. 2022년 2월 2일에 접속함.

케플러: "기하학은 독특하고 영원하며 하나님의 정신을 반영한다. 인간이 이 학문에 참여할 수 있다는 사실이 인간이 하나님의 형상으로 창조된 이유 중 하나다."[18]

뉴턴: "태양과 행성, 혜성으로 이루어진 가장 아름다운 이 체계는 오직 지혜롭고 전능하신 존재의 뜻과 권세로부터 나올 수 있을 뿐이다."[19]

과학은 무언가를 믿는 사람들 사이에서 등장했다. 구체적으로 그들은 과학을 할 수 있다고 믿었다. 그들은 아인슈타인이 "이해할 수 있는 능력의 기적", 즉 보잘것없는 인간의 두뇌가 우주의 신비를 알아낼 수 있다는 경이로움이라고 칭송한 것을 믿었다. 그들은 인간이 하나님의 형상으로 창조되었다고 믿었기 때문에 이 기적을 믿었다. 그리고 어쩌면 이런 신념보다 더 매혹적인 점은 이런 신념에 대해 보상이 주어졌다는 사실이다. 이런 방식으로 세계를 연구할 수 있으며 인간의 지성은 이 일에 적합하다는 사실이 밝혀졌다. 꼭 그래야만 하는 것은 아니었다. 하지만 세계는 코페르니쿠스와 그의 동료들이 그렇다고 믿었던 그런 공간

---

18 Letter (1599년 4월 9일 혹은 10일) to Herwart von Hohenburg, "Epilogue", *The Sleepwalkers: A History of Man's Changing Vision of the Universe* (Hutchinson, 1959), p. 524에서 재인용.

19 "The General Scholium to Isaac Newton's *Principia mathematica*", https://web.archive.org/web/20100524103006/http://www.isaacnewton.ca/gen_scholium/scholium.htm. 2022년 2월 2일에 접속함.

임을 스스로 보여 주었다. 더 나아가 인간은 이런 그리스도인들이 생각했던 그런 종류의 피조물로 보였다. 코페르니쿠스 이후 다섯 세기 동안 이런 전제를 기초로 특별한 과학적 진보가 이루어졌다. 토대는 튼튼해 보인다.

물론 오늘날의 수많은 과학자는 그리스도인이 아니다. 일부는 기독교에 대해 적대적이다. 하지만 그들 모두가 아인슈타인의 기적에 의존해야만 한다. 많은 이들은 기적이라는 말을 싫어한다. 그들은 과학에 대한 자신의 신념이 종교적 이유가 아니라 실용적 이유에 근거를 둔다고 주장할지도 모른다. 즉 그런 신념이 실제로 효과를 보여 주기 때문이라고 주장할 것이다. 그들은 수 세기 동안 이루어진 과학적 발전이라는 증거가 있다고 말할지도 모른다. 그들은 과학이 실제로 작동하기 때문에 과학을 신뢰한다. 이 모든 주장은 옳은 말이다. 과학은 실제로 작동한다. 하지만 과학이 작동하는 **이유**에 관해 호기심을 가져야만 한다. 그리고 과학적 발견을 할 때마다 우리는 아인슈타인의 기적에 대해 더 깊이 확신해야만 한다(그리고 그 기적을 받아들여야 하는 이유에 관해 더 깊이 탐구해야 한다). 아인슈타인의 말처럼, 어떤 의미에서 과학 전체를, 세계가 '기적적'이라는 가설을 시험하는 거대한 실험으로 볼 수도 있다. 과학적 진보를 이룰 때마다 가설이 더 확실해지는 것처럼 보인다.

빛의 전진

토머스 제퍼슨은 '계몽 대 사제들'이라는 거부하기 어려운 이미지를 제시했다. 우리는 빛이 전진하는 가운데 종교 권력이 비명을 지르면서 그림자 속으로 도망치는 이런 종류의 갈등 이야기를 좋아한다. 이 이야기의 힘이 이에 반대하는 모든 증거를 압도하는 것처럼 보인다.

이런 이야기를 하는 이들의 주장이 역사적으로 얼마나 거짓되었는지는 중요하지 않아 보인다. 또한 근대 과학을 확립한 이들이 얼마나 기독교적이었는지, 그들의 동기가 얼마나 신학적이었는지, 그들의 세계관이 자연을 연구하기에 얼마나 적합한 것으로 판명되었는지, 교회가 과학의 기획에 얼마나 열중했는지, 현대의 과학자들 사이에 신앙이 얼마나 광범위하게 퍼져 있는지는 중요하지 않아 보인다. 아이러니하게도 이런 증거가 하나도 중요하지 않아 보인다. 끈질기게 살아남는 것은 빛 대 어둠, 과학 대 종교라는 거부하기 어려운 이야기다. 이 관념은 사라지지 않을 것이다. 왜 그럴까?

어쩌면 우리가 이 이야기를 좋아하는 이유는 이것이 우리의 세계를 만들어 낸 위대한 이야기의 한 판본이기 때문이다. 그리스도께서 오셔서 자신을 빛이라고 부르셨다. 그분은 우리를 어둠 밖으로 이끌어 내는 빛이셨으며(요 8:12), 그분은 우리를 해방시키는 진리이셨다(요 8:32). 하지만 제사장들이 그분께 반대했다. 당대의 유대인 지도자들은 그분을 죽음에 넘겨주었고, 십자가에서 빛이 꺼졌으며 진리는 침묵을 강요당했다—이것이 종교 권력의 속성이다. 그럼에도 불구하고 빛이 승리했고, 진리가 다시 살아났으며, 해방과 새 생명이 세상에 퍼져 나갔다. 이것이 다른 작은 이야기들이 되풀이하는 궁극적인 서사다. 마르틴 루터는 사제의 어둠 속으로 영적인 빛을 비추었으며, 갈릴레오는 어리석은 교황에게 진리를 선포했다.

제퍼슨이 이야기를 다시 할 무렵에 이르면 이 이야기는 이미 여러 차례 수정을 거친 상태였다. 이제 기독교 전체가 과학에 대한 가장 큰 반대자였으며, 과학은 백마를 타고 오는 구원자였다. 이것은 강력한 전형적 틀이며, 기독교가 형성한 우리의 상상력에 대해 중요한 장악력을 행사한다. 하지만 역사의 기록을 이 이야기에 끼워 맞추기가 어렵다는 사실이 입증되었다. 아이러니하게도 과학을 의심할 바 없으며 도움을 받지 않는 영웅으로 만들기 위해서는 너무나도 많은 허튼소리와 거짓말, 조작이 필요하기 때문에 그것을 주장하는 이들은 결국 증거를 부인하기에 이른다. 갈등 이야기는 종교적 신화로 밝혀졌고, 자료를 조사해 볼 때 과학이 기독교적 이유 때문에 기독교적 맥락에서 등장했음을 알아차릴 수밖에 없다. 오늘날 과학이 계속 발전하면서 이런 확신이 무너지는 것이 아니라 오히려 확증되고 있다. 과학의 빛은 기독교를 몰아내지 않는다. 오히려 정반대다. 기독교적 확신은 (인정하든 인정하지 않든) 처음부터 횃불을 들고 있었다.

7 자유

모든 사회는 노예제를 당연하게 여겼다?

> "21세기 영국에서 노예 소유주의 동상을 세울 수는 없다."
>
> ─키어 스타머 경, 2020년

영국의 노동당 당수는 많은 이들의 생각을 대변하여 이렇게 말했다. 그때는 2020년 6월이었다. 조지 플로이드의 죽음 이후 세계 전역에서 인종주의에 반대하는 항의가 이어지고 있었다. 브리스틀에서 시위대가 125년 동안 그 도시에 세워져 있던 에드워드 콜스턴Edward Colston의 동상을 쓰러뜨려 강에 던졌다. 키어 스타머Keir Starmer는 민주적 절차를 거쳐 동상이 철거되기를 바랐지만, 동상은 철거되어야 했다. 21세기 영국에서는 그래야만 했다.

콜스턴(1636-1721년)은 그가 살아가던 시대에 성공한 상인이자 너그러운 자선 사업가, 자신의 신앙을 공적으로 밝히는 그리스도인, 추악한 이익을 얻기 위해 서아프리카인 노예를 아메리카 대륙에 팔아넘긴 왕립아프리카회사Royal Africa Company의 일원이었다. 그는 12년 동안 이 회사에서 일하면서 84,000명의 아프리카인 남성, 여성, 아동을 붙잡아 대서양 건너편으로 배를 태워 보내, 담배와 설탕 농장에서 죽을 때까지 노역하게 만든 것으로 알려졌다.

이는 (16세기부터 19세기까지 이루어진) 대서양 노예 무역의 일부였다. 이 시기에 1,200만 명 이상의 아프리카인을 붙잡아 사고 팔고 무자비하게 착취한 이들은 주로 백인이자 주로 그리스도인인 소유주들이었다. 21세기 영국에서—특히 2020년 6월에— 이런 악과 관련된 그 어떤 것도, 그 누구도 서 있을 수 없었다.

하지만 그것이 서 있었다. 혹은 영국 사회가 그런 관행 위에 서 있었으며 몇백 년 동안 그랬다. 인신매매가 대영 제국의 확장과 부의 많은 부분을 떠받쳤다. 잔인한 아이러니는 인신매매가 대규모 자선 활동을 위한 자금원이 되기도 했다는 사실이다. 1721년에 사망한 콜스턴은 자선 활동을 위해 550만 파운드를 기부한 "브리스틀시의 위대한 후원자"였다.[1] 그의 시대에는 콜스턴이 좋은 사람, 심지어는 위대한 사람이라고 생각했다. 299년이 지난 후에는 그의 동상을 항구에서 건져 내야만 했고, 그의 자선 단체는 이름을 바꾸거나 아예 해체되어야만 했다. 300년 사이에 에드워드 콜스턴과 같은 사람을 존경하는 상황이

---

1   David Hughson, *London* (J. Stratford, 1808), p. 386.

그를 욕하는 상황으로 바뀌었다. 이 장에서는 어떻게 이런 일이 일어났고 왜 일어났는지를 살펴보고자 한다.

세속적 신조

"우리는 이 진리가 자명하다고 주장한다. 즉 모든 인간이 평등하게 창조되었으며, 빼앗을 수 없는 권리Rights를 창조주로부터 부여받았고, 여기에는 생명, 자유, 행복 추구의 권리가 포함된다."

(미국독립선언서, 1776년)

이 글은 미합중국을 위한 세속적 신조 역할을 해 왔다.[2] 수 세기 동안 미국 지도자들은 스스로 이 '자명한' 진리를 고수하며 국민들에게 이 진리를 받아들여야 한다고 주장했다. 바로 앞 장에서 언급한 이 선언서의 주저자인 토머스 제퍼슨은 우리도 잘 아는 인물이다. 그는 날이 밝아 오는 것을 피해 마녀들이 도망치듯이 과학의 발전을 피해 사제들이 도망치고 있다고 생각했다. 미국의 제3대 대통령이 된 그는 600명의 노예를 소유했던 사람이다. 이 모든 것은 (세속적 신조든 종교적 신조든) 진리를 옹호한다고 해서 언제나 그 진리를 자신의 것으로 삼고 자기 삶에 적용하는 것은

---

[2] 우리의 근대적 가치가 '세속적 신조'를 표상하는 방식에 관한 더 자세한 논의로는 Rebecca McLaughlin, *The Secular Creed* (The Gospel Coalition, 2021)를 추천한다.

아니라는 사실을 경고한다. 그럼에도 불구하고 이런 신조의 말은 그 진술을 한 저자보다 훨씬 훌륭한 일을 수행할 수 있다.

1858년에 에이브러햄 링컨Abraham Lincoln은 이 선언서에서 "우주의 섭리에 대한 장엄한 해석"을 인용하며 이를 노예제 문제에 직접적으로 적용했다. "하나님의 형상과 모양이 새겨진 그 어떤 인간도 동료 인간에게 짓밟히고 모독당하고 짐승 취급을 당하도록 세상에 보내지지 않았다."[3] 한 세기가 지나서 마틴 루터 킹 주니어는 선언서의 이 문장을 미국 시민에게 주어진 "약속 어음", 즉 미국이 부도낸 약속 어음이라고 불렀다. 따라서 건국 시기(18세기), 노예제를 둘러싼 결정적인 투쟁의 시기(19세기), 민권 운동 시기(20세기)에 미국의 지도자들은 마치 성경이라도 된 것처럼 선언서에 기록된 이 문장의 권위에 호소했다. 실제로 링컨과 킹은 자신들의 연설에서 선언서와 성경을 하나로 엮어 냈다. 사실상 성경적 토대가 없다면 제퍼슨의 말은 터무니없는 소리에 불과하기 때문이다.

인권과 평등이 '자명하다'고 상상하는 것은 실로 대담한 일이다. 자명한 진리란 '모든 삼각형에는 세 개의 변이 있다'나 '모든 총각은 미혼이다'라는 말과 같은 진술이다. 자명한 진리는 우리가 모를 수 없는 것이어야 한다. 하지만 성경적 토대 바깥에

---

[3] "Speech at Lewistown, Illinois", 1858년 8월 17일. https://quod.lib.umich.edu/l/lincoln/lincoln2/1:567?rgn=div1;view=fulltext. 2021년 11월 19일에 접속함.

서는 세계에서 가장 위대한 사상가와 도덕주의자를 비롯해 역사상 그 누구도 인권에 관해 알지 못했다. 그 누구도 **인간이 단지 인류의 일원이라는 이유만으로** 타고난 존엄성과 가치를 지닌다는 사실을 깨닫지 못했다. 인류의 문명을 살펴보고 인권에 관해 자명하게 깨닫는 유일한 사실이 있다. 그것은 인권이 자명하지 않다는 점이다.

인간의 보편성을 찾는다면 노예제가 훨씬 더 강력한 후보다. "극히 원시 사회 수준을 넘어선 우리가 아는 모든 사회는 노예 사회였다."[4] 노예제는 보편적이었다. 권리? 권리는 기이하다. 철학자 제러미 벤담Jeremy Bentham, 1748-1832년의 말처럼 "말도 안 되는 헛소리"다.[5]

그렇다면 우리는 어떻게 이 마법의 속성을 믿게 되었을까? 그것도 자명하며 타고난 자질인 것처럼 믿게 되었을까? 다시 유발 노아 하라리의 말을 인용해 보자.

"모든 인간이 하나님이 창조하신 영혼을 가지고 있으며 모든 영혼이 하나님 앞에서 평등하다고 주장하는 기독교를 통해 미국인들은 평등사상을 전해 받았다. 하지만 우리가 하나님과 창조, 영혼에 관한 기독교의 신화를 믿지 않는다면 모든 사람이 '평등하다'는 사

---

4   Rodney Stark, *The Triumph of Christianity* (Bravo Ltd, 2012), p. 376.
5   "자연권은 순전히 터무니없는 소리다. 타고난 불가침의 권리는 수사적으로 터무니없는 소리, 말도 안 되는 헛소리다"(Jeremy Bentham, *A Critical Examination of the Declaration of Rights*, 1843).

실은 무엇을 의미할까?"⁶

이 특수한 기독교적 유산이 없다면 그것은 거의 의미가 없을 것이다.

그렇다면 어떻게 우리가 독립선언서를 진지하게 받아들일 수 있을까? 첫 단어를 강조해야만 진심을 담아 선언서의 이 핵심 문장을 말할 수 있는 것처럼 보인다. "**우리는** 이 진리가 자명하다고 주장한다." "**우리는** 이 독특한 토대 위에 서 있겠다고 작정한다. 수십억 명의 사람들은 그러지 않을 것이다. 하지만 **우리는** 그렇게 한다. **우리에게** 이것은 '삼각형에는 세 개의 변이 있다'라는 말의 도덕적 등가물이다."

이 모든 것은 신앙의 입장으로서 완벽히 가능하지만(미국에서 거의 250년 동안 잘 작동해 왔다), 이따금 토대를 점검해 볼 필요가 있다. 토대를 점검할 때 우리는 톰 홀랜드가 지적한 바를 깨닫는다.

"모든 인간이 평등하게 창조되었으며 생명과 자유, 행복 추구에 대한 빼앗을 수 없는 권리를 부여받았다는 사실은 결코 자명한 진리가 아니었다. 대부분의 미국인은 성경보다는 철학에 더 적은 빚을 지고 있다고 믿었다. 그리스도인과 유대인, 개신교인과 가톨릭 교인, 칼뱅주의자와 퀘이커 교도에게 똑같이 주어진 확신, 즉 모든

---

6   Yuval Noah Harari, *Sapiens: A Brief History of Humankind* (Vintage, 2015), p. 109.

인간이 하나님의 형상으로 창조되었다는 확신에 빚을 지고 있다고 믿었다. 건국 문서를 작성한 이들 중 일부가 어떤 생각을 가지고 있었는지와 상관없이 미합중국의 가장 참되며 궁극적인 모판은 창세기였다."[7]

이러한 '계몽주의적 가치'가 성경적 가치임을 깨달을 때 독립 선언서의 계몽주의적 가치를 진지하게 받아들일 수 있다. 성경이라는 근거가 없다면 이런 확신은 공중누각일 뿐이다. 물론 이 누각은 매우 거대하다. 이제 수십억 명의 거주자가 있으며, 그들 중에는 모든 종류의 종교인과 종교가 없는 사람이 있다. (사실 오늘날은 인권과 평등을 믿지 않는 사람을 만나기가 어렵다. 그런 사람을 만난다면 우리는 곧바로 페이스북에서 그 사람을 차단할 것이다.)

하지만 어떻게 이 누각이 여전히 서 있을 수 있는가? 상대적으로 그 원천을 인정하는 사람이 거의 없는데도 어떻게 이토록 많은 사람들이 본질적으로 성경적인 가치를 믿게 되었을까? 그것은 이런 가치가 자명하기 때문이 아니다(전혀 자명하지 않다). 특정한 역사적 발전을 통해 이런 가치가 명백해졌기 때문이다. 이는 과학 혁명(진화)에서 일어난 일과 비슷하다. 앞 장에서 보았듯이 근대 과학은 독특하게 기독교적인 토양에서 자라났지만, 그 장엄한 과실을 모든 사람이 누려 왔다. 도덕적 차원에서 노예

---

[7] Tom Holland, *Dominion* (Little, Brown, 2019), p. 400. 『도미니언』(책과함께)

무역의 폐지는 매우 비슷한 효과를 낳았다. 그것은 이제 우리가 보편적이라고 받아들이는 기독교적 확신으로부터 기인했다. 하지만 뿌리를 조사해 볼 만한 가치가 있다.

18세기와 19세기에 그리스도인들은 독특하게 기독교적인 이유로 그 누구도 하지 않았던 일을 했다. 그들은 노예 무역 폐지를 추진했고 역사에서 모든 시대와 장소에 존재하던 관행을 무너뜨렸다. 이는 기독교 분파주의자들의 단순한 열정적 활동에 그치지 않았다. 대서양 양쪽의 노예제를 연구하는 저명한 역사가 데이비드 브라이언 데이비스는 "영국에서 노예제 폐지 운동을 이끈 모든 사람들에게는 종교가 핵심적 관심사였으며" 종교가 없었다면 "신세계 노예제의 폐지는 일어날 수 없었을 것이고", 이는 "비교 대상이 없는 도덕적 성취"로 볼 수 있다고 말했다.[8]

노예제 폐지는 계몽주의의 운동이 아니었다. 캔터베리 대주교를 역임한 로완 윌리엄스는 이렇게 말했다. "노예제 폐지 문제를 18세기의 계몽주의적 세속주의자들에게 맡겨 두었다면 우리는 여전히 문제가 해결되기를 기다리고 있을 것이다."[9] 하지만 이 기독교 운동이 너무나도 완전한 성공을 거두었으므로 우리는 마치 당연한 듯 그 전망을 공유한다. 이제 우리는 모두가 자유민으로 태어난다. 정치적·법적 싸움과 미국 남북전쟁 같은 군

---

8 D.B. Davis, *Slavery and Human Progress* (Oxford University Press, 1986), p. 139, *Inhuman Bondage: The Rise and Fall of New World Slavery* (Oxford University Press, 2006), p. 331.
9 John Dickson, *Bullies and Saints* (Zondervan, 2021), p. 111에서 재인용.

사적 싸움에서 어렵사리 승리를 거두었다는 사실은 우리가 자유를 우리의 생득권으로 **당연하게** 여기게 되었음을 의미한다. 어제의 승리가 오늘의 상식이 되었다. 그리고 이제 우리는 삶이 지금과 달랐을 수도 있었다는 사실에 대해 당혹스러워하면서 이전 시대를 돌아본다.

우리는 자기 부모의 사진첩을 보면서 "어떻게 저런 머리 모양이 유행할 수 있었을까?"라고 궁금해하는 자녀들과 같다. 더 예리하게 우리는 "어떻게 그런 신념이 받아들여질 수 있었을까?"라고 묻는다. 기독교 혁명의 자녀로서 우리는 우리의 부모에게 이런 진지한 질문을 던진다. "어떻게 상황이 그렇게 흘러가도록 용인할 수 있었단 말입니까?" 이것이 우리가 다음으로 다룰 "잠깐"에 해당하는 주제다.

잠깐, 기독교는 노예제에 찬성하지 않는가?

기독교와 노예제에 관해 생각할 때 우리는 성경을 가지고 자신들의 악을 정당화했던 대단히 종교적인 에드워드 콜스턴이나 미국 남부의 노예 소유주를 떠올릴 수도 있다. 반면에, 영국의 하원의원으로서 노예제 폐지를 평생의 과업으로 삼은 복음주의 그리스도인이었던 윌리엄 윌버포스 William Wilberforce, 1759-1833년를 떠올릴 수도 있다. 하지만 어쩌면 우리는 그보다 프레더릭 더글러스 Frederick Douglass, 1817-1895년와 같은 인물을 떠올려 보아야 할지도 모른다.

미국의 메릴랜드에서 태어난 더글러스는 생의 처음 20년 동안 노예로 살아가면서 그리스도인이었을 노예 소유주들에게 지속적으로 구타를 당했다. 탈출한 후 그는 유명한 노예제 폐지 운동가, 에이브러햄 링컨의 친구, 세계적으로 유명한 연설가이자 작가, **설교자**가 되었다. 실제로 그의 노예제 폐지 운동에 가장 큰 영향을 미친 것은 그의 기독교 신앙이었다. 창세기에서 근거를 찾는다고 주장했던 노예제를 신랄하게 비판하는 그의 목소리를 들어 보라.

"하나님을 노예로 삼는 법이 있을 수 없듯이 하나님의 형상으로 창조된 인간을 노예로 삼는 법도 있을 수 없다."[10]

설교자의 힘을 느낄 수 있다. 토머스 제퍼슨은 당신이 자명한 진리를 위반하고 있다고 선언했던 반면, 프레더릭 더글러스는 노예 소유주를 하나님을 노예로 삼는 사람으로 취급한다. 노예제 폐지 운동에서는 이처럼 공공연하게 종교적인 언어를 사용함으로써 노예제 폐지를 이끌어 냈다. 하지만 설교자에게 주목하라. 수백만 명의 다른 사람들처럼 그는 노예였을 때 자신의 주인이 믿던 종교를 받아들였다. 그것은 강요된 개종이 아니라 일종

10 Frederick Douglass, *Selected Speeches and Writings* (Chicago Review Press, 2000), p. 161.

의 전복적 해방이었다. 처음에는 (18세기) 서인도 제도에서, 그다음에는 (18세기 말에서 19세기 초) 미국에서 종교적 부흥이 일어났다. 메시지를 전하는 설교자가 외국에서 온 선교사인 경우도 있었고, 스스로 노예였던 사람인 경우도 있었다. 그들이 부른 '흑인 영가'는 너무나도 큰 공감을 불러일으키는 기독교를 구체적으로 보여 주었다. 그것은 이집트의 모세, 예속을 당하던 이스라엘, 큰 고통을 당하는 그리스도와 동일시하는 기독교였다. "그 누가 나의 괴롬 알며 또 나의 슬픔 알까? 주밖에 누가 알아주랴?" 그들의 노래는 비탄으로 가득한 목소리였지만, 동시에 "하늘의 수레"가 와서 "나를 본향으로 데려갈" 날을 고대하면서 약속의 땅을 향한 소망을 담대하게 표현하기도 했다.

그것은 구원의 메시지였으며 그 효과는 놀라웠다. 마틴 루터 킹에게 큰 영향을 미쳤던 하워드 서먼 Howard Thurman, 1899-1981년은 "놀랍지만 대단히 창의적인 영적 통찰을 통해 노예들은 주인들이 그들 사이에서 더럽힌 종교의 구원을 자기 것으로 받아들였다"라고 말했다.[11] 멸시당하고 모욕당하던 이들은 그들의 '그리스도인' 노예 소유주들이 빼앗아 간 존엄성과 소망을 그리스도 안에서 발견했다.

리베카 매클로플린 Rebecca McLaughlin은 "노예제가 미국의 건국 죄라면 흑인 교회의 존재는 아마도 미국의 가장 위대한 기적

11　James H. Cone, *The Cross and the Lynching Tree* (Orbis, 2011), pp. 133-134에서 재인용.

일 것이다"라고 말한다.[12] 하지만 이것은 기독교 신앙의 핵심과 가까운 기적이다. 예수의 어머니 마리아는 누가복음 1장에서 이렇게 노래했다.

"[주께서] 권세 있는 자를 그 위에서 내리치셨으며
비천한 자를 높이셨고
주리는 자를 좋은 것으로 배불리셨으며
부자는 빈손으로 보내셨도다.
그 종 이스라엘을 도우사
긍휼히 여기시고 기억하시되." (눅 1:52-54)

노예였던 신자들은 구약을 읽을 때 그들의 소유주가 주장했듯이 노예제를 정당화하는 근거를 발견하지 않았다. (신구약 모두 '인간 강탈'을 정죄한다. 성경을 그대로 따랐다면 이는 로마와 대서양의 노예제 모두를 무너뜨렸을 것이다. 출 21:16; 딤전 1:10.) 그 대신 그들은 자신들의 경험과 비슷한 경험을 발견했다. 이집트에서 노예로 잡혀 있었지만, 그들의 압제자에게 맞서 그들의 편을 들고 그들을 사로잡은 이들을 심판하며 그들을 젖과 꿀이 흐르는 땅으로 인도하시는 하나님의 사랑을 받았던 백성을 발견했다. 이는 구약의 결정

---

12 Rebecca McLaughlin, *Confronting Christianity: 12 Hard Questions for the World's Largest Religion* (Crossway, 2019), p. 190. 『기독교가 직면한 12가지 질문』(죠이북스).

적 사건이자 신약에서 묘사하는 그리스도의 구속을 위한 본보기였다.

성경의 큰 줄거리는 '종 이스라엘'이 해방되는 이야기를 서술한다. 속박이 있고, 그다음으로 해방이 있다. 이것이 큰 그림이다. 몇몇 세부 사항이 특히 현대의 독자에게는 어렵게 느껴지지만 세부 사항 역시 중요하다. 구약의 모세 율법 안에는 노예제의 관행이 존재했다. 그것은 로마나 아메리카 대륙에 존재하던 관행과는 달랐지만, 여전히 국제연합UN의 인권 선언처럼 읽히지는 않는다. 구약 전체를 이해하기 위한 열쇠는 그것을 더 큰 서사에서 바라보는 것이다.

구약 안에는 희년이라고 불리는, 한 세대에 한 번 찾아오는 절기가 있었다. 희년은 이스라엘의 모든 노예가 해방되고 모든 채무가 말소되는 때다. 이스라엘 사람들의 생각에는 채무와 노예제는 짝을 이룬다. 이스라엘의 노예제는 본질적으로 파산에 대한 일시적 해법이었기 때문이다. 하지만 우리는 구약 성경을 넘어서서 희년이 성취되었음을 알고 있다.

예수님은 첫 번째 설교를 하실 때(눅 4:16-21) 자신이 오랫동안 기다려 온 해방자라고 선언하셨다. 특히 그분은 단번에 영원한 효력을 발휘할 희년을 선언하셨다. "[주께서] 나를 보내사…눌린 자를 자유롭게 하고 주의 은혜의 해를 전파하게 하려 하심이라"(눅 4:18-19). 하지만 이런 해방을 이루기 위해서 예수님은 자신의 생명을 포기하셔야만 했다. 그분은 노예의 죽음을 받아들임으로써 죄의 노예인 우리 모두가 그분의 자유로운 삶을 살 수 있게 하셨다. 그리스도의 승리라는 빛이 옛 그림자를 집어삼 켰다. 첫 부활절에 죄와 죽음이라는 결박이 깨졌으며 자유라는 '약속의 땅'으로 들어가는 길이 열렸다.

이 사건은 구약의 관행에 어떤 영향을 미쳤을까? 마태복음 19장에서 예수님이 결혼과 이혼의 문제를 어떻게 다루셨는지 기억하는가? 그 경우, 예수님은 모세의 법이 이스라엘의 "완악한 마음"에 대한 이상적이지 않은 대응이라고 말씀하셨다. 하지만 그리스도께서 오셔서 창세기 1장과 2장에서 보여 준 본보기에 따라 상황을 회복시키셨다. 우리를 위한 그분의 목적은 노예제가 아니라 다스림이다.

신약과 초기 교회에서는 노예제를 이렇게 바라보았다. 로마 제국 안에 노예제가 만연해 있었지만 그리스도 안에서 노예제가 폐지되었다. 교회 안에는 주 앞에서 오직 형제자매들만 있을 뿐이었다. 사회에 악이 남아 있었지만, 그리스도인들은 그것을 가난처럼 이 타락한 세상의 어둡고 완고한 특징으로 여겼다— 어쩌면 값을 치르고 노예의 자유를 사 옴으로써 교회와 개인이 이 문제를 개선하기 위해 노력해야 하는 무언가였다. (그들은 그렇게 했으며 한 번에 수천 명의 몸값을 치르고 그들을 해방시키기도 했다.) 하지만 소수의 훌륭한 사람들은 노예제가 없는 세상을 상상했다.

379년에 니사의 그레고리오스 주교는 한걸음 더 나아갔다. 그는 노예제를 전면적으로 비판하며 폐지를 요구했다. 하지만 그레고리오스가 그리스도인들 사이에서 예외적인 인물이었다는 사실은 노예제가 고대인의 상상력에 깊이 뿌리내리고 있었음을 보여 준다. 우리는 신약에 그레고리오스의 통렬한 비판과 비슷한 내용이 포함되어 있거나 그의 의로운 분노가 정치 변화를 위한 운동으로 이어졌기를 바랄 것이다. 하지만 영아 살해든, 유혈 경기든, 노예제에 관한 문제든, 신약에서는 다른 종류의 개혁을 추구했다. 예수님은 그분의 나라가 가장 큰 나무로 자라나는 작은 씨앗처럼, 혹은 반죽 전체에 영향을 미치는 누룩처럼 자랄 것이라고 말씀하셨다(마 13:31-33). 우리는 갑작스러운 청산을 바란다. 예수님은 느리지만 돌이킬 수 없는 성장에 관해 말씀하신다. 솔직히 말해서 전기 영화의 소재로는 전자가 훨씬 더 나을 것이며, 따라서 일반적으로 우리는 정적주의를 견디지 못한다. 하지만 18세기의 도덕적 캠페인이 시작되기도 전에 '느리지만 꾸준한' 접근 방법이 큰 효과를 거두었다.

410년에 로마가 멸망한 후 서부의 영역에서 노예제는 소멸되기 시작했다. 9세기 직후 노예제는 북부 유럽에서 거의 사라진 것과 다름없었다. 11세기에 이르면 노예제가 중부 이탈리아와 프랑스에서 사실상 사라졌다고 말할 수 있다. 1200년에 이르면 잉글랜드에서도 노예제는 대체로 사라진다.[13] 이는 중세에 이루어진 또 하나의 놀라운 발전이다.

---

13 Hugh Thomas, *The Slave Trade* (Simon and Schuster, 2013), p. 794.

경제적·기술적 개선과 모든 차원에서 사회를 강타한 전염병의 파괴적인 영향력을 비롯해 많은 요인이 이런 변화에 기여했다. 하지만 그런 요인의 일부는 나란히 작용했던 영적 믿음과 법률이었다. 세례(교회의 교인 자격을 표시하는 의례적 씻기)와 주의 만찬(빵과 포도주를 나누는 기념의 식사)은 노예를 포함해 그리스도의 교회 안에 있는 모두에게 주어졌다. 그러므로 같은 영적 공동체의 일원인 사람들의 온전한 인격성을 부인하는 것이 신학적으로 불가능해졌다. '형제자매'인 동료를 노예로 삼는 것을 금지하는 법이 시행되기 시작했고, 영적 공동체의 평등이 점차 정치적 영역에서도 반영되기 시작했다. 르네상스에 이르기도 전에 노예제는 유럽의 많은 지역에서 사라지고 없었다. '암흑의' 중세 시대에 이루어진 또 하나의 빛나는 발전이다.

하지만 1492년 이후 처음에는 에스파냐 제국이 아메리카 대륙을 정복하고, 이어서 포르투갈과 네덜란드, 영국이 같은 대륙을 침략하는 상황에서 다시 악이 터져 나왔다. 이 나라들은 역사의 다른 모든 제국과 마찬가지로 잔인하고 위압적이었지만 한 가지 다른 점이 있었다. 그것은 그들이 정복하면서 내세운 이름이었다. 그들은 그리스도의 이름을 포함해 모든 신과 모든 이데올로기의 이름으로 참상을 저질렀다. 하지만 예수의 이름으로 저지른 이런 악은 특히나 귀에 거슬린다. 톰 홀랜드는 **기독교 제국주의자들의 문제를 이렇게 지적한다.**

"고대에는 정복당한 이들을 마음껏 살육하고 노예로 삼아도 되는지에 관해 의문을 품었다면 그 누구도 제국을 차지하지 못했을 것이다. 하지만 그리스도인들은 잔인한 행동을 저지르면서도 무고하다고 당당히 말할 수 없었다. 유럽의 학자들은 에스파냐의 신세계 정복을 정당화하려고 했을 때 교부들이 아니라 아리스토텔레스의 권위에 호소했다. '그 철학자[아리스토텔레스]가 말하듯이 어떤 이들은 본래 노예이며 어떤 이들은 본래 자유민임이 분명하다.'"[14]

900쪽이 넘는 책 『노예 무역』 The Slave Trade 에서 휴 토머스 Hugh Thomas 는 에스파냐 정복자들 conquistadors 의 사고를 이렇게 설명한다. "아테네가 노예를 시켜 파르테논 신전을 건축하고, 로마가 노예를 동원해 수로를 유지했다면, 근대 유럽이 아메리카에서 새로운 세계를 건설하는 데 노예를 이용하기를 망설여야 할 이유가 있겠는가?" 정말 그래야 할 이유가 있었을까? 그들이 존중한다고 주장했던 기독교를 제외한다면 그럴 이유가 없었다.

여기서 다시 우리는 앞에서 마주했던 것과 똑같은 문제로 되돌아간다. 교회 내의 학대, 십자군, 에스파냐 종교 재판, 갈릴레오 사건과 마찬가지로 모든 것을 고려할 때 문제가 그다지 나쁘지 않았다고 말할 수 있다. 반대로 모든 것을 고려할 때 이런 사건은 **참으로** 악(대문자 E로 표기하는 Evil)이었다. 하지만 그들의 악

---

14 Tom Holland, *Dominion* (Little, Brown, 2019), pp. 307-308.

은 그들이 가치 있다고 가장하는 선으로 판단을 받는다.

이런 이유 때문에 이전에 노예였던 프레더릭 더글러스는 동료 '그리스도인들', 그리고 노예제를 지지한 교회들과 신학자들을 향해 가장 통렬한 비판을 퍼부었다. 그는 이들을 "미국 노예제의 보루"라고 불렀다. 그리고 1848년에 자신의 옛 주인 토머스 올드Thomas Auld에게 보낸 편지에서 그는 일부러 힘을 빼지 않았고 경건한 교인이었던 그를 "지옥의 대리인"이라고 불렀다.

"노예제의 섬뜩한 공포가 내 앞에서 무시무시하게 솟아나며, 수백만 명의 울부짖음이 내 심장을 꿰뚫고 내 피를 서늘하게 만듭니다. 나는 족쇄와 재갈, 피 묻은 채찍, 차꼬를 채운 노예의 상한 심령에 어두운 그림자를 드리우는 죽음 같은 침울함, 아내와 자녀를 떨어뜨려 놓은 채 시장에서 짐승처럼 팔려 가는 오싹한 공포를 기억하고 있습니다.…그것은 영혼에 대한 무도한 폭력입니다. 즉 불멸의 영혼에 대한 전쟁, 당신이 우리 모두의 아버지이시며 창조주인 분의 심판대 앞에서 책임을 져야만 하는 행동입니다."[15]

여기서 "우리 모두의 아버지"라는 표현을 눈여겨보라. 더글러스는 자신의 주인이었던 노예 소유주를 "지옥의 대리인"인 동시에

---

15 Frederick Douglass, "Letter To Thomas Auld," *Frederick Douglass: Selected Speeches and Writings* (Lawrence Hill Books, 1999), p. 111.

형제라고 부를 수 있다. 이것은 인간과 악을 바라보는 정교한 관점이다. 더글러스와 올드 모두가 믿는다고 고백하는 기독교에서 생겨났지만 실제로는 그들이 너무나도 다르게 대하는 관점이다. 그리스도의 진리를 (악을 위한 보루로 차용하기보다는) 그대로 받아들이라는 요구를 받을 때 권력을 가진 이들은 낮아지고 겸손한 이들은 높임을 받는다.

이것이 언제나 성경에서 선포해 온 영적 메시지였다. 하지만 19세기에 수십 년 동안 캠페인을 통해, 미국에서는 야만적인 내전을 통해 영적인 것이 정치적인 것을 통해 드러났다. 인간의 평등이라는 '자명한' 진리는 전혀 자명하지 않지만 그럼에도 불구하고 분명히 드러났다. 인류의 보편적 특징이었던 노예제가 서양에서는 폐지되고, 결정적으로 기독교적 양심이 피로 물든 제국을 이기고 승리할 것이다.

설교와 정치

1787년 퀘이커 교도(대항 문화적 기독교 교파)와 복음주의자(개신교 종교 개혁 전통에서 성경을 중시하는 그리스도인)로 이루어진 영국 노예제 폐지 위원회 British Abolition Committee가 설립되었다. 이 위원회에는 하원의원도 한 사람 포함되었는데, 바로 윌리엄 윌버포스였다. 나중에 엄청난 인기를 얻은 웨지우드 노예제 반대 메달로 만들어지기도 한 이 위원회의 로고는 족쇄가 채워진 채로 무릎을

끓고 있는 노예를 묘사한다. 로고에 새겨진 문구는 한 세대의 양심을 괴롭혔다. "나도 인간이고 형제가 아닌가?" 여기서도 다시 한번 신약 기독교의 프리즘을 통해서 바라본 창세기가 작동하고 있었다. 신약에서는 남자와 여자, 유대인과 그리스인, 노예와 자유민 모두가 그리스도 안에서 '형제'라고 가르친다. 전례 없는 대규모 청원, 집회, 불매 운동, 소책자, 설교, 강연을 포함해, 영국 역사상 가장 열정적인 도덕적 캠페인이 펼쳐진 후 마침내 1807년에 노예 무역이 폐지되었고, 이어서 1833년에는 노예 해방이 이루어졌다.

이 일은 두 가지 방식으로 성공을 이루어 냈다. 즉 설교를 통해, 또한 정치를 통해 성공을 이루어 냈다. 첫째, 공공연하게 기독교적 메시지를 전했고, 이것이 한 세대를 감동시켰다. 역사가 앨릭 라이리 Alec Ryrie 의 말에 따르면, "영국은 제국을 떠받치는 중요한 버팀목 중 하나였던 거대하고 수익성이 좋은 무역을 금지시켰으며, 이 일은 처음부터 마지막까지 종교적 운동이었던" 노예제 폐지 운동 때문에 가능했다.[16]

설교는 필수 요소였지만, 노예제 폐지론자들이 지닌 영적 권위를 넘어서서 노예제 폐지를 실행할 정치적 권위도 필요했다. 영국이 '파도를 지배했던' 상황은 분명히 도움이 되었다. 세계 최대의 해군력을 지닌 영국은 대서양에서 경찰 노릇을 할 수

---

16 Alec Ryrie, *Protestants* (Penguin, 2017), p. 196.

있었으며, 세계 최대의 제국으로 노예제 폐지와 노예 해방을 다른 나라에 확산시키는 협상을 진행할 능력을 갖추었다.

이 정치적 단계에서 노예제 폐지론자들의 공공연한 **기독교적인** 특징이 희미해지기 시작했다. 노예제 폐지를 개신교 국가인 영국에서부터 가톨릭과 이슬람 국가로 확산시키기 위해서는 '번역' 작업이 필요했다. 외교를 위해 언어를 바꾸어야만 했다. 1842년에 새로운 구절을 만들어 냈다. 법률가들은 노예제가 창조주나 그리스도에 대한 범죄가 아니라 '인류에 대한 범죄'라고 말했다.

"이것은 모든 기독교 교파의 법률가들이 받아들일 수 있도록 고안된 용어였다. 몇십 년 전만 해도 거의 보편적으로 당연하게 여겼던 노예제가 이제는 야만성과 후진성의 증거로 재정의되었다. 노예제에 반대한다는 것은 진보의 편에 선다는 것을 의미했다. 노예제를 지지하는 것은 기독교뿐만 아니라 모든 종교의 법정에서 유죄 선교를 받는다는 것을 의미했다. 이슬람 교인들에게는 이 모든 것이 새로운 소식처럼 느껴졌을 것이다. 1842년 영국의 모로코 총영사가 노예제 폐지를 추진하려고 하면서 아프리카인 노예 무역을 금지해 달라고 청원했을 때 당국은 전혀 이해할 수 없다는 반응을 보였다. 술탄은 노예제가 "아담의 시대부터 모든 종파와 국가가 동의해 온" 사안이었다고 선언했다."[17]

역사에 관해 술탄의 말은 절대적으로 옳았다. 하지만 한 세대도 지나지 않아서 그와 다른 모든 사람들은 자신이 이 사안에 관해 '잘못된 쪽에' 속해 있음을 깨달았다. 이제 우리는 노예제가 폐지된 세상에서 살고 있으며, 우리의 도덕적 상상력으로는 예전으로 되돌아가는 것은 거의 불가능해 보인다. 이 '새로운 정상'은 옛것과 전혀 비슷하지 않다. 노예제 폐지로 역사는 중대한 전환점을 돈 것처럼 보이며, 그리스도인이든 아니든 모든 사람이 그 안에 휩쓸려서 여기까지 왔다. 우리는 자유만 믿는 것이 아니다. 이제는 진보를 믿는다.

---

17 Tom Holland, *Dominion* (Little, Brown, 2019), pp. 430-431.

8 진보

우리는 왜 더 나은 세상을 꿈꾸는가?

"도덕적 우주의 궤적은 길지만 정의를 향해 휘어 있다."

— 시어도어 파커, 1853년

노예제 반대 운동가 시어도어 파커Theodore Parker, 1810-1860년가 했던 이 말은 또 다른 설교자 마틴 루터 킹(1929-1968년) 목사가 좋아했던 말이기도 하다. 노예 무역 폐지(19세기)와 흑인 민권(20세기)을 위한 각자의 투쟁에서 두 사람은 심오한 소망으로 기괴한 불의에 맞섰다. 두 사람 모두 이렇게 말하는 신앙 전통에 속해 있었다. "오늘 엄청난 대가를 치러야만 하겠지만 내일이 어제보다 더 나을 수 있다." 두 사람의 궁극적인 (하지만 뒤섞인) 성공은 전 세계 수백만 명의 사람들에게 희망을 주었다. 우리 모두에게 어쩌면 우주가 도덕적이며 어쩌면 우주가 진보하고 있다는 믿음을 갖게 했다.

어디에서나 이 궤적에 대한 믿음을 발견할 수 있다. '21세기 영국'에서 에드워드 콜스턴의 동상이 서 있을 수 없다는 키어 스타머의 믿음 안에도 있다. "우리가 2025년에도 이런 대화를 하고 있다"고 절망하는 모든 사회 비평가의 말 속에도 있다. 어떤 관점이 '역사의 잘못된 쪽에' 속해 있다는 비판 안에도 있다. 역사는 어딘가로 - 미리 알 수 있는 어딘가로 - 향해 나아가는 것처럼 보인다. 더 나은 어딘가로.

진보에 대한 이런 믿음은 결코 인간의 보편적 특성으로 볼 수 없다. 이전의 문화에서는 현재보다 과거가 더 낫다고 보았다. 결국 과거는 영웅들과 신들이 활동했던 때였다. 그 이후로 상황이 훨씬 더 조용해졌다. 그리스 시인 헤시오도스(주전 700년경)는 황금시대로부터 철기시대까지 내려오는 인간의 역사를 다섯 시기로 구별했다. (어쩌면 우리는 전체가 반복적으로 해체되는 것을 주기적으로 경험하고 있을지도 모르지만) 내려오는 길밖에 없었다. 독특한 역사관을 선언한 것은 바로 성경이었다. 성경에서는 역사를 순환하는 원이 아니라 앞을 향해, 위를 향해 나아가는 화살로 이해한다. 이스라엘 백성은 노예 상태에서 벗어났지만 '약속의 땅'을 향해 나아가고 있다. 메시아는 평화의 왕으로 오실 것이다. 그분은 고통을 당하겠지만 그럼에도 불구하고 세상을 바로잡으실 것이다.

구약의 예언서에는 이런 기대로 가득 차 있다. 깊은 그림자의 시간이 지나고 빛이 동터 올 것이다. 골짜기는 솟아나고 산은 낮아질 것이다. 칼을 쳐서 보습을 만들 것이다(죽음의 도구가 생명의 도구가 될 것이다). 희년(채무가 탕감되고 노예가 해방되는 때)이 선포될 것이다. 그리고 마침내 "오직 정의를 물같이, 공의를 마르지 않는 강같이 흐르게 할" 것이다(암 5:24).

이런 구절이 익숙하다면, 마틴 루터 킹의 연설, 아마도 등골을 오싹하게 하는 그의 연설 "나에게는 꿈이 있습니다"에서 처음 들었을 것이다. 현대 세계를 향해 외치는 히브리 예언자의 말을 듣고 싶다면 온라인에서 킹의 연설을 찾아보라. 17분간의 이 연설은 진보에 대한 가장 강력한 주장을 제시하고 있으며, 수많은 교회의 설교보다 더 많은 성경 구절을 포함하고 있다. 사실 킹의 기독교적 틀 없이는 그의 관점과 접근 방식 전체를 이해할 수 없다.

역사의 궤적에 대한 킹의 믿음이 심오하고도 특별히 기독교적임에도 불구하고 이제는 모든 종류의 종교인과 종교가 없는 이들을 포함해 수많은 사람이 이 믿음을 공유한다. 흑인 민권 운동의 성공이 적지 않은 역할을 했다. 역사를 바라보는 도덕적 관점이 역사를 형성했으며, 다시 그 믿음에 대한 더 많은 증거를 제공했다. 이제는 상식이 되었다. 버락 오바마 Barack Obama 는 '도덕의 궤적' 인용문을 깔개에 새겨서 백악관 대통령 집무실에 두었다.

하버드 대학교의 심리학 교수인 스티븐 핑커는 이런 사상에 너무나도 매혹되어 2018년에 출간한 자신의 책 『지금 다시 계몽』 *Enlightenment Now*, 사이언스북스에서 이를 반복적으로 다루었다.[1]

---

1 Steven Pinker, *Enlightenment Now: The Case for Reason, Science, Humanism and Progress*

핑커는 진보를 찬양하면서 75단락에 걸쳐서 평균 수명, 영아 사망률, 건강, 부, 평화, 인권, 교육 등과 같은 측정 지표를 다루었다. 모든 화살표가 올바른 방향으로 나아가고 있다. 하지만 무신론자이자 인본주의자인 핑커는 이런 현상을 설명하면서 성경의 구절을 인용할 수밖에 없었다.

해체된 핵무기에서 친환경 에너지를 만들어 내는 우리의 능력에 대해 핑커는 "칼을 쳐서 보습을 만드는 궁극적인 본보기"라고 극찬한다.[2]

세계 전역에서 사형 집행이 감소하고 있는 현실에 관해 이야기하면서 그는 그 덕분에 "정의를 향해 굽어 있는 신비로운 궤적이 실제로 존재하는 것처럼 보인다"라고 고백한다. 즉시 그는 '신비로운'이라는 단어에서 물러나 이런 경향을 설명하면서 이렇게 덧붙인다. "더 지루한 방식으로 말하자면, 우리는 하나의 도덕적 원칙, 즉 생명은 신성하며, 따라서 아무렇게나 사람을 죽여서는 안 된다는 원칙이 광범위한 행위자와 기관에 골고루 퍼져 나가는 현상을 목격하고 있다."[3] 이는 신비로운 일이 아니라고 핑커는 말한다. 고전 세계에는 알려지지 않은 개념인 **생명의 신성함**이 세계에서 일어나는 일의 다양한 양상에 침투하고 있을 뿐이다.

(Penguin, 2018).
2   같은 책, p. 149.
3   같은 책, p. 213.

평등에 관해 논의하면서 핑커는 "평등한 권리를 전파하는 흐름의 깊이를 다림줄로 측정해 보기" 원한다. 그는 의도적으로 성경을 암시하는 표현을 사용해 이렇게 묻는다. "정의가 강처럼 흐르고 공의가 강한 물줄기처럼 흐르는가?"[4] 이 장의 나머지 부분에서 그는 힘주어 "그렇다"라고 답한다.

"인종주의와 성차별, 동성애 혐오에 반대하는 전 세계적 진전"을 탐구하면서 "전반적이며 압도적인 승리"가 존재하는 것 같다는 독특한 인상을 받는다고 말한다. 핑커는 다시 "도덕적 궤적"이라는 관념을 인용하면서 시어도어 파커가 "보는 것으로써 그 궤적을 완성할 수 없고 '양심으로 그것을 구별할' 수 있을 뿐"이라고 말한다. 그러나 핑커 자신은 "정의를 향한 역사적 궤적이 존재하는지를 판별하는 더 객관적인 방법"을 제시할 수 있다고 약속한다.[5] 그는 역사의 도덕적 진보가 단순히 신앙의 한 항목에 그치지 않고 자료로 입증할 수 있음을 우리가 깨닫기를 원한다. 하지만 정신을 고양시키는 연설을 통해서든, 당신을 설득하는 수십 개의 도표를 통해서든 핑커와 파커, 킹은 한 가지에 관해 동의하는 것처럼 보인다. 즉 궤적이 존재한다. 진보가 실제로 이루어지고 있다.

하지만 우리가 진보라는 주제를 살펴보는 사이에 고막을 찢

---

4 같은 책, p. 215.
5 같은 책, p. 223.

을 듯한 경적이 울려 퍼질 것이다. 진보라는 관념에는 심각한 위험이 도사리고 있다.

진보의 문제점

19세기에는 '진보'라는 관념이 대유행이었다. 산업혁명이 뿌리를 내린 덕분에 전례 없는 변화가 이루어지고 있었다. 핑커의 도표 중 다수가 하키 스틱처럼 위를 향해 굽어 올라가기 시작한 때였다. 당대의 위대한 사상가들은 낙관주의에 압도되었다. 생물학적 진보를 선언한 찰스 다윈Charles Darwin, 역사적 진보를 선언한 게오르크 헤겔Georg Hegel, 심리학적 진보를 선언한 지그문트 프로이트Sigmund Freud, 경제적·정치적 진보를 선언한 카를 마르크스Karl Marx가 있었다. 이들은 움직임과 흔들림을 믿으면서 움직이고 흔들었던 사람들 중 소수에 불과하다.

하지만 그들의 생각이 모두 새로운 것은 아니었다. 마르크스를 예로 들자면, 우리가 앞의 여섯 장에서 살펴보았던 다른 가치들, 특히 평등, 긍휼, 계몽, 과학에 대해 그가 얼마나 강력하게 공감했는지를 지적할 만하다. 그의 공산주의는 교회에 대해 무자비하게 반대했지만 교회가 없이는 공산주의를 상상조차 할 수 없었다. 어떤 의미에서 공산주의는 국가를 교회로 만들려는 시도였다. 초기 기독교 공동체를 묘사하는 말처럼 "모든 물건을 서로 통용하고 자기 재물을 조금이라도 자기 것이라 하는 이가 하나도 없[는]" 곳(행 4:32) 말이다.

"각자 능력에 따라 일하고 각자 필요에 따라 분배하자"가 마르크스주의의 표어였다. 마르크스주의가 기독교화된 사회에서 관심을 끌었다는 점도 전혀 놀랍지 않다. 성경에서는 하나님이 비천한 이들을 끌어올리고 군주를 왕좌에서 끌어내리신다고 가르쳤다. 하지만 그것이 공산주의와 기독교 사이의 차이다. 성경에서는 하나님이 평등하게 만드시는 분이다. 인간이 스스로 그 역할을 맡는다면 그 결과는 대체로 유혈 혁명이다. 그래서 20세기에 수많은 사람이 목숨을 잃었다. '인민에게 권력을'이라는 구호의 문제는…인민에 있다.

이것은 진보는 믿지만 정의와 자비의 하나님은 믿지 않는 모든 사람이 직면하는 어려움이다. 좌파든 우파든, 공산주의자든 파시스트이든 수평적 차원만을 받아들인다면 '진보에 대한 믿음'은 역사를 우리가 선택한 대로 만들어 갈 수 있다는 일종의 면허가 되고 만다. 우리 위에 북극성이 없다면 우리는 문제를 우리 마음대로 처리하며 우리 자신의 길을 만들어 가고 그것을 '역사적 필연성'이라고 부를 것이다. 이것이 진보의 세기 이후에 비교할 수 없는 폭력의 세기가 등장했던 수많은 이유 중 하나다.

20세기의 참상은 우리 목 안에 너무나도 큰 덩어리를 남겨서 '인간의 진보'에 대한 우리의 모든 찬사를 질식시킬 지경이다. 제1차 세계 대전(1914-1918년)으로 2,000만 명이 사망했다. 제2차 세계 대전(1939-1945년)에서는 7,500만 명이 사망했다. 앞서 러시아에서 레닌Lenin의 마르크스 혁명으로 인해 수백만 명이 사망했다고 언급했다. 스탈린Stalin은 수천만 명을 더 죽였다. 3년 동안 진행된 대숙청 기간(1934-1936년) 동안 러시아의 독재자는 350년 동안 에스파냐의 종교 재판으로 살해된 사람의 숫자만큼을 매주 처형했다. (350년 동안 종교 재판으로 5,000명이 처형된 것과 비교해 보면, 3년 동안 75만 명이 숙청된 셈이다.) 중국에서는 1958년과 1962년 사이에 "적어도 4,500만 명이 노동을 하거나 굶주리거나 매를 맞다가 죽었다."[6] 마오쩌둥이 이 사건을 '대약진 운동'이라고 불렀다는 사실을 생각할 때 우리는 진보에 대한 주장을 영원히 의심할 수밖에 없다.

'살인의 세기' 이후 많은 이들은 다시 북극성, 다시 말해 도덕적 건전함과 확실성이라는 고정된 지점을 찾기를 갈망했을 것이다. 하지만 20세기의 악을 되돌아보면 전혀 다른 현실을 발견할 뿐이다. 우리는 확실한 무언가를 발견하지만, 그것은 우리를 안내하는 별이 아니라 피해야 할 구덩이일 뿐이다. 그 구덩이는 아우슈비츠(Auschwitz)라고 불린다.

---

6   Frank Dikotter, *Mao's Great Famine* (Bloomsbury, 2010). 요약본: http://www.frankdikotter.com/books/maos-great-famine/. 2021년 10월 31일에 접속함. 『마오의 대기근』(열린책들).

나치 예수?

우리는 무엇을 "인류에게 가해진 가장 큰 타격"이라고 생각할까? 20세기를 돌아보면 우리는 "아돌프 히틀러 Adolf Hitler"라고 답할 것이다. 히틀러는 "기독교의 도래"라고 답했다. 그는 계속해서 이렇게 말했다. "이 더러운 파충류[기독교]는 국가가 약해졌다는 징조가 있을 때마다 머리를 든다. 따라서 짓밟아야만 한다. 유대인들이 만들어 낸 동화는 우리에게 아무런 쓸모가 없다."[7]

히틀러는 기독교, 특히 유대인인 바울이 세계에 "고의적인 거짓말"을 들여왔다고 생각했다. 이 거짓말은 우리가 이 책에서 살펴본 평등과 긍휼이라는 가치와 관련이 있다. 이에 반해 히틀러는 "모든 자연은 강함과 약함 사이에서 일어나는 폭력적 투쟁이며, 약한 자들에 대한 강한 자들의 영원한 승리"라고 믿었다.[8] 놀랍게도 이것은 "독일 전쟁 크리스마스"라는 제목의 선전물에서 그가 내놓은 크리스마스 메시지였다. 사실 이런 관점은 약함과 가난 속에서 태어난 유대인 메시아를 기리는 절기인 크리스마스**에 대한** 전쟁을 의미했다.

20년 전 젊은 히틀러는 다수가 그리스도인을 자처하는 청중의 비위를 맞추며 자신이 그리스도인이라고 말했다. 하지만

---

7 *Hitler's Table Talk 1941-1944*, ed. Gerhard L. Weinberg and H.R. Trevor-Roper (Enigma Books, 2007), pp. 472-473.
8 Richard Weikart, *Hitler's Religion* (Regnery History, 2016), p. 131에서 재인용.

8
― ✳ ―
진보

그 시기조차 그가 자신의 것으로 삼았던 '기독교'는 2,000년 동안 전해져 내려온 이야기와 정반대였다.

"그리스도인으로서 나의 감정은 나에게 전사인 나의 주와 구원자를 가리킨다. 외로움 속에서 얼마 되지 않는 추종자에 둘러싸여 있을 뿐이었지만 이 유대인들의 참모습을 간파하고 사람들에게 그들에 맞서 싸우라고 명령하고, 고통당하는 사람이 아니라 전사로서 가장 위대했던 남자를 가리킨다. 이것이 하나님의 진리다!"

"나는 그리스도인으로, 인간으로서 한없이 사랑하는 마음으로 주께서 마침내 능력으로 일어나셔서 채찍을 집어 들고 독사와 살무사 무리를 성전에서 내쫓으셨다고 말하는 본문을 읽는다. 유대인의 독에 맞서는 그분의 싸움은 얼마나 훌륭했던가!"[9]

'나치 예수'라는 어리석음이 이토록 증오로 가득 차 있지 않다면, 이 모든 것이 어디로 귀결되는지 우리가 모르고 있다면, 수많은 독일 그리스도인들이 이를 추종해 나치화된 기독교를 선포하지 않았다면, 이것은 우스꽝스러운 말에 불과했을 것이다.

히틀러가 권력을 잡은 해에 독일 기독교(나치에 충성하는 개신

---

9   1922년 4월 12일 뮌헨에서 한 연설, *The Speeches of Adolf Hitler: April 1922-August 1939. 1*, ed. Norman H. Baynes (Oxford University Press, 1942), pp. 19-20에서 인용함.

교 운동)의 의장은 독일 교회를 위한 전망을 제시했다. 그들은 그리스도인들에게 필요한 것이 "유대교의 보응 윤리를 담은 구약으로부터의 해방"이라고 생각했다. 또한 "희생양과 열등함을 가르치는 랍비 바울의 신학 전체를 거부해야 한다."[10] 다시 말해서, 기독교를 나치화하는 첫 단계는 구약(성경의 4분의 3)과 신약의 절반(바울 서신)을 찢어 버리는 일에서부터 시작되었다. 그렇게 할 때 남는 것은 사실상 "아브라함과 다윗의 자손 예수 그리스도"의 전기뿐이었다(마 1:1). 결과적으로 그 일은 불가능했다. 하지만 그럼에도 불구하고 그들은 그러한 시도를 중단하지 않았다.

1939년 제국의 주교는 기독교 윤리의 핵심인 사랑에 관해 설교했다. 하지만 그는 청중을 향해 **진정한** 기독교의 사랑은 "강인한 전사 같은 얼굴"을 하고 있다고 강조했다. "그것은 생명에 반대하는 모든 것, 부패하고 야비한 것을 제거하고 파괴할 때만 모든 생명이 건강을 유지하고 적합한 삶을 살아갈 수 있음을 알기 때문에 부드럽고 나약한 모든 것을 미워한다."[11] (우연하게도 아우슈비츠에서만 200만 명이 사망했던 홀로코스트가 가장 극에 달했던 해인) 1942년 독일 기독교 운동에서는 "우리는 기독교의 사랑과 힘없는 이들에 대한 의무를 알지 못하며, 무능하고 열등한 이들에게서 국가를 보호할 것을 요구한다"라고 선언했다.[12] 니체가 자랑

---

10 Alec Ryrie, *Protestants* (Penguin, 2017), p. 275.
11 Doris Bergen, *Twisted Cross* (University of North Carolina Press, 1996), p. 205에서 재인용.
12 ed. Peter Matheson, *The Third Reich and the Christian Churches* (T. & T. Clark, 1981), p. 6에서 재인용.

스러워했을 법하다.

하지만 그들은 독일 철학의 유산만 원용한 것이 아니었다. 부끄럽게도 교회사 안에 끔찍한 반유대주의가 존재했다. 가장 이른 시기부터 유대 민족이 "그리스도를 살해했다"고 비난하는 그리스도인들이 있었다—예수님이 유대인이셨으며 그분을 처형한 이들이 로마인이었다는 사실은 신경 쓰지 말라. 중세 기독교 세계에서는 유대인들이 그리스도인 아동의 피를 마시기를 좋아한다는 주장(이른바 '피의 중상모략')까지 등장했다. 한 아동이 실종되거나 죽으면, 이를 핑계로 삼아 무시무시한 보복과 살인을 저질렀으며, 중세 영국에서는 1290년과 1657년 사이에 유대인을 추방하기도 했다.

하지만 나치의 반유대주의와 밀접하게 연관된 인물은 400년 전 개신교 종교 개혁을 이끌었으며 독일의 영웅이기도 한 마르틴 루터였다. 그는 말년에 『유대인들과 그들의 거짓말』*The Jews and Their Lies*이라는 비열한 소책자를 썼다. 역사가 앨릭 라이리는 "[이 책]에 관해 말할 수 있는 최선의 내용은 공개적으로 인종 학살을 촉구하지는 않는다는 점이다"라고 지적한다.[13] 다시 한번 이 모든 것은 그리스도인들이 이 역사의 영웅이 아님을 보여 준다. 그들은 악을 저지른 주요한 가해자인 경우가 많았다. 이 이야기는 그리스도인의 미덕에 관한 이야기가 아니다. 예수, 반

---

13 Alec Ryrie, *Protestants* (Penguin, 2017), p. 266.

유대주의라는 사악함을 포함해 사악함을 그 본질 그대로의 악으로서 심판하시는 유대인 메시아에 관한 이야기다.

반면에 우리는 신앙 때문에 유대인들을 보호하는 일에 앞장섰던 독일 그리스도인들에 관해서도 이야기할 수 있다. 나치의 악에 담대하게 저항했던 이들에 관해서도 이야기할 수 있다. 그런 사람들이 존재했다. 하지만 핵심은 나치주의에 반대한 그리스도인들이 있다는 것이 아니다ー일부의 사람들은 저항했지만 수백만 명은 그러지 않았다. 핵심은 우리가 그 침묵하는 다수보다 우월하다고 느낄 수 있다는 사실이 아니다. 사실 만약 우리가 제3제국 치하에서 살았다면 영웅적으로 저항했을 가능성은 고통스러울 정도로 희박하다. 핵심은 나치주의와 손을 잡기 원했던 이들이ー비록 주교관을 쓴 채 그렇게 했더라도ー기독교에 반대해야 했다는 것이다. '나치 예수'는 존재할 수 없다. '나치 예수'는 예수가 아니다. 아돌프 히틀러는 기독교를 완전히 뒤집어 놓았다. 2000년 동안 히틀러처럼 예수의 메시지를 뒤집은 사람은 없었다. 그는 말 그대로 적그리스도였다.

그렇다면 그를 막기 위한 싸움을 무엇이라고 부르겠는가? 서양의 상상력으로, 제2차 세계 대전이 악에 맞서는 전설적인 전투가 아니라면 다른 무엇일 수 있겠는가?

반격에 나선 '인류'

1941년 윈스턴 처칠Winston Churchill과 프랭클린 루스벨트Franklin Roosevelt는 히틀러 이후 세계의 모습에 대한 자신들의 전망을 담은 대서양 헌장Atlantic Charter에 서명했다. 그들은 "생명과 자유, 독립, 종교적 자유, 인권과 정의의 보존에 대한 믿음"을 표현했다.[14] 루스벨트는 의식적으로 독립선언서의 문구를 인용했지만 여기에는 한 가지 중요한 업데이트가 추가되었다. 제퍼슨은 '자명한' 권리에 관해 말했지만 루스벨트는 이것이 '믿음'의 문제임을 인정한다. 그럼에도 불구하고 이 초기 단계부터 연합국은 인권에 대한 믿음이 전쟁에 대한 명분임을 명시적으로 밝혔다.

그렇다고 해서 군인들이 이런 관점에서 전쟁을 바라보았다는 뜻은 아니다. 미국 군인인 폴 퍼셀Paul Fussell은 미군이 일종의 도덕적 "십자군 원정"에 나섰다는 생각을 동료 병사들이 "비웃었다"라고 말한다.[15] 하지만 그들이 강제 수용소에 수감된 이들을 해방시키고 나치가 얼마나 엄청난 규모의 악을 저질렀는지 드러났을 때 그들은 더 이상 비웃지 않았다.

---

14 Paul Gordon Lauren, *The Evolution of International Human Rights* (University of Pennsylvania Press, 2003), p. 149.
15 Alec Ryrie, *What Would Jesus Do? Christian Culture Wars in the Modern West*, 2016년 4월 14일 강연. https://www.gresham.ac.uk/lecture/transcript/download/what-would-jesus-do-christian-culture-wars-in-the-modern-west/. 2021년 10월 31일에 접속함.

"그들은 죽음의 수용소를 목격하고 그 냄새를 맡았다. 이제 그들은 자신들이 줄곧…긍정적인 무언가, 즉 생명의 신성함을 위해 싸우고 있었음을 깨달았다.…수용소 이후 도덕적 태도가 널리 퍼졌다.… 프랑스에서 젊은 군인들의 격정적이고 짧은 여정은 결국 십자군 원정이었다."[16]

창세기 1장과 홀로코스트 둘 다 "생명의 신성함"을 가르칠 수 있다는 것은 두려운 진실이다. 전자는 이 진리를 긍정적으로, 후자는 부정적으로 가르친다. 제2차 세계 대전 이후 부정적 교훈이 더 크게 들리는 경우가 많았다. 무엇이 좋아졌는지는 알지 못하지만 무엇이 나빠졌는지는 보아서 알고 있다. 무엇이 선인지 확신할 수 없지만 무엇이 악인지는 확실히 알고 있다. 역사가 앨릭 라이리의 말처럼, "위대한 철학자인 인디애나 존스가 우리의 근대적인 도덕적 합의를 요약해서 말했다. '나치! 나는 이 자들을 증오한다.'"[17]

홀로코스트의 주요 설계자와 실행자들이 뉘른베르크에서 재판을 받았을 때(1945-1946년) 그들을 의로운 기준에 따라 심판하는 것이 대단히 중요했다. 연합국이 제3제국에 관해 "각자의 취향을 존중하자. 우리가 누구이기에 판단할 수 있다는 말인가?"

---

16 같은 글.
17 Alec Ryrie, "Our Dangerous Devotion to the Second World War", *History Extra*, https://www.historyextra.com/period/20th-century/dangerous-devotionsecond-world-war-ww2-west-alec-ryrie/. 2021년 10월 31일에 접속함.

라고 말하는 것은 상상조차 할 수 없었다. 또한 연합국이 "힘이 곧 정의다. 우리가 승리했기 때문에 당신들을 심판할 뿐이다"라고 말하는 것도 상상할 수 없는 일이다. 정의를 이루고자 한다면 이 전범들은 나치와 연합국 모두를 초월해 존재하는 기준에 따라 재판을 받아야 했다. 무엇이 그런 기준을 충족할 수 있었을까?

분명히 이전 시대에는 '하나님'이 그 기준이었다. 중세의 교회 법률가들은 '자연법'에 관해 이야기할 터다. 제퍼슨과 같은 계몽주의 사상가는 '자명한' 도덕적 진리에 호소할 것이다. 하지만 1945년에 이르면 이런 기준이 너무 고결하거나 그에 대해 이론이 너무 많다고 여겼다. 뉘른베르크의 법률가들은 그 기준을 땅으로 끌어내렸다. 그들은 나치의 가해자들이 '**인류**에 대한 범죄'(100년 전 노예제와 관련해 처음으로 사용된 말)를 저질렀다고 고발했다.

오랜 시간에 걸쳐 일어난 변화에 주목하라. 한때는 '하나님'이 차지했던 자리를 이제는 '인류'가 차지하고 있다. 하지만 '인류'가 그 책임을 감당할 수 있을까? 문제는 차고 넘친다.

'인류'가 희생자**와** 가해자 양측을 포함할 때 '인류'란 무엇을 의미하는가? 어떤 인간들은 전쟁 기간에 이타적으로 유대인들을 숨겨 주었으며, 어떤 인간들은 무자비하게 독가스로 그들을 처형했다. 양측이 모두 '인류'가 무엇을 할 수 있는지를 보여 주는 사례였다. 인간성 안에는 자비도 있고 살인도 있다.

그렇다면 어떻게 '인류'가 그 본성으로 파시즘에 반대한다고 결론 내릴 수 있었을까? 나치당의 지도자들은 그렇게 생각하지 않았다. 하인리히 힘러는 우리가 "이 세계의 일부일 뿐"이라고 분명히 말했다.[18] 요제프 괴벨스Joseph Goebbels는 분명히 **유대인도 인간**이라고 인정했지만 **벼룩도 동물**이라고 덧붙였다.[19] 야생에서 강자가 약자를 잡아먹는다면 사회에서도 그렇게 하지 말아야 할 이유가 있을까? 또한 주인 인종이 노예 인종을 지배하는 것을 규범, 심지어는 덕으로 보지 말아야 할 이유가 있을까? 덕을 "다른 집단과의 경쟁에서 자신의 집단을 이롭게 하는 희생"과 동일시한다면 "파시즘은 궁극적인 덕의 이데올로기이며 인권에 대한 헌신은 궁극적 형태의 이기심이다."[20]

핑커와 나는 파시즘에 전혀 공감하지 않는다. 하지만 핵심은 그 이유를 알아내는 것이다. 그 이유는 '인류'(혹은 이 문제의 경우 '과학')에 관한 명백한 사실 때문이 아니다. 작가인 T. S. 엘리엇은 "'인간'이라는 단어에서 초자연적인 것에 대한 믿음이 인간에게 준 모든 것을 제외한다면, 결국 인간이 극도로 똑똑하며 적응력이 강하고 장난이 심한 작은 동물에 불과하다고 생각할 것이

---

18 Tom Holland, *Dominion* (Little, Brown, 2019), p. 537.
19 "물론, 유대인도 인간이다. 우리 중에서 그 누구도 그 사실을 의심하지 않았다. 하지만 벼룩도―비록 불쾌한 동물이기는 하지만―동물이다. 벼룩이 불쾌한 동물이므로 우리는 그것을 지키거나 보호할 의무가 없다. 벼룩이 우리를 물고 괴롭히고 우리에게 고통을 가하도록 그것을 섬길 의무가 없다. 오히려 우리의 의무는 그것이 해를 끼치지 못하게 만드는 것이다. 유대인도 마찬가지다." *The Nazi-Sozi*라는 제목의 초기 선전물에서 인용함, https://research.calvin.edu/german-propaganda-archive/nazi-sozi.htm. 2021년 10월 31일에 접속함.
20 Steven Pinker, "The False Allure of Group Selection," Edge, 2012년 6월 18일. https://www.edge.org/conversation/steven_pinker-the-false-allure-of-groupselection. 2021년 11월 2일에 접속함.

다"라고 지적했다.²¹ 바로 이것이 문제다.

우리 모두가 서로 다투는 유인원일 뿐이라면 나치주의를 정죄할 초월적 **정의**가 존재하지 않는다. (대체로 깨닫지 못한 채) 우리가 한 행동은 쌓아 둔 성경책 위에 올라가 기독교 역사 2,000년의 무게로 판결을 선언하는 것이었다. 하지만 누군가가 우리가 어떤 토대 위에 서 있는지 묻는다면, 우리는 그 토대를 모호하게 만들고, '인류'에 관한 초월적 주장을 하고—이것이 주요 전술이 되었다—다시 인권에 반대하는 이들의 자명한 사악함을 지적할 것이다. 아우슈비츠 이후 이런 사악함을 부인하는 것이 불가능해졌다.

국제연합이 설립되고(1945년) "세계인권헌장"이 채택될 때 (1948년) 이런 일들은 명시적으로 '악의 그림자 아래에서' 이루어졌다. 그런 악에 맞서 "인권헌장"에서는 루스벨트와 처칠이 사용한 것과 똑같은 단어를 사용해 국제연합의 구성원들이 "인간의 존엄성과 가치에 관해, 남성과 여성의 평등한 권리에 관해" 가진 공통된 **"믿음"**을 표현한다(강조 추가).²² 이 문서에서는 "인간 가족의 모든 구성원의 타고난 존엄성과 평등하며 **빼앗을** 수 없는 권리"를 인정하지만, 서문에서 그런 믿음을 위한 **기초**에 관해 말하면서 본질적으로 다시 그 악의 그림자를 지적한다. "인권

---

21 Santwana Haldar, *T.S. Eliot: A Twenty-first Century View* (Atlantic Publishers & Distributors, 2005), p. 124에서 재인용.
22 Universal Declaration of Human Rights: https://www.un.org/en/about-us/universal-declaration-of-human-rights. 2021년 10월 31일 접속함.

에 대한 무시와 경멸이 인류의 양심을 격분시키는 야만적 행위로 귀결되었다"라고 주장한다. 우리가 발을 딛고 서 있는 인권을 위한 기초를 제대로 제시하지 않는다. 대신 **저 밖에** 있는 지옥 같은 구덩이를 지적한다. 사실상 "인권헌장"에서는 '**여기가 훨씬 더 낫다**'라고 말하는 셈이다. 분명히 옳은 말이다. 하지만 동시에 우리는 "**여기**의 본질은 무엇인가? 우리는 어떻게 **여기**에 이르렀는가? 그리고 무엇을 근거로 여기에 머무를 수 있는가?"라고 물어야만 한다.

흔히들 "인권헌장"이 인권의 '무엇'을 정확히 규정하는 데는 성공했지만 '왜'를 설명하지 못했다고 비판한다. "헌장"에는 인간의 가치와 존엄성에 대한 전망을 선언하며, 이는 전적으로 훌륭하지만 대체로 근거가 없다. 하지만 오늘날 평범한 사람의 입장을 완벽히 반영한다.

- 당신은 인권을 믿는가?
- **당연하다.**
- 왜?
- … **당신은 어떤 사람이기에 이런 질문을 하는가? 나치 추종자인가?**

구덩이를 피해서 도망치다 길을 잃다

예수님과 히틀러가 서양의 도덕적 상상력에서 가장 강력한 두

인물이라는 말이 있다. 1,900년 동안 우리는 예수님을 지지하는 전망을 가지고 있었지만, 지금은 히틀러에 반대하는 전망을 가지고 있다. 톰 홀랜드는 새로운 전망을 이렇게 요약한 바 있다. "우리에게는 히틀러가 있었기 때문에 더 이상 악마가 필요 없다. 아우슈비츠가 있었기 때문에 지옥이 더 이상 필요 없었다."[23]

우리가 **긍정적으로** 가지고 있던 것이 이제는 그렇게 분명하지는 않지만, '새로운' 도덕은 (그 자체로 기독교의 반전이었던) 나치주의의 반전으로 볼 수 있다. 나치가 인종적 우월성을 추구했다면, 우리는 인종적 평등을 추구할 것이다. 나치가 약자를 죽여 없앴다면, 우리는 큰 복지 국가를 통해 약자를 돌볼 것이다. [국민건강보험제도 National Health Service가 영국의 실질적 국교라는 농담을 자주 한다.] 전후 시대에는 평등과 긍휼을 위반하는 것이 가장 큰 죄가 되었다. 심리학자 조너선 하이트 Jonathan Haidt의 지적처럼 근대 자유주의자들이 가장 소중하게 여기는 두 가지 도덕적 토대는 "공정"과 "돌봄"이다 (충성, 권위, 신성함, 자유 같은 다른 가치는 덜 중요하거나 심지어는 이해할 수 없는 것이라고 생각한다). 우리가 가장 많은 관심을 기울이는 죄는 '주의들' ism's, 특히 인종주의와 소수자에 대한 학대다. 그냥 넘길 수 없는 모욕은 '편협함'이나 '특정 대상에 대한 혐오'에 해당하는 모욕으로, 도덕적 논증이 결국에는 나치와의 비교

---

23 Tom Holland, *How Christianity Gained Dominion* https://www.youtube.com/watch?v=a0xCs2EfiXA (35:06). 2021년 10월 31일에 접속함.

로 이어질 것임을 매우 확실하게 예상할 수 있다. 그래서 이것을 규칙으로 여길 정도다.

이것이 우리가 도달한 도덕적 합의다. 즉 세속화된 기독교와 (그 자체로 기독교적 감수성의 결과인) 전후 반파시즘의 혼합물이다. 긍휼과 평등이 (많은 경우 '다양성'과 '포용'이라는 명칭으로 불리면서) 최고의 이상으로 군림한다. 이런 신념은 그 자체로 소중하지만, 더 이상 원래 이 신념에 의미를 부여했던 기독교 이야기에 근거를 두지 않는다.

간단히 말해서, 20세기에 대한 순전히 세속적인 대응을 통해 간신히 거대한 구덩이를 피해 도망치는 데는 성공했지만 그 과정에서 길을 잃어버리고 말았다. 그것은 나치주의의 반전이지만, 원래의 전망을 회복하지는 못했다. ('인간성', '인권', '자유', '진보'와 같은) 추상적 가치를 추구하기는 하지만, 그 원천에서 분리될 때 이런 가치들은 단절된 것으로 밝혀지며, 그 결과 우리도 단절되고 말았다.

하지만 동시에 20세기는 우리에게 다른 전망을 제공했다. 전혀 다르며 대단히 **기독교적인** 도덕적 본보기가 세속적 이야기와 나란히 존재했다. 마틴 루터 킹이 선포한 소망으로 이 장을 마무리하자.

"나는 산꼭대기에 가 보았습니다"

1968년 4월 3일 마틴 루터 킹은 "나는 산꼭대기에 가 보았습니다"라는 제목의 연설을 했다. 그는 자신을 광야의 시기에 이스라엘을 이끌었지만 약속의 땅에 이르지 못하고 죽은 모세에 비유했다. 마지막 순간에 모세는 느보산에 올라 "젖과 꿀이 흐르는 땅"을 흘끗 보았다. 킹은 그런 관점에서 자신을 바라보았다. 자신이 살아 있는 동안에는 완성되지 않을 수도 있지만 하나님의 일이기 때문에 절대로 실패할 수 없는 일을 이끌고 있다고 생각했다.

"누구나 그렇듯이 나는 오래 살고 싶습니다. 장수는 좋은 것입니다. 하지만 지금 나는 장수에는 관심이 없습니다. 나는 하나님의 뜻을 행하기를 원할 뿐입니다. 그리고 그분은 내가 산을 올라가도록 허락하셨습니다. 나는 둘러보았습니다. 그리고 약속의 땅을 보았습니다. 나는 여러분과 함께 그곳에 갈 수 없을지도 모릅니다. 하지만 여러분이 오늘 밤 우리가 한 백성으로서 약속의 땅에 이를 것임을 알기를 원합니다!"[24]

이것은 진보에 대한 흔들리지 않는 믿음이다. 하지만 스티븐 핑

---

[24] Martin Luther King Jr. "I've Been To The Mountaintop". https://www.americanrhetoric.com/speeches/mlkivebeentothemountaintop.htm. 2021년 10월 8일에 접속함.

커 같은 사람의 낙관주의와는 다르다. 그리고 마오쩌둥 같은 이들이 주창한 폭력적인 '대약진'과 정반대다. 이 연설을 한 다음 날 킹은 암살자에게 총격을 당했다. 그의 이야기에서 우리는 희생적인 사랑으로 모든 것을 내어 주는 삶과 저 너머의 소망을 본다—그리고 이를 통해 예수님의 삶을 어렴풋이 볼 수 있다. 우리 존재에 하나의 궤적이 존재한다. 하지만 이 궤적은 머리에서 땅에 닿기 전에 무지개처럼 솟아오르지 않는다. 이 궤적은 길고도 고통스러운 U자 모양을 하고 있으며, 정의와 평화로 솟아오르기 전에 거대한 고통 속으로 깊이 들어간다.

킹이 제시한 전망은 노골적으로 성경적인 전망이다. 그리고 그 전망에는 누구나 알아차릴 수 있는 그리스도를 닮은 호소가 담겨 있다. 이것은 언어를 부드럽게 하거나 세속화하는 데는 전혀 관심을 두지 않는 설교다. 그리고 아이러니는 이처럼 하늘에 초점을 맞추고 있음에도 불구하고 킹의 광범위한 매력이 전혀 줄어들지 않았다—오히려 기독교적 메시지는 그런 매력의 원천이었다. 사실 인권에 관한 모든 이야기는 (그렇다고 선언하든 선언하지 않든) 기독교적 원천에서 시작되었다. 킹은 평등의 모국어를 말했을 뿐이며, 그것이 청중의 기독교화된 마음에 놀라운 충격을 주었다. 우리에게 들을 귀가 있다면 그의 연설은 여전히 강력히 작용할 것이다. 그리고 우리는 그것을 들어야 한다.

우리를 하나로 묶어 주는 공유된 서사가 점점 더 사라지고 있는 서양 사회는 더 협소한 정체성을 가진 집단으로 계속해서 분열 중이다. 갈등이 일어날 때 우리가 용서하고 화해할 수 있게 해주는 사회적·영적 자원이 점점 더 줄어들고 있다. 세속적 강은 말라 가고 있다. 그럼에도 불구하고 소망이 있다. 아이러니하게도 다시 원천으로 되돌아감으로써 진보에 다다를 수 있다.

9 왕이 없는 왕국

왕국은 원하지만 하나님은 필요 없다?

"숨을 쉴 수 없습니다."

―조지 플로이드, 2020년 5월 25일

그는 9분 동안 스물일곱 번 이렇게 말했다. 무릎으로 자신의 목 뒷부분을 짓누르고 있던 냉혹한 경찰관을 향한 조지 플로이드의 간청은 절망적일 정도로 낮익었다. "숨을 쉴 수 없습니다"라는 말은 2014년에 경찰관에게 살해당한 에릭 가너 Eric Garner 와 또 다른 흑인 남성을 비롯해 다른 많은 이들이 했던 마지막 말이었다. 하지만 이 말과 플로이드의 죽음을 둘러싼 맥락은 훨씬 더 깊은 울림을 남겼다.

미니애폴리스에서 찍은 휴대전화 영상이 퍼져 나갔고 그 결과 며칠 안에 미국 전역뿐만 아니라 독일과 영국, 프랑스, 멕시코, 호주, 동남아시아, 아프리카 일부 지역에서 수천 건의 시위가 벌어졌다. 이런 상황 때문에 조 바이든Joe Biden은 플로이드의 죽음이 세계 곳곳에 마틴 루터 킹의 죽음보다 훨씬 더 큰 영향을 미치고 있다고 주장했다. 킹이 암살당한 이후 이후 반세기 남짓 지난 시점에서 두 사건을 비교하는 것이 어렵지 않았다. 이들은 백인 공격자에게 불의하게 살해당한 흑인들이었으며, 그들의 죽음은 미국이 빼앗을 수 없는 권리와 평등이라는 기초 위에 건국되었다는 주장의 핵심을 타격했다. 킹은 독립선언서를 자신의 시대에는 아직 이행되지 않은 "약속 어음"이라고 불렀다. 52년이 지나서 시위대가 거리에 나와—미국에서만 적어도 1,500만 명이 시위에 참여했다—행진하고, 동상을 무너뜨리고 이 약속을 실현하라고 목소리를 높였다.

전 세계에 감염병이 유행한 지 석 달이 지난 시점에 이 모든 일이 일어났다는 사실은 생명과 건강의 가치보다도 더 중요한 인간의 가치가 존재한다는 사실을 일깨워 준다. 우리가 그저 안전을 추구하는 생물학적 피조물이나 안락을 추구하는 자본주의적 소비자에 불과한 존재가 아니라는 깨달음을 준다. 우리는 공의를 추구하는 도덕적 행위자다. "도덕적 우주"에 관해 이야기했던 마틴 루터 킹의 말이 옳았다. 그것이 바로 우리가 살고 있는 공간이다. 그리고 그렇기 때문에 우리 모두가 (비록 그 정의를 어떻게 성취해야 하는지에 관해 의견을 달리한다고 하더라도) 정의를 그토록 중시한다.

하지만 도화선에 불을 붙였을 수도 있는 모든 사건 중에서 왜 플로이드의 죽음이 우리에게 그토록 심오한 영향을 미쳤을까? 어떤 의미에서 이 책 전체가 그 물음에 대한 답이다. 플로이드의 죽음은 우리의 도덕적 우주가 비슷한 고통으로부터 태어났기 때문에 우리를 사로잡았다. 이 사건은 2,000년 전 예루살렘 외곽의 한 언덕에서 일어난 일을 연상시켰다. 억압의 비무장 희생자, 냉담한 권력, 공개적이고 치욕적인 죽음, 희생자의 미덕과 압제자의 폭정을 깨달은 세계. "숨을 쉴 수 없습니다"라는 플로이드의 외침이 그리스도의 말이었을 수도 있다. 작가이며 첨단 기술 사업가인 안토니오 가르시아 마르티네스Antonio García Martínez의 말처럼, "서양의 정신은 한 주파수에 맞추어진 소리굽쇠와 같다. 바로 그리스도의 이야기다. 그리스도를 닮은 적합한 인물로 그것을 때려 보라. 그러면 귀가 먹먹해질 정도로 큰 소리가 날 것이다."[1]

많은 사람들이 플로이드를 그렇게 그리스도를 닮은 인물로 보게 되었다. 비록 한 번도 이런 사실을 인정하지 않았을지도 모르지만 말이다. 플로이드는 곧 일종의 순교자와 성인으로 간주되었다. 모든 곳에서 종교적인 반응을 내놓았다. 거리의 미술에서는 플로이드의 머리 위에 후광을 씌웠으며, 군중이 집단적 회개의 행동에 참여했고, 함께 인종과 평등에 관한 '신조적' 진리를

---

[1] Antonio García Martínez, "The Christ with a thousand faces", https://www.thepullrequest.com/p/the-christ-with-a-thousand-faces. 2022년 1월 26일에 접속함.

고백했다.

'무릎을 꿇는' 특징적 행동은 적어도 부분적으로는 자유와 진보에 관한 우리의 핵심과 맞닿아 있다. 노예제 폐지론자들의 문장이었던 웨지우드 노예제 반대 메달에는 무릎을 꿇고 "나도 인간이고 형제가 아닌가?"라고 묻는 노예가 새겨져 있다. 법 앞에서 평등한 인간성에 대한 모든 사람의 권리는 하나님 앞에서 평등하게 낮은 그들의 상황과 직결되어 있었다. 무릎 꿇는 행위는 흑인 민권 운동에서도 매우 중요한 이미지였다. 1965년에 찍힌 유명한 사진에서 킹은 많은 항의자들과 함께 투옥되기 직전에 기도했다. 모두가 무릎을 꿇었다. 물론 '무릎 꿇기'에 영향을 미친 다른 요소도 있다. 이런 흐름과 경향이 우리를 둘러싸고 소용돌이치고 있으며 그 출처가 언제나 명확한 것은 아니다. 하지만 그럼에도 불구하고 우리는 그 소용돌이 안에 휩싸여 있다.

2020년에 이런 몸짓과 구호, 운동이 모여서 놀라울 정도로 위력을 발휘했다. 이런 요소들이 너무나도 강력한 도덕적·정치적 정서의 흐름을 만들어 냈기에—또한 이런 흐름을 탔기에—이를 종교적이라고 묘사하는 것이 최선이라고 말할 수 있다. 더 구체적으로 말해 이런 요소들의 원천은 기독교적이다.

행진했던 사람들만 그런 흐름에 휩싸여 있음을 깨달았던 것이 아니다. 항의 시위에 대해 의문을 제기했던 이들도 기독교적 신념에 호소했다. 키어 스타머는 에드워드 콜스턴의 동상을 철거하기 원했지만 민주적 수단(모든 사람의 평등한 목소리를 전제하는 절차)을 통해서 그 일을 이루고자 했다. 많은 이들이 항의 시위를 지지했지만 **비폭력** 저항이라는 킹의 방법을 강조했다. 다른 이들은 일부 반인종주의 운동이 담론을 재-인종주의화re-racialising 하며, "피부색이 아니라 성품의 내용에 따라" 사람들을 판단해야 한다는 킹의 가르침을 전복하고 있다고 우려했다.

이런 논쟁은 계속된다. 반론과 재반론이 이어지며, 일군의 기독교적 감수성이 다른 일군의 기독교적 감수성과 충돌한다. 사람들이 깨닫든 깨닫지 못하든 이런 문화 전쟁이 서로를 향해 성경 구절을 던지는 경건한 신자들 사이에서 일어나고 있다. 그들은 성경 본문의 본질을 잊어버렸을 뿐이다.

하지만 서구에서는 기독교가 영향력을 행사하던 시절이 끝났을지도 모른다. 혹은 적어도 끝날 때가 멀지 않았을지도 모른다. 기독교가 지금까지는 우리 문화를 근원적으로 형성해 왔다고 인정할 수 있을지 모른다. 하지만 우리는 이제 우리의 전통적인 뿌리와 단절되고 만 것이 아닐까? 이것이 우리가 "잠깐"에서 다룰 주제다.

잠깐, 서양에서 기독교의 영향력은 종식되지 않았는가?

2019년 10월 영국 법원은 현재 우리의 문화 전쟁을 집약적으로 보여 주는 사건에서 데이비드 매커리스David Mackereth에게 패소 판결을 내렸다. 30년 경력의 의사인 매커리스는 채용 면접에서 그의 표현에 따르면 "턱수염을 기른, 키가 180센티미터에 이르는 남자를 '부인'madam이라고" 부르지 않을 권리를 갖기 바랐다.² 채용되지 않았을 때 그는 자신의 신념이 이 책에서 다른 어떤 구절보다 더 많이 인용했던 구절인 창세기 1:27에 근거를 두었다고 밝혔기 때문에 차별을 당했다고 주장했다. 매커리스는 "하나님이 자기 형상…대로 사람을 창조하시되 남자와 여자를 창조하[셨다]"는 믿음이 근본적이라고 생각했다. 법정 소송을 제기했을 때 매커리스는 패소 판결을 받았다. 특히 판사는 창세기 1:27에 대한 매커리스의 믿음이 "인간의 존엄성과 양립할 수 없다"고 지적했다. 이렇게 '인간 존엄성'의 뿌리를 이루는 구절이 재판에서 정죄를 당했다. 이는 한 문화가 자리 잡은 나뭇가지를 스스로 잘라 내는 모습을 연상시킨다.

그렇다면 기독교의 영향력이라는 조류가 마침내 사라지고 만 것일까? 공적 광장에서 신앙의 퇴각을 슬퍼하는 보수주의적이고 종교적인 목소리는 오랫동안 이런 종류의 이미지를 반영해 왔다. 19세기 시인 매슈 아놀드Matthew Arnold는 "믿음의 바다"의 "물러나는 긴 함성"이 우리에게 "아무런 기쁨도, 사랑도, 빛도 남겨 놓지 않았다고 말했다.

"믿음의 바다가

---

2 "David Mackereth: Christian doctor loses trans beliefs case", BBC News, https://www.bbc.co.uk/news/uk-england-birmingham-49904997. 2021년 10월 31일에 접속함.

한때는 만조였지만 땅의 해변을
밝게 빛나는 띠처럼 겹겹이 감고 있었다.
하지만 이제 나는
우울하게 물러나는 긴 함성을 들을 뿐이다.
밤바람의 숨결에 따라
거대하고 황량한 가장자리까지 퇴각해
세상에 벌거벗은 자갈만 남겨 놓았다."[3]

(영국인 중 절반이 일요일에 교회에 다녔던) 1851년에 이 시를 썼던 아놀드는 오늘날의 상황에 관해 어떻게 생각할까?[4] 영국의 교회 출석률이 약 6퍼센트이며 사회의 성경적 토대가 공적으로 자주 정죄를 받는 상황을 우리는 어떻게 이해해야 할까?[5]

먼저 조류가 빠져나가지만 들어오기도 한다는 사실을 기억할 만한 가치가 있다. 교회사 안에 "우울하게 물러나는 긴 함성"이 많았지만 밀려오는 특별한 파동도 똑같이 많았다. 조류가 영원히 빠져나가는 것은 아니다. 하지만 "믿음의 바다" 유비를 활용하는 또 다른 방식이 존재한다. 물의 현재 수위가 어떠하든지

---

[3] "Dover Beach" by Matthew Arnold, https://www.poetryfoundation.org/poems/43588/dover-beach. 2021년 10월 30일에 접속함.

[4] 1851년에 1,800만 명의 영국 인구 중에서 1,000만 명이 교회에 출석했다. 약 500만 명이 영국 성공회에 속해 있었고 500만 명은 나머지 교단에 속해 있었다. "Religious Worship in England and Wales, Census of Great Britain, 1851", https://archive.org/details/censusgreatbrit00manngoog. 2021년 10월 30일에 접속함.

[5] P. Brierley, *UK Church Statistics 3, 2018 Edition*, (ABCD Publishers, 2017).

물의 능력은 분명히 나타난다. 밀물 때의 해변만큼이나 썰물에 드러난 지형도 대양의 바다 덕분에 형성되었다. 다시 말해서, 현재의 모든 흐름 안에서 기독교가 여전히 강력하게 작동하고 있으며, 교회 안에 있는 사람들과 밖에 있는 사람들은 이 역학을 파악해야 한다. 매커리스의 사례를 통해 생각해 보자.

    2019년 헌신된 그리스도인인 매커리스 박사의 신념은 트랜스젠더 이데올로기와 충돌했지만, 두 전망 모두 그 나름의 방식으로 기독교의 전제에 기초를 두고 있다. 특히, 이 책에서 다룬 처음의 세 가치인 평등, 긍휼, 합의가 논증을 추진하는 힘이었다. 일부 트랜스젠더 옹호자들의 경우 이 가치를 기독교 이야기에서 분리해 내 새로운 방식으로 결합시켰을 뿐이다. 이 둘, 즉 분리와 재결합을 살펴보자.

    기독교 이야기로부터 분리될 때 **평등**은 급진적 개인주의가 될 위험이 있다. 고대인은 자신의 정체성을 집단적인 방식으로 이해했으며, 공동체에 뒤섞이는 가운데 개별성이 상실되었다. 우리에게는 정반대의 위험이 있다. 우리는 우리의 사회가 각자 법 앞에서 평등한 권리를 갖는 개인의 느슨한 결사체라고 생각한다. 이런 사회는 대단히 원자론적으로 변할 수 있다. 나는 나 자신과 나의 정체성으로부터 사유를 시작한다. 다른 문화에서는 나의 정체성을 발견하기 위해 밖을 바라보지만, 우리 문화에서는 안을 바라본다. 다른 문화에서는 책임을 중시하지만 우리는 권리를 중시한다. 공동체 의식이 어려움을 겪는 현실이 전혀 놀랍지 않다. (교회 출석률뿐만 아니라) **모든** 형태의 기관 가입률이 급감하고 있다는 점도 전혀 놀랍지 않다.

기독교에서는 모두가 같은 식탁에 평등하게 앉는 것이 원칙이다. 현대의 목표는 모두가 평등하게 자신의 사다리를 타고 높이 올라가는 것이다. 성경에서는 "너희는 유대인이나 헬라인이나 종이나 자유인이나 남자나 여자나 다 그리스도 예수 안에서 하나이니라"라고 말하지만(갈 3:28), 21세기의 서양인들은 이제 이런 말로 이 문장을 마무리한다. "왜냐하면 너희는 모두 개인이기 때문이다." 혹은 더 나쁘게는 "왜냐하면 너희는 모두 교환 가능하기 때문이다"라고 말한다. 이 지점에서 성경의 진리에서 너무나도 멀어졌음을 알 수 있다.

기독교의 이야기와 분리될 때 **긍휼**은 '경쟁적 피해의식'을 만들어 낼 위험이 있다. 이것은 유리한 자리를 차지하기 위해 재빨리 희생자 지위를 주장하는 태도라는 뜻으로 사회학자들이 붙인 명칭이다. 기독교에서 희생자인 예수님은 구속을 이루기 위해 고통을 당하셨고 압제당하는 이들에게 존엄성과 소망을 주신다. 오늘날 위험한 것은 우리가 희생자를 존중하고 돕는 것이 아니라 주로 희생자가 되려는 욕망을 갖는다는 점이다. 한때는 넓은 마음을 기르는 것이 덕이었지만 이제 우리는 쉽게 상처받는다는 점을 드러내려고 한다.

그리고 너무나도 많은 이들이 희생자라고 주장하는 상황에서 ─ 물론 수많은 사람들이 정말로 고통당하고 있다 ─ 우리에게는 중재할 수 있는 더 풍성한 도덕적 전망이 없다. 한편에서는 여성주의자(나 종교적 소수자), 다른 한편에서는 트랜스젠더 인권 운동가 사이에 벌어지는 충돌이 이를 예증한다. 양 진영 모두 압제당하는 이들을 보호해야 한다고 주장한다는 사실을 알 수 있다. 언제, 무슨 근거로 어느 쪽이 우선권을 가져야 하는가? 이런 물음에 답하기 위해서는 성별과 몸, 인격성과 공동체의 의미를 이해하는 훨씬 더 강력한 관점이 필요하다. 또한 '나의 권리'에 대한 주장, '나의 고통'에 대한 재서술, SNS에 대문자로 "제발 지금은 21세기입니다IT'S THE 21ST CENTURY FOR GOODNESS SAKE"라는 문장을 게재하는 것보다 더 많은 도구가 필요하다.

성적 **합의**가 기독교의 이야기와 분리될 때 그것은 성관계를 기독교의 전망보다 훨씬 못한 무언가로 축소할 위험이 있다. 그것은 성관계의 필수 요소인 합의를 헌신과 같은 다른 가치로부터 떼어 낸다. 또한 성관계를 더 풍성한 의미를 가진 이야기로부터 떼어 낼 위험이 있다. 성관계가 여가 활동에 관한 단순한 선택에 불과하다고 순진하게 가정할 수도 있다. 현실에서는 사회적·신체적 권력 차이가 언제나 존재하며, 성관계는 우리 몸의 구조, 우리의 인격적 관계, 우리의 사회 구조와 얽혀 있다. 개인주의자로서 우리는 성관계를 사적 거래를 하는 개인의 사적 문제로 바라보려는 경향이 있다. 그러나 우리의 정체성, 신체, 삶과 성적 선택은 결혼, 자녀, 가족, 생물학, 더 광범위한 공동체와 밀접하게 연결되어 있다. 합의는 필수적이지만, 성 윤리의 충분한 토대가 되는 것은 아니다.

이제 이 세 가지 추상적 가치를 특정한 방식으로 섞어 보라. 그러면 자극적인 혼합물이 만들어질 것이다. 개인의 권력, 소수자의 권력, 특히 성적인 문제에 관한 개인의 선택. 이것이 트랜스젠더 이데올로기의 근본 신념이다. 트랜스젠더 인권 운동가에게 그 결과는 이것이다. 나는 문화나 생물학과 상관없이 자신의 정체성을 규정할 절대적 권리를 가지고 있으며, 소수자로서 나의 선택은 존중받아야 한다. 분명히 이 이데올로기는 기독교적이지 않지만, 기독교 없이는 전혀 이해할 수 없는 강력한 신념에서 생겨났다.

다른 쪽에서 데이비드 매커리스는 자신의 기독교적 토대를 가지고 있다. 즉 종교의 자유, 표현의 자유, 양심의 자유를 누릴 권리, 과학(특히 성에 대한 생물학적 정의), 애초에 우리의 평등의 근거가 된 성경의 권위(창 1:27)다. 그리고 2019년의 재판에서 근본적으로 일부 **기독교적** 가치에 대한 전통적 이해와 세속화된 이해가 충돌했다. 놀라운 점은 매커리스에 패소 판결을 내렸다는 것이 아니다—문화 전쟁에서는 전투에 이길 때도 있고 질 때도 있다. 놀라운 점은 판결의 이유였다. 판사는 창세기 1장 자체가 문제라고 판결했다. 스펜서 클레이번 Spencer Klavan 의 말처럼, 하나님의 형상이 "인간의 존엄성과 양립할 수 없다고 말하는 것은 씨앗이 꽃과, 곡식이 빵과 양립할 수 없다고 주장하는 것과 비슷하다."[6] 나무가 맺는 과일에 의존하면서도 나무뿌리를 정죄하는 것과 다름없다.

그러므로 계속해서 확산하는 세속화를 지향하는 흐름은 지속 가능한 전략이 아니다. 뒤에서 살펴보겠지만 자유가 아니라 분열을 위한 처방일 뿐이다. 하지만 이것이 드러내는 한 가지 사실은 피할 수 없는 기독교의 영향력이다. 창세기를 정죄할 때조차도 '기독교적' 이유로 정죄한다.

서양 문화에 대한 기독교의 명시적 영향력이라는 관점에서 조류는 분명히 썰물이다. 하지만 그 지형은 현재 우리의 문화적 순간보다 훨씬 더 깊고 항구적인 "믿음의 바다"에 의해 형성되었다. 그리고 현재 탈기독교 시대의 두려움과 혼란, 부족주의를 바라보면서 교회 안과 교회 **너머에 있는** 사람들이 조류가 바뀌기를 바랄 만한 이유가 존재한다.

'인터넷에서 누군가가 틀렸어'

최근 몇 년 동안 서양 사회 안에서 움푹한 단층선이 드러났다. 어떤 이들은 9·11, 2007년의 금융 위기, 코로나 감염병 대유행 같은 대참사를 탓한다. 다른 이들은 양극화하는 소셜 미디어와 정치적 양극화를 부추기는 미국 대통령을 탓한다. 하지만 이러

---

6   "Going Off the Rails", Spencer Klavan, Clermont Review of Books, Winter 2020, https://claremontreviewofbooks.com/going-off-the-rails. 2021년 10월 20일에 접속함.

한 문화적 경계선에서 우리가 어디에 줄을 서든지 상관없이 우리가 호소하는 가치는 대체로 그대로 남아 있다. '무릎 꿇기'나 동상 철거, "흑인의 목숨도 소중하다"Black Lives Matter 운동, 경찰 예산 삭감, 노예제에 대한 경제적 보상, 조지 플로이드의 죽음이 촉발한 다른 수많은 물음에 관해 당신이 동의하든 동의하지 않든, 근본 원리는 그대로 남아 있다. 우리는 이 책의 핵심에 자리 잡은 기이한WEIRD 가치를 여전히 믿고 있다.

- 평등에 관해 생각해 보라. 한때는 가파른 도덕적 위계질서가 규범이었지만, 이제 우리는 발견하는 모든 곳에서 불평등을 근절하기 원한다.
- 긍휼에 관해 생각해 보라. 한때는 자격 없는 이들에 대한 동정심을 약점이라고 생각했지만, 이제 우리는 그것을 덕이라고 생각한다.
- 합의에 관해 생각해 보라. 한때는 힘 있는 사람들이 원하는 모든 사람의 몸을 소유할 수 있었지만, 이제 우리는 그것을 원래의 성격 그대로 학대라고 부른다.
- 계몽에 관해 생각해 보라. 한때는 교육이 부자를 위한 사치였지만, 이제 우리는 그것이 모두에게 필수적으로 필요하다고 생각한다.
- 과학에 관해 생각해 보라. 한때는 자연 세계에 대한 지식이 권위 있는 이들의 주장에 근거를 두었지만, 이제 우리

는 힘 있는 이들에게 책임을 묻고 객관적 기준에 따라 그런 주장을 시험해 보려고 한다.
- 자유에 관해 생각해 보라. 한때는 특정 계급의 사람을 노예로 삼을 수 있다고 전제했지만, 이제 우리는 그런 생각을 일종의 '신성 모독'으로 간주한다.
- 진보에 관해 생각해 보라. 한때는 역사가 황금시대로부터 내리막을 걷고 있다고 생각했지만, 이제 우리는 역사의 궤적이 정의를 향해 굽어 있거나 굽어 있어야 한다고 느낀다.

이런 가치가 우리의 신조적 확신이며, 대체로 우리는 신자들의 사회다. 우리는 이런 가치에 너무나도 철저하게 동의하기 때문에 이런 가치가 얼마나 기이한지weird, 혹은 우리가 이런 가치를 고수하는 것이 얼마나 기이한지WIERD를 거의 알아차리지 못한다. 하지만 이런 도덕이 자리 잡고 있기 때문에 우리가 제도적 기독교를 버린 후에도 **도덕주의를 계속 받아들일 수** 있음을 깨달았다. 사실 도덕주의가 쇠퇴하기는커녕 오히려 전면에 더 부상하고 있다. 이것이 많은 이들에게 충격이었다.

우리는 "하나님이 없다면… 모든 것이 허용된다"라고 생각했다.[7] 이것은 140여 년 전 소설가 표도르 도스토옙스키Fyodor

---

[7] Fyodor Dostoevsky, *The Brothers Karamazov*, translated by Richard Pevear and Larissa Volokhonsky (North Point Press, 1990), p. 589. 『카라마조프가의 형제들』(문학동네).

Dostoevsky가 자신의 작품 속 등장인물의 입을 통해 했던 말이다. 교회 안에 있든 밖에 있든 많은 이들이 이런 정서를 믿었다. 하나님이 없다면, 조직화된 종교의 제약이 없다면 사회가 더 큰 자유를 누릴 것이라는 생각이 논리적인 것처럼 보인다. 하지만 우리는 손가락질하는 행태를 훨씬 더 많이 즐기는 것으로 밝혀졌다. 하나님이 없어도 모든 것이 허용되는 것은 아니다. 오히려 모든 것이 설교조다. 고통스러울 정도로 그렇다.

누구든지 우리의 기이한 WEIRD 가치를 신성 모독한다면(누구든지 그 가치를 모독하는 것으로 묘사될 수 있다면), 우리는 그들을 '취소'한다. 즉 사회적·직업적으로 그들을 매장한다. 사실 이것은 현대적 '이단자'에 대한 일종의 현대적 형식의 '출교'다. 그리고 우리의 현대적 '종교 재판'은 옛 종교 재판보다는 덜 치명적이지만(우리는 이를 매우 감사하게 생각하지만) 동시에 훨씬 더 광범위하기도 하다. 존 론슨 Jon Ronson은 그의 책 『당신은 공개적으로 모욕을 당했다』 So You've Been Publicly Shamed에서 이 과정을 자세히 묘사한다. 소셜 미디어를 휩쓰는 대중의 분노라는 폭풍은 한 번에 수천 명이 판사와 배심원, 형벌 집행관의 역할을 수행할 수 있음을 의미한다. 따라서 '신성 모독'으로 고발된 사람이 십자포화를 맞을 때 집단 따돌림에 동참하는 다수는 군중 속에서 길을 잃어버린다. "눈송이는 결코 눈사태에 대해 책임을 느낄 필요가 없다."[8]

---

8   Jon Ronson, *So You've Been Publicly Shamed* (Pan Macmillan, 2015), p. 53.

종교 재판관의 역할이 민주화되었다. 누구든지 트위치포크 몹 Twitchfork mob (트위터를 통해 조직된 시위에 참여하는 군중-옮긴이)에 참여할 수 있으며, 모두가 늘 초대를 받는다. 하지만 누구든지 집단 따돌림에 참여할 수 있다면, 마찬가지로 누구든지 다음 목표물이 될 수 있다는 느낌을 피하기가 어렵다.

'취소 문화'cancel culture 라고 부르는 이 현상에 다양한 요인이 영향을 미친다. 분명히 소셜 미디어가 우리의 분노를 극대화하는 데 중요한 역할을 한다. 하지만 처음부터 분노의 존재는 마음의 문제다. 계몽된 사람들이 어둠 속에서 길을 잃어버린 다른 이들을 계몽시켜야만 한다고 느낄 때 분노가 일어난다. 그것은 근본적으로 전도의 열심이다. 우리 모두 안에는 설교자가 존재한다. 그것을 느끼기 위해 꼭 교인이 될 필요는 없다.

온라인 문화를 완벽히 묘사해 낸 만화에서 한 남자가 분노에 차서 키보드를 두드리고 있다. 아내가 "안 자?"라고 말하자 그는 "잘 수 없어"라고 대답한다. "인터넷에서 누군가가 **틀렸어**."[9] 더 나은 말이 없어서 말이지만, 이 남자는 선교사다. 그는 계몽되어 있으며, 그 빛을 어두운 곳에 비추기 원한다. 그는 진리를 선포하고 거짓말에 묶인 이들을 해방시키고자 하는 불타오르는 열정을 느낀다. 인터넷이 그를 이렇게 만든 것이 아니다. 인터넷은 그가 말을 퍼트리도록 도와주었을 뿐이다. 그가 옳아

---

[9] "Duty Calls," https://xkcd.com/386/. 2021년 11월 3일.

야 하며 다른 이들과 이 옳음을 나누어야 할 필요는 매우 근원적이다. 그를 비슷하게 자신의 옳음에 대해 확신하는 다른 이들과 같은 곳에 두어 보라. 그러면 비난이 강한 감정, 즉 마땅히 '종교적'이라고 묘사할 만한, 의로운 분노와 신성을 모독한 사람을 추방하고자 하는 욕망과 함께 날아다니는 것을 보게 될 것이다. 그것은 '계몽'에 대한 기독교적 본능이 최악의 모습으로 나타난 것이라고 말할 수 있다. 그리고 그것은 기독교가 제공해야 하는 것의 핵심인 **용서**가 결여된 모습을 보이고 있다.

반(半)기독교의 저주

『군중의 광기』 The Madness of Crowds 에서 저자 더글러스 머리 Douglas Murray 는 오늘날 도덕화하는 십자군이 된 도덕적 확실성에 관해 이야기한다. 그는 한 장을 할애해 용서라는 주제를 다루며, 그것을 현대의 삶에서 상실된 기술로 묘사한다. 한 사회로서 우리는 기독교의 죄의식은 그대로 유지하면서 구원에 관해서는 전적으로 망각한 것처럼 보인다. 우리는 '죄책'에만 집중하고 '은총'에는 전혀 관심이 없다.

"[19세기 철학자] 니체는 하나님이 죽었기 때문에 그 결과, 사람들이 기독교 신학의 순환 주기 안에 갇혀 빠져나갈 수 없을 것이라고 예상했다. 구체적으로 사람들이 죄책, 죄, 수치라는 개념은 물려받겠지만 기독교가 제시하는 구속의 수단은 갖지 못할 것이라고 예상했다. 오늘날 우리는…죄책과 수치가 어느 때보다 가까이에 있지만 구속의 수단은 전혀 없는 세상에서 살고 있는 것처럼 보인다."[10]

이는 불가피하다. 지금까지 서양의 실험은 기독교를 세속화하려는 시도였다. 조니 캐시Johnny Cash가 노래했듯이, "그들은 왕국을 원한다고 말하지만 그 안에 계신 하나님은 원하지 않는다." 왕이 없는 왕국을 추구하려면 우리는 그리스도라는 **인격체**를 왕좌에서 끌어내리고 대신 추상적인 가치를 그 자리에 앉혀야 했다. 문제는 명백하다. 인격체는 당신을 용서할 수 있지만, 가치는 그럴 수 없다. 가치는 당신을 심판할 수 있을 뿐이다.

기독교에서 이런 가치는 절대로 궁극적이지 않았다. 기독교의 도덕은 언제나 **한 이야기와** 결합된 도덕이었다. 오늘날 서양에서 우리는 그 이야기를 버리고, 영웅을 익명화하고, 도덕을 유지하고 있다. 그리고 이제 우리는 왜 우리의 문화가 수백만 가지의 분노에 찬 비판 아래에서 분열하고 있는지 궁금해한다. 왕이 없는 왕국은 해방의 공간이라기보다는 심판의 공간이다. 하지만 이 민주적 공화국에서는 우리 모두가 심판자이며 우리 모두가 심판을 받는다. 우리에게는 가치 위에 있으며 가치를 초월하

---

10 Douglas Murray, *The Madness of Crowds* (Bloomsbury Continuum, 2019), p. 182.

는 **인격체**가 절실하게 필요하다. 그분은 우리의 최선을 기대할 뿐 아니라 우리의 최악을 용서하시는 분이다.

앞의 일곱 장에서 다룬 일곱 가치에 관해 생각할 때 우리는 이것이 훌륭한 관념이라고 고개를 끄덕일지도 모른다(우리는 그럴 수밖에 없다). 하지만 누가 이 가치를 성취했다고 주장할 수 있겠는가? 자신의 힘을 사용해 다른 사람에게 해를 입힌 적이 없는 사람이 누가 있을까? 자기 주변 사람들의 삶보다 자신의 삶이 더 가치 있는 것처럼 행동해 본 적 없는 사람이 누가 있을까? 누가 도움이 필요한 이들에게 언제나 긍휼을 베풀었을까? 분명히 나는 그런 사람이 아니다. 그리고 이 사실을 인정할 만큼 정직하다면 당신도 그런 사람이 아닐 것이다.

어떻게 우리는 우리 자신의 문화, 우리 자신의 공모, 우리 자신의 범죄를 속속들이 조사해 보라고 말하지 않으면서 에드워드 콜스턴을 철거할 수 있을까? 우리는 "역사가 어떻게 우리를 심판할까?"라고 자문해 보아야 한다. 혹은 성경의 틀에 따라 묻자면, 이런 질문이 된다. "하나님이 어떻게 우리를 심판하실까?"

구약의 시편에서는 이렇게 묻는다. "여호와여 주께서 죄악을 지켜보실진대 주여 누가 서리이까?"(시 130:3) 이 물음은 "아무도 그럴 수 없다"라는 대답을 기대한다. 콜스턴도 그럴 수 없고, 나도 그럴 수 없다. 하지만 놀랍게도 이 시에서는 계속해서 "그러나 사유하심이 주께 있[나이다]"라고 말한다(4절). 역사는 우리를 용서할 수 없고 우리를 심판할 뿐이다. 가치는 우리를 용서할 수 없고 우리를 심판할 뿐이다. 하지만 하나님만이 용서하실 수 있다. 그분은 가치를 초월해 계신다. 그분은 자유롭기에 율법을 어긴 우리가 받아 마땅한 대로 주지 않고 우리를 더 잘 대해 주실 수 있다. 사실 그분은 우리가 우리의 죄책을 지닌 채 그분께 나아갈 때 우리를 용서하겠다고 약속하신다.

이것이 우리가 말해 온 기독교 이야기의 핵심이다. 예수님이 오셨을 때 그분은 자신을 영적 의사로 묘사하셨다. 영적 의사로서 그분은 건강한 이들이 아니라 약한 이들에게 끌리셨다.

"건강한 자에게는 의사가 쓸 데 없고 병든 자에게라야 쓸 데 있느니라. 나는 의인을 부르러 온 것이 아니요 죄인을 부르러 왔노라."
(막 2:17)

그리스도께서는 자신을 도덕 경찰이 아니라 영적 치유자로 소개하신다. 그분은 고발하기 위해서가 아니라 무죄 선언을 하기 위해 오셨다. 우리는 그것이 필요하다고 인정하기만 하면 된다. 이것이 기독교 신앙의 핵심이다. 즉 우리의 죄를 인정하고 그리스도의 용서를 아는 것이다. 약간의 선과 많은 악이 섞여 있으며 정죄를 받고도 남을 정도로 타락한 존재인 에드워드 콜스턴과 자신이 비슷하다는 사실을 아는 이들에게 이것은 놀라운 소식이다. 그 의사께서 우리를 보실 것이다. 그분이 우리를 용서하실 것이며, 우리를 용서하신 후 우리에게 다른 이들을 용서하는 법을 가르쳐 주실 것이다.

그리스도께서 그분을 따르는 이들에게 가르쳐 주신 매일 기도의 핵심에 "우리가 우리에게 죄 지은 자를 사하여 준 것같이 우리 죄를 사하여 주시옵고"라는 간구가 자리 잡고 있다(마 6:9-15). 이것이 성경이 말하는 "은혜 아래"에서 사는 삶이 뜻하는 바다(롬 6:14). "은혜 아래" 있다는 뜻은 위로부터 흘러넘쳐 받을 자격 없는 이들에게 주어지는 자비의 강을 받아들이고 다른 이들과 나누는 것이다.

성경적으로 말해, 대안은 "율법 아래"에서 사는 것이다. '은혜'가 위로부터 흘러내리는 것이라면 '율법'은 우리가 올라야 할 사다리다—어떤 것은 더 높고, 어떤 것은 더 낮지만 우리 모두가 심판을 받는다고 느낀다. 이것이 세속화된 '기독교'의 본질이다. 우리의 추상적 가치는 율법이다. 그리고 율법이 우리가 숨 쉬는 공기가 되면, 우리의 대기는 심판이다. 그것은 숨을 막히게 한다.

19세기 설교자 찰스 스펄전 Charles Spurgeon 은 반½기독교의 위험에 대해 경고했다. 그는 "반기독교인이 되라. 비참해지기에 충분한 종교를 갖게 되는 셈이다."[11] 그는 성경의 좋은 조언은 이해하지만 성경의 좋은 소식은 이해하지 못할 만큼만 성경을 아는 교인들에 관해 걱정했다. 그들은 그리스도의 기준은 이해하

---

11 Charles Spurgeon, "The Foundation and Its Seal—a Sermon for the Times" https://www.ccel.org/ccel/spurgeon/sermons31.xxxix.html. 2021년 10월 31일에 접속함. 계속해서 "온전한 그리스도인이 되라. 그러면 기쁨이 충만해질 것이다"라고 말한다.

지만 그리스도의 이야기는 이해하지 못했다. 그러므로 율법은 알지만 사랑은 알지 못했다. 죄책은 알지만 은혜는 알지 못했다. 그 결과 그들은 절반만 행복한 것이 아니라 완전히 낙심했다.

스펄전이 개인의 내면에서 보았던 것을 우리는 사회의 안에서 볼 수 있다. 서양에는 일종의 반#기독교가 존재하며, 그 때문에 우리는 충분히 비참해진다. 다음 장에서 우리는 앞으로 나아갈 길, 참된 것으로 돌아가는 방법에 관해 살펴볼 것이다.

10 　＊　당신의 기적을 선택하라

터무니없는 이 이야기가
어떻게 역사를 바꾸었는가?

"나는 나 자신의 믿음에 깜짝 놀랐지만, 그것을 이해하지는 못한다."

— 조던 피터슨, 2021년

우리는 2장에서 조던 피터슨을 만났다. 그는 베스트셀러 작가이며, 심리학 교수, 성공한 유튜버다. 오랫동안 그는 신앙에 관해 신중한 불가지론을 고수했다. 하나님을 믿느냐는 질문을 받을 때마다 그는 그 질문이 마음에 들지 않지만 하나님이 존재하는 것처럼 행동한다고 주장한다. 2017년 그는 창세기의 이야기를 천천히 살펴보면서 심리학적 의미를 끌어내는 성경 강연을 시작했으며, 이 연속 강연은 놀라울 정도 인기가 많았다. 그는 이렇게 썼다.

"좋든 싫든 성경은 서양 문명의 토대를 이루는 문서다. 존경하는 태도로 주의 깊게 이 책을 공부한다면, 우리가 무엇을 믿고 있는지, 우리가 어떻게 행동하며 또한 행동해야 하는지에 관해 많은 것을 깨달을 수 있다. 다른 어떤 방법으로도 발견할 수 없는 것들을 깨달을 수 있다."[1]

이 말이 많은 이들을 불편하게 했다. 2018년에 피터슨은 네 차례의 대중 행사에서 무신론자인 샘 해리스와 토론했다. 그 당시 피터슨과 그와 비슷한 입장을 취하는 다른 사람들이 "예수를 몰래 들여오고" 있을 뿐이라는 두려움을 표현하는 이들도 있었다. 이들은 피터슨이 자신의 진실한 기독교적 의도를 숨기고 과학적·지적 책임이라는 겉치장으로 위장하고 있다고 생각했다. 또한 그가 세속적 담화를 가장해 예수님을 우리의 마음과 생각에 몰래 집어넣으려고 한다고 두려워한다.

   이 책의 논지를 따라오고 있다면 그 전략을 알아차릴 수 있다. 하지만 동시에 예수님을 몰래 들여오는 사람은 조던 피터슨이 아님을 알아차릴 수 있다. 서양 문명은 예수님을 몰래 들여오고자 하는 수 세기에 걸친 거대한 기획이다. 처음에는 공개적이었지만, 지금은 은밀하다. 오늘날 인권에 관해 이야기하든, '다양성과 포용'에 관해 이야기하든, 과학적 이해 가능성이라는 기

---

[1] Jordan Peterson, *12 Rules For Life* (Random House Canada, 2018), p. 104. 『12가지 인생의 법칙』(메이븐).

적에 관해 이야기하든, 인본주의적 이상에 관해 이야기하든, 정의를 향해 굽어 있는 도덕적 우주에 관해 이야기하든, 우리는 성경을 밀거래하는 거대한 작전에 공모하고 있다. 인간성, 역사, 자유, 진보, 계몽의 가치와 이런 용어에 덧붙여진 의미에 관해 이야기할 때 우리는 기독교적 대화를 이어 가고 있는 셈이다. 우리는 경우에 따라 어휘를 수정하는 법을 배우긴 했지만 언어와 논리는 오해의 여지가 없을 정도로 명백하다.

우리 가치의 기독교적 원천을 지적하는 사람은 피터슨만이 아니다. 이 책에서 이미 래리 시든톱, 톰 홀랜드, 로드니 스타크, 카일 하퍼, 조지프 헨릭 같은 저자들을 언급한 바 있다. 이들 중 누구도 그리스도인이 아니지만, 기독교 역사가 우리를 얼마나 포괄적으로 형성해 왔는지를 이들 모두가 지적한다. 그리고 이 작가들이 하는 일은 예수 들여오기와 정반대다. 그들은 이미 우리 세계의 모든 영역에 몰래 들여온 기독교를 드러낼 뿐이다. 피터슨과 다른 이들은 진정한 성경 밀수업자들인 세속주의자들의 정체를 폭로하고 있다.

하지만 피터슨이 우리 가치의 토대를 인정할 때 그는 동시에 개인적인 여정을 시작하게 된다. 이 장 첫머리의 인용문은 2021년에 진행된 기독교 유튜버 조너선 파조 Jonathan Pageau 와의 인터뷰에서 했던 말이다. 피터슨은 눈물을 보이면서 거의 자신의 의지에 반해 기독교 신앙에 끌리고 있다는 사실을 인정했다.

하지만 매혹적인 부분은 그의 추론이었다. 그는 세계에 대한 순전히 세속적인 설명에서 더 멀어지며 기독교 신앙에 더 끌린다고 말하지만 기독교적 입장**과** 세속적 입장 **두** 입장 모두 신앙의 입장임을 깨달았다. 두 입장 모두 '불가능한' 주장을 담고 있다.

"나는 불가능한 두 가지 중에서 어느 쪽을 믿을지 선택해야 한다. 세상이 이렇게 창조되었고 하나님이 육신을 입고 십자가에 달려 죽은 뒤 사흘 만에 다시 살아나셨다고 믿을 수도 있고, 문화의 가장 작은 부분에까지 확장되는 믿기지 않을 정도로 터무니없는 이 이야기를 인간이 만들어 냈다고 믿을 수도 있다. 그리고 두 번째 가설이 첫 번째 가설보다 더 믿기 쉽다는 주장이 나에게는 명백해 보이지 않는다. 왜냐하면 그리스도 이야기의 표현을 더 자세히 조사할수록 이 이야기가 말도 안 될 정도로 복잡하고 광범위하다는 사실을 깨닫기 때문이다."[2]

하나님이 인성을 취했으며 죽은 뒤 다시 살아나셨다고 믿는 것은 "불가능하다." 하지만 이 "터무니없는 이야기"가 현대의 삶의 모든 양상에 영향을 미치고 그것을 완전히 바꾸어 놓았다고 믿는 것도 "불가능하다." 그리스도인은 첫 번째 불가능한 진리를

---

[2] Jordan B. Peterson Podcast S4 E8, 2021년 3월 1일 시즌 4 8화: https://youtu.be/2rAqVmZwqZM. 2021년 11월 1일에 접속함.

믿지만, 세속주의자에게는 두 번째 선택지가 남아 있다. 따라서 우리 모두가 '불가능한' 신앙의 입장을 채택하고 있다.

그렇다면 어떻게 우리는 이 교착 상태를 돌파해야 할까? 먼저 두 번째 불가능한 일이 이미 일어났음을 기억할 필요가 있다. 예수 이야기에 항구적 영향력이 생긴 것이다. **십자가에 달려 죽은 한 남자가 우리의 서양 세계를 만들었다.** 이 지점에서 가장 확고한 합리주의자조차도 불합리한 입장을 취할 수밖에 없다. 하지만 그리스도인은 이렇게 설명할 수 있다. "십자가에 달려 죽은 한 남자가 우리의 세계를 만들 수 있었던 이유는 그가 우리의 창조주, 바로 하나님이시기 때문이다."

피터슨의 이야기는 결코 끝나지 않았고 결코 직선도 아니다. 그의 여정이 그를 어디로 이끌지 누가 알겠는가? 이 말은 그가 '예수팀'의 일원이라고 주장하려는 것도 아니고, 그가 필연적으로 교회 쪽으로 기울 것이라고 암시하려는 것도 아니다. 중요한 점은 그의 핵심적 통찰 중 몇 가지를 인정하자는 것이다. 그는 모두가 신자이며, 모두가 자신의 부조리를 인정해야 하고, 모두가 예수 그리스도의 비할 데 없는 영향력을 설명해야만 함을 보여 준다.

물론 이 모든 것에 대한 자연스러운 반응이 존재한다. 앞에서 우리가 한 지적을 진지하게 받아들이지만, 이런 반응도 있다. "좋다. 우리는 기독교의 후예다. 그래서 뭐가 어떻단 말인가? 우리의 가치는 **어딘가에서** 와야만 한다. 그렇다고 해서 기독교가 필연적이거나 참되다는 뜻은 아니다."

다음 꼭지에서 나는 예수 혁명의 두 가지 놀라운 특징을 강조함으로써 이에 답하고자 한다. 나는 이 두 가지 특징을 통해 그 원천이 궁극적으로 아래가 아니라 위로부터 왔음을 확신할 수 있다고 생각한다. 즉 단순히 인간의 발전으로 이루어진 것이 아니라 하나님이 그 원천을 주신 것이다. 첫째, 예수 혁명은 예언을 성취했으며, 둘째, 기대를 거부했다. 나는 이를 통해 당신이 기독교가 '자연적'으로 발전한 것이 아니라 **초**자연적인 무언가라는 점에 관해 생각해 보기를 권한다.

독특한 것을 예언함

성경에서는 처음부터 마지막까지 세계 안에서 특별한 일, 즉 희생자의 승리가 이루어진다고 예언하고 선언한다.

첫째로, 구약. 이 책들을 '유대교 성경'이나 '히브리어 성경'이라고 부를 수도 있다. 이 책들 중 가장 늦게 기록된 책들조차도 첫 크리스마스보다 몇백 년 앞서 기록되었지만, 놀라운 아름다움과 통일성, 명료성으로 장차 오실 메시아, 곧 '기름부음을 받은 자'에 관해 이야기한다.

창세기 3장에서 아담과 하와가 세상을 멸망에 빠뜨리자마자('타락') 그들은 여자의 후손(약속된 구원자)이 뱀(죽음과 혼돈을 가져오는 자)의 머리를 박살 낼 것이라는 구속의 예언을 들었다. 하지만 구원자가 치명타를 날릴 때 그는 뒤꿈치에 일격을 당할 것이다(창 3:15). 그는 고통을 통해 악을 무너뜨릴 것이다.

창세기가 계속될 때 질문이 이어진다. 누가 이 약속의 자녀를 낳을까? 우리는 아브라함(유대 민족의 조상)과 그 아들 이삭, 이삭의 아들 야곱, 야곱의 열두 아들을 만난다. 약속은 단 하나의 가계로 좁혀진다. 성경의 첫 책 마지막에 이르러 우리는 아들 유다에 관한 야곱의 예언을 듣는다.

"규가 유다를 떠나지 아니하며 통치자의 지팡이가 그 발 사이에서 떠나지 아니하기를 실로가 오시기까지 이르리니 그에게 모든 백성이 복종하리로다." (창 49:10)

유다는 이스라엘 왕족의 아버지가 될 테지만, 모든 왕은 보편적 통치자를 위해 왕좌를 덥히는 사람일 뿐이다. 언젠가 황금의 자녀가 올 것이다. 그리고 작고 오래된 유다의 가문에서 태어날 이 왕이 온 세상을 위한 왕이 될 것이다.

(비슷한 수십 개의 예언과 수백 년의 역사를) 건너뛰어 예언자들에게 가서 하나님이 세우신 이 전령들이 약속된 탄생이라는 주제에 관해 하는 말에 귀를 기울여 보자.

"이는 한 아기가 우리에게 났고
한 아들을 우리에게 주신 바 되었는데

그의 어깨에는 정사를 메었고

　그의 이름은 기묘자라, 모사라, 전능하신 하나님이라,
영존하시는 아버지라, 평강의 왕이라 할 것임이라.

　그 정사와 평강의 더함이 무궁하며

또 다윗의 왕좌와 그의 나라에 군림하여

　그 나라를 굳게 세우고

지금 이후로 영원히

정의와 공의로

그것을 보존하실 것이라." (사 9:6-7)

약속된 자녀는 "전능하신 하나님"일 것이며, 그분이 친히 지으신 피조물을 다스리고 중단 없는 평화의 통치를 이루실 것이다. 그분의 나라는 그분의 탄생에서부터 "영원히" 계속해서 커질 것이다. 보통의 나라는 이렇지 않다. 나라가 흥했다가 망한다는 사실을 모두가 알고 있다. 물론 이스라엘 백성도 그랬다. 그들은 바빌로니아, 페르시아, 그리스 그리고 때가 이르러서는 로마의 잔인함을 견뎌 냈다. 하지만 대영 박물관이 이 강력한 제국들의 흩어진 유물을 전시할 때, 메시아의 나라는 예언 그대로 계속해서 자라난다. 또 다른 예언자인 다니엘은 바로 이 주제에 관해 말한다.

　주전 6세기의 예언자 다니엘은 환상을 통해 앞에서 언급한 억압적인 왕국을 상징하는 네 물질로 만들어진 거대한 신상을 묘사한다. 하지만 동시에 그는 제국의 권력에 대한 가능성이 희박한 승리를 예언한다. "손대지 아니한 돌이 나와서" 신상을 치고 파괴한다. 그런 다음 그 돌이 자라나 "태산을 이루고" "온 세계"를 가득 채운다(단 2:34, 35). 7장에서 다니엘은 같은 주제를 되풀이한다. 이번에 제국은 하나님의 백성에게 잔인한 짓을 하는 짐승으로 상징된다. 그러나 마침내 전혀 짐승 같지 않으며 "인자 같은 이"로 묘사되는 분이 오신다(단 7:13). 이 "인자"가 세상의 야만적 권력에 맞서 어떤 소망을 줄 수 있을까? 하지만 인자는 하나님의 우편에 계신 분이고, (그분의 잔인성이 아니라) 그분의 **인간성**을 통해 제국의 권력을 극복하신다.

> "그에게 권세와 영광과 나라를 주고 모든 백성과 나라들과 다른 언어를 말하는 모든 자들이 그를 섬기게 하였으니 그의 권세는 소멸되지 아니하는 영원한 권세요 그의 나라는 멸망하지 아니할 것이니라." (단 7:14)

1세기에 메시아에 대한 기대가 최고조에 달했다는 사실은 전혀 놀랍지 않다. 이스라엘은 짐승 같은 넷째 권력 로마의 지배를 받고 있었다. 약속된 구원자가 올 때가 되었다. 예수님이 오셨을 때 그분은 확신에 찬 태도로 이런 기대를 받아들이셨다. 그분은 "메시아"(마 16:16), "다윗의 자손"(눅 18:38), "하나님의 아들"(요 11:27)처럼 많은 호칭에 대해 응답하셨다. 또한 그분은 "나의 주님…나의 하나님"으로서 예배를 받으셨다(요 20:28). 하지만 그분이 자신에 관해 다른 어떤 호칭보다 더 자주 사용하신 용어는 "인자"였다.

분명히 그분은 자신이 오랫동안 예언된 "영원한 통치권"을 가진 것처럼 행동하셨다. 그분은 한 조각의 지상적 권력도 없는 무일푼의 설교자였지만, 그분의 말씀이 영원한 권위를 지닌다고 생각하셨다(마 24:35). 그분은 책을 쓴 적도, 학파를 세운 적도 없지만 그분의 판결이 영원히 효력을 발휘하는 결정적 판결이라고 생각하셨다(마 25:31-34). 그분은 한 번도 정치나 종교 체계, 군대에 참여하지 않으셨지만, 그분이 세운 이 운동이 반죽 전체―온 세상―에 영향을 미치는 한 줌의 누룩과 같을 것이라고 확신하셨다(마 13:33). 마찬가지로 그분은 그분의 가르침이 결국에는 가장 큰 나무로 자라나는 가장 작은 씨앗과 같다고 예언하셨다(31-32절). 시작할 때는 작았지만 그분의 나라는 온 세상을 채울 정도로 확장될 것이다. 흥미롭게도 예수님은 새들이 이 나무의 가지에 앉을 것이라는 세부 사항을 추가하신다(32절). 예수님이 새를 마지막으로 언급하셨을 때는 새들이 씨앗을 쪼아 먹을―그 나라의 성장에 반대할―것이라고 말씀하셨다(4절). 이제 새들은 그 안에서 집을 마련할 것이다. 예수 운동은 이렇게 놀랍고 돌이킬 수 없는 방식으로 확장되고 있으며, 이 모든 것이 오래전에 미리 예언되었다.

하지만 예수님이 그분의 운동이 승리할 것이라는 예언만 하신 것은 아니다. 어떻게 승리할지도 예언하셨다. 놀랍게도 이 운동은 희생자의 승리를 통해 이루어질 것이다. 마태복음 16장에서 예수님은 두 가지를 분명히 선언하신다. 그분은 틀림없이 폭력적인 죽음을 당하실 것이고, 그분의 운동은 틀림없이 세계를 정복할 것이다. 교회가 저 멀리 원수의 영토까지 확장될 것이라고 그분은 말씀하신다. "음부의 권세"조차도 "이기지 못하리라"(마 16:13-18). 물론 문은 정적이지만 교회는 그렇지 않다. 상대가 저항할 수 없도록 전진해 지옥의 문을 부서뜨리고 어둠의 왕국을 침략하고 빛의 왕국을 위해 갇힌 자들을 구해 내는 교회의 모습을 그리고 있다. 그리고 예수님은 갈릴리 지방 사투리로, 이어지는 시대에 큰 역경이 있을 테지만 그분의 나라에 대한 좋은 소식이 "온 세상에 전파될" 것이라고 선언하신다(마 24:14).

이렇게 선언한 후 며칠이 지나지 않아서 그리스도께서는 하나님께 버림받는 고통을 당하며 로마인의 십자가에 매달리신다. 그것은 전혀 승리처럼 보이지 않는다. 하지만 이 순간조차도 예수님의 확신은 흔들리지 않는다. 죽어 가면서 그분이 하신 "다 이루었다"라는 말씀은 승리의 외침이다(요 19:30). 그분은 평생의 과업을 이루고 있다고 생각하신다. 십자가에서 자신의 생명을 내려놓으면서 그분은 자기 백성의 죄와 죄책을 친히 감당하신다. 그분은 사랑이 하는 일을 하고 계신다. 즉 사랑하는 이들의 세상으로 들어와 그들의 짐을 짊어지신다. 심판자께서 우리를 대신해 심판을 받으시고, 이로써 죄인인 우리가 자유를 누리게 하신다. 예수님은 "세상 죄를 지고 가는 하나님의 어린양"이 시다(요 1:29).

하지만 이것이 참으로 승리일까? 희생자가 무덤에 머물러 있다면 승리가 아니다.

복음서에서는 사흘이 지나서 예수님이 몸으로 다시 살아나셨고 다시 살아 있는 모습으로 제자들 앞에 나타나셨다고 말한다. 그리고 그분을 따르는 어중이떠중이들에게 전 지구적 사명을 주셨다. 그들은 온 세상으로 들어가 모든 민족을 유대인 메시아를 따르는 사람으로 만들어야 한다(마 28:18-20). 이것이 창세기가 약속한 바이며, 이것이 예수께서 명하신 바이고, 이것이 그 이후로 그분의 운동이 성취하고 있는 바다.

예수 혁명의 승리를 바라볼 때 우리는 단지 세계사 이야기의 흥미로운 우여곡절을 회상하는 것에 그치지 않는다. 이 우여곡절은 예언되어 있었다. 오래전 이 땅에서 성취될 가능성이 전혀 없었을 때 히브리어 성경이 희생자의 승리를 예언했으며, 그리스도께서 친히 그 승리를 선포하셨다.

하지만 이 모든 것이 매우 의심스럽게 들릴 수도 있다. 이것이 우리의 마지막 "잠깐"에서 다룰 주제다.

잠깐, 예수 이야기는 조작되지 않았는가?

앞의 논증에서 우리는 마태복음을 많이 인용했다. 하지만 마태와 다른 복음서 기자들을 믿지 말아야 할지도 모른다. 그들은 역사적 예수에 관한 여러 이야기를 가져와 구약의 놀라운 예언과 섞어서 폭풍처럼 세계를 덮을 만한 전설 같은 이야기를 만들어 냈을지도 모른다. 이 가능성을 더 깊이 파고들어 갈 필요가 있다. 다른 어떤 것도 없다면, 이렇게 함으로써 이 기획의 규모를 드러낼 수 있다.

작가들의 방에서 누군가가 복음서의 저자들에게 이 일을 의뢰하는 모습을 상상해 보라.

"마태, 마가, 누가, 요한, 여러분에게 의뢰할 일이 있습니다. 여러분이 훈련을 받은 적도 없고 글을 쓴 경험도 없다는 사실을 알고 있지만, 여러분은 가장 영향력이 큰 문학 작품을 써야 합니다. 유감스럽지만, 시간이 많지 않아 서둘러야 합니다. 전설적인 작품을 발명해 내기 전에 200년 정도 시간이 있다면 더 좋겠죠. 그럴 수만 있다면 그리스도와 동시대인 중 그 누구도 우리의 이야기를 반박할 수 없을 겁니다. 하지만 그럴 수 없습니다. 사도 바울이 속도를 올리면서 지중해 전역의 교회에 편지를 보내고 있습니다. 그는 예수님이 약속된 메시아라고 설교하고 있습니다. 그리고 도무지 영문을 모르겠지만 이 모든 사람들이 '십자가에 달린 하나님'을 믿고 있습니다. 이야기가 통하는 것 같습니다. 그러니 여러분이 세부 사항을 채워 줘야 합니다. 우리의 영웅을 위한 기원 이야기를 써 주시겠습니까? 바울의 편지가 뼈대를 제공했으니까 여러분은 거기에 따뜻한 피와 살을 붙여 주시면 됩니다. 가능하겠습니까?"

"쉽지 않을 겁니다. 인간 역사에서 가장 위대한 인물의 일대기에 관한 이야기를 써야 합니다. 하나님이지만 동시에 인간이며, 죄가 없지만 온전히 살아 있고, 순수하지만 심오한 깊이가 있으며, 세상의 심판자이지만 한없는 긍휼을 베풀고, 유대인의 모든 소망을 성취하면서도 전 세계가 매력을 느끼며, 시간 속에서 살아간 사람이지만 모든 시대를 위한 사람에 관한 이야기를 써야 합니다. 마음을 녹이는 친절함을 지녔지만 강철 같은 결단력이 있는 영웅이 필요합니다. 스스로 의롭다고 주장하는 이들을 호되게 야단치고 죄인들의 친구가 되는 사람으로 그려야 합니다. 그의 입술에서는 숭고한 윤리적 가르침이 나오도록 그려야 합니다. 문명을 건설할 만한 그런 가르침 말입니다. 그가 행한 놀라운 기적, 말하자면 여러분의 글을 읽는 세대가 주목했을 만한 (따라서 반박했을 만한) 기적에 관해서도 써야 합니다. 그는 끝까지 어떤 죄도 짓지 않은 의인이지만 그럼에도 불구하고 하나님을 모독한 죄인으로 유죄 판결을 받는다는 믿을 만한 서사적 구조도 필요합니다. 그리고 이 모든 것이 정밀한 검토를 통과할 수 있게 해야 합니다. 성경적·신학적·지리적·언어적·문학적·역사적 검토를 모두 통과해야 합니다. 가까이에서도 멀리서도, 지금도 나중에도, 그 시대를 살았던 사람들과 이후의 모든 세대가 믿을 만한 이야기를 써야 합니다. 아시겠죠? 그럼 바로 시작하십시오!"

조던 피터슨이 "이 믿기지 않을 정도로 터무니없는 이야기를 인간이 만들어 냈다"고 믿기 어렵다고 생각하는 이유가 바로 이 때문이다. 그의 말처럼 이것은 '불가능한' 과제다. 직접 복음서를 읽어 본다면 성서학자 피터 윌리엄스Peter Williams처럼 "어떤 비범한 재능이 이것을 생각해 낼 수 있을까?"라고 묻기 시작할 것이다.[3] 여기 비범한 재능이 있다. 예수의 이야기 안에 세상을 개조하기에 충분한 비범한 재능이 있다. 하지만 우리는 이렇게 물어야 한다. 이 비범한 재능이 저자들 안에 있는가? 아니면 저자들은 그들의 영웅인 예수의 비범한 재능을 글로 알렸을 뿐인가? 두 선택지 모두 어느 정도 '기적적이지만' 둘 중 하나는 이 위대한 업적을 설명할 기적을 행하시는 분이 있다고 말한다.

죽음으로부터의 삶

지금까지의 논의를 돌아보자. 창세기 이후 줄곧 '희생자의 승리'에 관해 예언되었다. 예언에 따르면, 약속된 자가 스스로 큰 희생을 감수하고 악을 물리칠 것이다. 그런 다음 예수님은 "하나님의 어린양"으로, 즉 우리의 죄를 위해 기꺼이 희생당하는 희생자로서 역사 한가운데 나타나신다. 신약의 나머지 부분에서는 개연

---

[3] Peter J. Williams & Bart Ehrman, *The Story of Jesus: Are the Gospels Historically Reliable?* https://www.youtube.com/watch?v=ZuZPPGvF_2I. 2021년 11월 1일에 접속함.

성이 희박한 이 희생자의 승리를 선포한다. 하지만 이렇게 성경을 빠른 속도로 둘러보면서 한 차례 더 멈춰야 할 지점이 있다.

성경은 우주의 보좌에 앉은 "일찍이 죽임을 당하신 것" 같은 "어린양"에 대한 천상적 전망으로 마무리된다(계 5:6). 문자적으로 받아들인다면 이 이미지는 분명히 터무니없지만 그것이 성경의 마지막 책인 계시록의 문체다. 이 책에서는 실체, 곧 지금의 실체와 미래의 실체의 전망을 제시하기 위해 회화적 언어를 사용한다. 상징을 이해하면 그 의미를 이해할 수 있다. 예수님은 "보좌 가운데에 계신 어린양"이다(7:17). 그분은 **희생당한 피해자이시기 때문에** 성경에서 하나님을 이해하는 핵심에 자리 잡고 있다. 그분은 하늘과 땅의 통치자이시다. 그리고 계시록에서는 결국 "각 나라와 족속과 백성과 방언에서 아무도 능히 셀 수 없는 큰 무리가 나와" 이 "어린양"을 예배할 것이라고 약속한다(9절).

이것은 절대적으로 특별한 믿음이며, 어느 것이 가장 특별한지를 결정하기가 어렵다. 십자가 위에서 희생을 당하신 분을 하나님과 동일시해야 한다는 믿음. 그분은 피의 희생을 **통해서** 승리하셨다는 믿음. 온 세상이 나와서 피 흘리신 하나님의 영광을 볼 것이라는 믿음. 그중에서 어느 것이 가장 특별할까? 1세기의 작은 예수 운동은 피터슨의 표현을 사용하자면 이 "믿기지 않을 정도로 터무니없는 이야기"의 모든 측면을 받아들였지만, "문화의 가장 작은 부분에까지 확장되었다." 예수 운동의 승리는 모든 인간적 기대를 거부했다.

기적에 관해 어떤 견해를 가지고 있든지, 모든 사람이 1세기에 일어난 '죽음으로부터의 삶'이라는 특별한 사건과 씨름해야 한다. 예수님이 죽음을 맞으시고 그 이튿날 그분의 제자들을 보았던 사람들 그 누구도 그들의 운동이 역사를 이렇게 바꾸어 놓을 것이라고 기대하지 않았을 터이다. 그들은 낙심하고 겁에 질려 지도자도 없이 권력이 두려워 숨었던 사람들이었다. 2,000년 전에 세상에 무언가 중요한 일이 일어났고, 그 결과 치욕적인 죽음으로부터 생명이 터져 나왔다.

과학의 유비가 도움을 줄 수 있다. 물리학자들은 처음에 우주의 팽창을 관찰하다가 빅뱅 이론을 정립했다. 관찰하다가 팽창의 기원에 관해 호기심을 갖기 시작했고, 과거의 어느 시점에 우주적 팽창, 힘의 폭발, '빅뱅'이 있었다고 생각했다.

이 책에서는 다른 종류의 팽창을 관찰했다. 그것은 "문화의 가장 작은 부분에까지 확장된" 예수 혁명의 팽창이었다. 근원을 추적하면 1세기에 이른다. 무언가 중요한 일이 일어났다. 믿기지 않을 정도의 힘, 원시적 힘이 폭발했다. 그리고 그리스도인은 이 '빅뱅'에 이름을 붙였다. 그들은 신구약을 따르며 우리가 목격한 팽창을 배태한 것이 예수의 부활이라고 주장한다. 희생자는 역사 **안에서** 승리했기 때문에 역사의 과정을 통해서 승리해 오셨다. 십자가에 달려 죽은 뒤 사흘 만에 예수님이 죽은 자 가운데서 다시 살아나셨다. 무덤은 비어 있었다. 그분을 따르는 이들이 그분과의 만남을 기록했고, 우리가 이 책에서 살펴본 역사의 시기가 시작되었다.

　예수님의 부활은 부인할 수 없는 기적이다. 하지만 우리가 사는 부조리한 세상에 추가되는 기적이 아니다. 부활은 그것이 없었더라면 훨씬 더 불합리해졌을 상황을 설명해 준다. 그것은 "폭발이 있었기 때문에 팽창이 있다"라고 말한다. 바로 죽음의 결박을 깨뜨리고 세상을 그분의 승리 안으로 초대하는 그리스도의 폭발이다. 이 기적을 받아들이는 것은 터무니없는 소리를 받아들이는 것이 아니다. 사실 그것은 삶을 이해하는 길이다.

　부활은 예수님이 죽으셨을 때 예수 운동이 죽지 않았던 이유를 설명한다. 부활은 예수 운동이 견디기 어려운 수많은 시련을 겪으면서도 믿기 어려운 성장을 지속할 수 있었던 이유를 설명한다. 부활은 왜 희생자가 승리자가 되었는지를 설명한다. 부활은 십자가가 결코 비극이 아니라 치유와 소망을 상징하는지를 설명한다. 부활은 모든 위대한 이야기와 의미 있는 삶이 희생을 **통한** 승리라는 형식을 띠는 이유를 설명한다. 무엇보다도 부활은 예수님을 설명한다. 죽음으로 유명한 그분을 수십억 명의 사람들이 가장 충만하게 살아 있는 분으로 만났던 이유를 설명한다.

　모두가 터무니없을 정도로 가능성이 희박해 보이는 사건과 마주한다. 기독교는 다시 살아나 세계를 지배했다. 기독교는 이렇게 말한다. "**우리는 그 이유를 설명할 수 있다. 그리스도께서 다시 살아나셨기 때문에 기독교가 다시 살아났다.**" 그리고 당신이 예수님을 통한 설명으로 기울기 시작했다면 가장 놀라운 진리를 받아들일 수 있다. 즉 이런 것들이다.

─세상이 사랑받고 있으며, 죽을 때까지 사랑받고 있다
─그런 사랑이 하나님의 참된 본질이다
─당신이 보고 있는 역사의 이면에는 신뢰할 수 있는, 역사를 만드는 분이 계신다
─당신이 귀하게 여기는 가치 위에는 그런 가치를 체현하는 한 인격체가 계신다
─당신이 위반하는 가치 아래에는 당신을 용서하는 자비가 있다
─당신이 반드시 맞이하게 될 죽음 너머에는 그분이 이미 개척하신 삶, 곧 부활이 있다

의심할 바 없이 받아들이기에는 너무나도 특별한 생각이다. 하지만 모든 평범한 생각은 배제되었다. 우리는 전적으로 특별한 세상에서 살고 있다. 우리는 완전히 믿기지 않는 역사의 후예다. '당신의 기적을 선택하라'라는 상황이다. 그리고 예수의 기적에 조금이라도 매력을 느낀다면 계속해서 마지막 조언의 말을 읽어 보라. 그 조언을 따른다면 당신 자신도 이렇게 말할 것이다. "나는 나 자신의 믿음에 대해 깜짝 놀랐지만, 그것을 이해할 수는 없다."

후기

서론에서 나는 세 종류의 독자를 대상으로 이 책을 쓰겠다고 약속했다. 책을 마무리하면서 이 세 청중에게 되돌아가려고 한다. 나는 '비종교인' nones (아무 종교 집단에도 소속되어 있지 않은 사람)과 '탈종교인' dones (기독교를 떠났다고 느끼는 사람), '신자' won (이미 그리스도인인 사람)를 향해 이야기하고자 한다.

'비종교인'에게: 도약하지 말라

"물론 내가 절대로 당신의 신앙을 받아들일 수 없다는 사실을 당신도 알고 있습니다." 한 친구가 편지에 이렇게 써서 보냈다. 그녀는 자신이 믿는다는 것은 기질적으로 불가능하다고 느꼈다. 내 친구들 중에서도 많은 사람들이 똑같이 느낀다. 그들은 자신은 신앙인이 아니고 나는 신앙인이라고 생각한다. 나는 '도약을 했고', 그들은 너무 회의적이거나 두려워서 그런 도약을 할 수 없다는 말이다.

신앙의 도약이라는 관념이 널리 퍼져 있다. 아마도 할리우드에서 이를 묘사한 가장 유명한 사례는 〈최후의 성전〉The Last Crusade의 인디애나 존스일 것이다. 용감한 고고학자는 그저 보이지 않는 통로가 연결된 깊은 협곡 사이를 다리가 있다는 사실을 믿고 건너야 했다. 그는 다리를 볼 수 없지만 그럼에도 불구하고 아무것도 없어 보이는 공간으로 발을 내디딘다.… 그리고 쿵 하고 그의 발이 무언가 견고한 것에 닿는다. 다리가 있다. 도약한 보람이 있다. 용감한 인디!

물론, 이것이 신앙의 본질이라면 대부분의 사람은 자신은 신앙을 갖지 못할 것이라고 결론지을 것이다. 대담한 (혹은 멍청한!) 사람만 보이지 않는 구원자에게 목숨을 걸 테니까 말이다. 대부분의 사람은 영성에 관한 한 인디애나 존스가 아니다. 따라서 그것이 신앙이라면 내 친구들이 "나한테 신앙은 해당 없어"라고 말하는 것도 전혀 놀랍지 않다.

하지만 이것은 신앙의 본질이 아니다. 그리고 여기에 더 근원적인 문제가 있다. 이것은 삶의 본질도 아니다. '신앙의 도약'이라는 관점은 대부분의 시간에 우리가 견고한 땅 위에서 — 아무런 신앙도 필요하지 않은 채로 — 걸어 다닌다고 전제한다. 우리는 그저 과학과 이성과 실험실의 조건에서 증명될 수 있는 것에 따라 살아간다. 이 관점에서 볼 때, 대부분의 사람은 근거가 있으며 증거에 기초한 삶을 사는 반면, 소수의 '종교적인' 사람들은 증명되지 않은 더 높은 차원을 믿기로 작정한다. 이것이 '신앙의 도약' 관점의 진짜 문제다. 그리고 이것은 결코 진실이 아니다.

지금까지 이 책의 주장을 따라왔다면 우리 모두가 어지러울 정도로 높은 곳에서 살고 있음을 깨달을 것이다. 우리가 사는 세계의 기독교화는 역사의 위대한 '신앙의 도약'이었다. 우리가 당연하다고 여기는 가치라는 관점에서 우리 모두가 공중에－10킬로미터 높이에－있다! 지표면 높이에서 살면서 우리 자신과 동료 인간들을 장난이 심한 작은 유인원으로 대할 사람은 거의 없다. 우리의 근본적인 태도와 목표는 우리와 다른 이들이 근본적으로 중요한 도덕적 존재라고 전제한다. 우리는 서로를 증명하거나 획득할 수 없는 존엄성을 지닌 존재로 대한다(혹은 적어도 서로를 그렇게 대해야 한다고 느낀다). 우리는 그것을 믿음으로 받아들인다.

철학자 래리 시든톱의 말처럼, 기독교는 "인간의 도덕적 평등에 돈을 거는 법"을 우리에게 가르쳐 주었다.[1] 다시 말해서, 우리는 우리 자신과 다른 이들에 관한 선험적 믿음을 바탕으로 세상 안으로 발을 내딛는다. 그리고 이것은 도박이다. 왜냐하면 나는 다른 사람을 최고로 귀한 존재로 대하지만 그들은 나를 장난

---

1 Larry Siedentop, *Inventing the Individual* (Penguin, 2015), p. 65.

이 심한 원숭이처럼 대할 수도 있기 때문이다. 그럼에도 불구하고 나는 내기를 한다. 나는 신앙에 따라 산다. 그리고 당신도 그렇다.

그리고 당신이 신앙을 가지고 있지 않다고 말한다면, 나는 이렇게 말할 것이다. "나는 당신 말을 믿지 않아요." 그리고 그것은 그저 인권과 도덕적 평등이 아니다. 그것은 지금까지 우리가 살펴보았던 일곱 가지 기이한WEIRD 가치다. 우리 모두가 이미 신자다. 우리는 '신앙의 도약'을 할 필요가 없다. 우리 문화는 이미 엄청난 도약을 했다. 우리에게 정말로 필요한 것은 우리가 발을 딛고 설 수 있는 기반이다.

어떻게 그것을 찾을 수 있을까? 첫 단계는 당신을 만드신 분을 만나는 것이다. (걱정하지 말라. 당신이 생각하는 것이 아닐 것이다.) 당신은 예수님이 대문자 M으로 표기하는 당신의 창조자Maker 이심을 믿지 않을지도 모른다. 하지만 역사의 흥망성쇠를 통해 그분이 당신의 도덕적 우주를 만드신 분임을 확인했다. 따라서 이것이 나의 조언이다. 그분을 만나라. 예수님을 만나라. 복음서—마태복음, 마가복음, 누가복음, 요한복음이라는 제목이 붙은 성경 안에 포함된 예수의 전기—를 천천히 읽어 보라. 그리고 당신이 발을 딛고 서 있는 가치들보다 더 참되고 더 깊은 힘, 당신이 소중히 여기는 긍휼compassion 아래의 긍휼Compassion, 당신이 믿는 사랑love 아래의 사랑Love 을 예수 안에서 느낄 수 없는지 살펴보라.

복음서의 예수를 만날 때 스스로에게 두 종류의 질문, 우주적인 질문과 개인적인 질문을 던져 보라.

우주적 차원에서 예수님은 어떤 분이신가? 그분은 그저 역사 속의 인물일 뿐인가? 아니면 그 이상의 존재이신가? 그분이 '사람의 아들'과 '하나님의 아들'—인성과 신성의 참된 본질—이실 수 있을까? 예수님은 하나님, 즉 이 세상의 주이실 수 있을까?

다음으로 이렇게 물어보라. **개인적** 차원에서 예수님은 어떤 분이신가? 그분은 믿을 만한가? 당신은 자신을 믿는 것보다 그분을 더 많이 신뢰할 수 있겠는가? 심지어 그런 신뢰를 즐거운 항복이라고 생각할 수 있겠는가? 기쁨에 넘치는 모험? 고향으로 돌아가기? 이것이 개인적 의미에서 그분을 '주'로 안다는 것이다.

이 모든 것에 관해 나의 조언은 '도약'하라는 것이 아니다. 당신의 발을 찾는 것이다. 예수 그리스도께서는 자신이 수십억 명을 위한 토대임을 증명하셨다. 그분은 발을 딛고 설 수 있는 견고한 반석이시다.

'탈종교인'에게: 떠나지 말라

당신이 '탈종교인'이라면 어느 정도는 기독교를 넘어서 있다고 느낄 것이다. 당신은 기독교 신앙에 관해 알고 있다. 기독교를 들여다보았고 당신이 보았던 것이 마음에 들지 않았다. 어쩌면 심지어 과거에 교회에 깊이 관여했을지도 모르지만, 이제는 그것을 넘어섰다—혹은 넘어서기 원한다. 그렇게 생각한다면, 이 책을 집어 들고 여기까지 읽어 주어서 대단히 고맙다. 나도 기성 교회에 대한 비판에 공감할 수 있다고 분명히 말할 수 있다. 정직한 그리스도인이라면 그런 비판 의식을 가질 수밖에 없고, 나 역시 그렇다.

널리 퍼져 있는 교회에 대한 비판을 열거해 보겠다. 그렇게 하면서 나는 각각을 일인칭으로 표현하고자 한다. 그리스도인도 이런 문제와 씨름하고 있기 때문이다. 하지만 이것이 핵심이다(그리고 당신은 내가 이 말을 다시 반복해도 놀라지 않을 것이다). 우리는 **기독교적인 이유로** 이런 문제와 씨름하고 있다.

구약의 전쟁이나 지난 2,000년의 교회사에서 나타난 폭력이 마음에 들지 않는다면, 그것은 아마도 내가 "네 칼을 도로 칼집에 꽂으라"라고 말씀하신 분의 가르침을 완전히 흡수했기 때문일 것이다.

고대 이스라엘의 노예제에 반감을 느낀다면, 그것은 거의 틀림없이 내가 구속과 자유, 평등이라는 성경적 관념을 물려받았기 때문일 것이다.

교회의 학대 스캔들에 절망감을 느낀다면, 나는 그리스도와 **함께** 인간의 문화에 만연한 성과 권력의 오용에 맞서는 셈이다.

교회가 소수자를 함부로 대하는 사례를 혐오한다면, 나는 약하고 가난하고 억압당하는 이들에게 신성한 (그리고 독특하게 기독교적인) 가치를 부여하는 셈이다.

교회가 역사의 잘못된 편에 서 있다고 생각한다면, 나는 역사와 진보에 관해 철저히 성경적인 방식으로 생각하고 있는 셈이다.

때때로 교회의 성장을 동반했던 약탈적 식민주의를 증오한다면, 나는 근원적으로 통치자는 군림하지 말고 섬겨야 하며 차이를 해소하는 것이 아니라 소중히 여겨야 한다는 기독교적 이상에 동의하는 셈이다.

목록을 계속 제시할 수 있다.

기독교가 저지른 범죄의 목록은 길다. 하지만 이런 비판을 쏟아 낼 때 무슨 일이 일어나고 있는지 눈여겨보라. 나는 더 높은 차원에서 제도적인 권력에 책임을 묻고 있다—이것은 믿기지 않을 정도로 성경적인 충동이다. 더 나아가 나는 제도적 기독교를 대신해 몇몇 끔찍한 행동에 대해 고백하고 있다. 다시 한번, 이런 고백은 근본적으로 기독교적이다.

그리고 가장 중요한 것은, 특별히 기독교를 닮은 심판의 기준을 사용하라고 권한다는 점이다. 나는 모든 굽은 것을 심판하는 기준이 되는 '직선'인 예수님을 기준으로 제시한다. 그러므로 교회가 심판을 받고 교회의 악이 폭로될 때 이는 반기독교적 움직임이 아니다. 근원적 개혁과 지속적인 회개는 기독교—참된 기독교—의 본질에 속한다.

존 딕슨은 노래와 노래하는 사람의 유비를 사용한다. 예수님은 세상에 아름다운 노래를 주셨다. 그분의 백성은 틀린 음정으로 그 노래를 부를 때가 많았다. 우리가 가장 귀에 거슬리는 목소

후기

리를 낼 때도 있었다. 하지만 그 노래는 여전히 좋고 아름답다. 그리고 참으로 그 노래를 들었다면, 머릿속에서 떠나보낼 수 없다.

로리 앤 톰슨Lori Anne Thompson은 유명한 기독교 전도자 래비 재커라이어스Ravi Zacharias의 희생자 중에서 가장 잘 알려진 사람일 것이다. 재커라이어스는 2020년 그의 장례식에서 마이크 펜스Mike Pence 부통령이 그를 "이 세기의 가장 위대한 기독교 변증가"라고 말했을 정도로 이중적인 삶을 살았다. 하지만 실제로 그는 수십 년 동안 가장 추악한 성적·영적·재정적 학대를 일삼았다. 로리 앤 톰슨은 그가 자신을 학대했다고 내부 고발을 했지만, 사람들은 여러 해가 지나서야 그녀의 말을 믿게 되었다. 교회 외부의 끈질긴 보도를 통해 내부의 어둠이 폭로된 후에야 그녀의 고발이 인정받았다. 톰슨이 2021년 피해자 의견 진술을 통해 밝혔듯이 그녀가 느낀 배신은 절망적이었다.

"래비 재커라이어스를 만나기 전에도 나는 세상이 안전하지 않은 곳임을 알고 있었습니다. 하지만 그래도 어딘가에 안전하고 신성한 공간이 존재할 것이라는 희망을 갖고 있었습니다. 이제 나는 더 이상 그런 희망을 가지고 살지 못합니다. 나는 그를 믿었습니다. 나는 기독교 세계를 믿었습니다. 그 신뢰가 돌이킬 수 없는 대재앙처럼 깨지고 말았습니다. 하지만 나는 그리스도를 믿습니다. 혹시라도 그분이 진리가 아니더라도 그분은 내가 발견할 수 있는 최고의 윤리이기 때문입니다. 종교 엘리트 권력은 그분을 발가벗기고,

무자비하게 매질하고, 떠올릴 수 있는 온갖 이름으로 그분을 조롱했고, 공개적으로 그분을 십자가에 매달았습니다."²

여기 기독교 지도자들과 기관들에 철저하게 실망한 사람이 있다. 하지만 그 노래가 그녀를 붙잡고 있다. 어떤 의미에서 그 노래는 벗어날 수 없다. 그리스도를 만날 수 있다면—그리고 정말로 강렬하게 만날 수 있다면—이른바 그분의 사람들이 당신에게 혐오감을 불러일으키고 당신을 버릴 때, 구약의 한 구절이 하나님께 묻듯이 말할 수 있다. "주의 앞에서 어디로 피하리이까"(시 139:7). 톰슨이 다른 곳에서 말했듯이, "나는 그리스도 안에서 아무런 잘못도, 아무런 거짓도 발견할 수 없다.… 기독교 세계가 난민을 만들어 냈지만, 그리스도께서 그들을 받아주셨다."³

여기서부터 앞으로 나아가는 길은 '비종교인'을 위한 길과 비슷해 보인다. 복음서를 열고 다시 한번 그 노래를 듣는 것이다. 동시에 교회에 대한 신뢰를 회복하는 것도 필수적이다. 우리는 노래에 대한 기억 없이 살아갈 수 없다. 누군가가 그 노래를 우리에게 불러 주어야 한다. 우리 앞에서 그 노래가 구체화되고 삶으로 실천되어야 한다. 하지만 교회에 대한 신뢰를 회복해야 할 책임은 압도적으로 교회에 있다. 그렇기 때문에 나는 그리스

---

2   Lori Anne Thompson victim-impact statement, 2021년 2월 8일. https://oriannethompson.com/2021/02/08/lori-anne-thompson-victim-impactstatement/. 2021년 10월 14일에 접속함.
3   Lori Anne Thompson, Twitter, 2020년 10월 21일. https://twitter.com/LoriAnneThomps2/status/1318942068979474432?s=20. 2021년 11월 25일에 접속함.

도인들에 대한 말로 이 책을 마무리하고자 한다.

'신자'에게: 기이함을 유지하라

예수님은 그분이 시작한 운동의 크기나 성공 가능성에 관해 결코 걱정하지 않으셨다. 마태복음 5장에서 그분을 따르는 무리는 작고 보잘것없었으며 그분에게 치욕적인 죽음이 임박했지만, 전 지구적 성공에 대한 그분의 믿음은 흔들리지 않았다. 그리스도께서는 그분의 교회가 자라는 것에 관심을 기울이지 않으셨다(그럴 것임을 알고 계셨다). 그분은 교회가 독특함을 유지하는 것에 관심을 기울이셨다.

"너희는 세상의 소금이니 소금이 만일 그 맛을 잃으면 무엇으로 짜게 하리요 후에는 아무 쓸 데 없어 다만 밖에 버려져 사람에게 밟힐 뿐이니라."

"너희는 세상의 빛이라. 산 위에 있는 동네가 숨겨지지 못할 것이요 사람이 등불을 켜서 말 아래에 두지 아니하고 등경 위에 두나니 이러므로 집 안 모든 사람에게 비치느니라. 이같이 너희 빛이 사람 앞에 비치게 하여 그들로 너희 착한 행실을 보고 하늘에 계신 너희 아버지께 영광을 돌리게 하라."

(마 5:13-16)

'소금'과 '등불'은 시시해 보일 수도 있지만, 그 본질상 영향력을 멀리 넓게 퍼트린다. 이것이 교회의 모습이다. 소금처럼 교회는 보존한다. (고대 세계에서 소금이 그랬듯이) 고기만 보존하는 것이 아니라 온 세상을 보존한다. 등불처럼 교회는 빛을 내어 세상을 밝힌다. 하지만 소금과 등불은 그것을 둘러싸고 있는 것과 **다르기** 때문에 영향력을 발휘한다. 소금은 짜야 하고, 등불은 밝아야 한다. 짠맛이 없는 소금은 가치가 없고, 바구니 아래 둔 등불은 쓸모가 없다. 그러므로 교회가 해야 할 가장 중요한 일은 독특하게 그 자체가 되는 것이다. 고기와 비슷해서는 안 되고, 주변의 그림자와 비슷해서는 안 된다.

이렇게 책을 마무리하는 것은 이 책의 주장을 오해하기 쉽기 때문이다. 열 장에 걸쳐 기독교가 세상에 엄청난 영향력을 미쳤음을 살펴본 후 누군가는 "세상은 기본적으로 교회와 비슷하고, 교회도 세상과 비슷하다"라고 생각할지도 모른다(결코 그렇지 않다). 심지어 누군가는 "계속해서 영향력을 유지하기 위해 교회는 세상과 비슷해져야 한다"라고 생각할지도 모른다(절대로 그래서는 안 된다). 이런 결론은 수백 년 동안 기독교의 영향력이 어떻게 발휘되었는지를 완전히 놓치고 있다. 교회는 독특성을 유지할 때 강력했다. 검투사 경기나 영아 살해나 소년애처럼 자기 시대의 악에 맞서는 사람들은 누구든지 미친 사람 취급을 받았다. 그리고 이런 캠페인을 지지하는 설교나 신학 때문에 더욱더 미친 사람 취급을 받았다. 그럼에도 불구하고 그들은 "그들의 빛이 다른 사람들 앞에 비치게 했고" 이로써 독특한 것이 강력함을 입증했다.

그러므로 이것은 교회를 향해 그 독특한 낯섦을 유지하라는 촉구다. 서론에서 살펴보았듯이 조지프 헨릭은 WEIRD(기이한)라는 두문자어를 사용해 서양적이며 Western, 교육을 중시하고 Educated, 산업화되었으며 Industrialised, 부유하고 Rich, 민주주의적인 Democratic 현대 사회를 묘사했다. 이런 사회는 특정한 종류의 기독교에 깊은 영향을 받았다. 우리의 문화가 기이한 WEIRD 것은 사실이다. 하지만 이 책을 마무리하면서 나는 교회가 **올바르게** 기이해져야 한다고 촉구하고자 한다.

기이한 사회는 평등을 믿는다고 말한다. 올바르게 기이한 교회는 **모든** 다양한 배경을 지닌 사람들이 함께 모여 그리스도를 따를 때 화해와 하나 됨을 위해 노력한다. 기이한 사회는 긍휼을 믿는다고 말한다. 올바르게 기이한 교회는 사랑이라는 대의를 위해 모든 것을 쏟아붓는다. 기이한 사회는 자유를 믿는다고 말한다. 올바르게 기이한 교회는 그 자유를 사용해 섬긴다. 기이한 사회는 특정한 가치에 대해 헌신한다고 말한다. 올바르게 기이한 교회는 이런 가치의 주인이신 그리스도를 예배한다.

이 모든 것에서 기이한 문화의 기독교와 **비슷한** 가치와 참된 기독교를 가려내기 위해서는 큰 지혜가 필요하다. 때로는 참된 기독교가 지나치게 '좌파'처럼 들릴 것이고, 때로는 지나치게 '우파'처럼 들릴 것이다. 교회의 지도자이며 저자인 티머시 켈러 Timothy Keller 는 역사가 래리 허타도의 연구를 인용하면서 1세기 기독교 공동체가 다양한 인종이 참여하고 급진적일 만큼 관대했다고(심지어 구성원들의 소유물과 돈을 공동으로 운용하기도 했다고) 지적한 바 있다.[4] 이는 우리의 현대 정치 지형에서 좌파와 매우 가깝다고 볼 수 있다. 똑같이 그들은 낙태와 영아 살해에 대해 열정적으로 반대했으며, 확고하게 결혼 관계의 남녀 사이에서만 이루어지는 성관계를 허용했다. 이 지점에서 우리는 그들을 우파라고 부를 수 있다.

당시에 사람들은 이러한 태도의 결합에 주목했다. 그리스도인들이 자선에는 대단히 후하지만 성생활에서는 인색함을 알아차렸을 것이다. 그들의 돈은 누구나의 것이었지만 그들의 몸은 그렇지 않았다. 이런 관점은 당대의 분류 체계를 거부했고, 우리의 분류 체계도 거부한다. 하지만 그들은 하나의 정치적 프로그램을 따르지 않았기 때문에 규정하기가 어려웠다. 그들은 좌파나 우파로 기울어지려고 하지 않고 위로부터 내려오는 부르심, 그리스도의 부르심을 따르려고 노력했다.

그리고 이것이 우리가 귀를 기울여야 하는 부르심, 곧 우리가 세상 속에서 되풀이해야 하는 부르심이다. 그리스도의 선포, 그분의 죽음과 부활이 그 특별한 능력을 입증했다. 교회는 세속화된 서양에서 특수한 어려움에 직면하고 있을지도 모르지만,

---

[4] Timothy Keller, "Five Features That Made the Early Church Unique", The Gospel Coalition, https://www.thegospelcoalition.org/article/5-features-early-churchunique/. 2021년 10월 14일에 접속함.

우리는 전에도 여러 차례 그랬다. 1925년에 작가 체스터턴 G. K. Chesterton은 역사에서 "절체절명의 위기를 맞았지만 그때마다 오히려 그 위기가 소멸되었던" 수많은 사례에 관해 이야기한 바 있다. 어떻게 그럴 수 있었을까? "기독교는 수없이 죽고 다시 살아났다. 왜냐하면 교회에는 무덤 밖으로 나오는 길을 아는 하나님이 계시기 때문이다."[5]

그리스도의 왕국은 독특하다. 단지 견줄 수 없는 크기와 수명 때문에 독특한 것만은 아니다. 다른 제국은 부상했다가 몰락하는 반면에 그리스도의 왕국은—반복적으로—몰락했다가 부상한다는 점이 다르다. 언제나 썰물과 밀물이 있었고, 언제나 그 순서였다. 현대 서양의 썰물에 대해 우려하고 있다면 죽음으로부터 다시 일어나 부흥을 이루었던 지난 수천 년 동안의 사례에서 영감을 얻을 수 있다. 하지만 동시에 오늘날 세계에서 이루어지는 놀라운 성장을 살펴볼 수도 있다.

퓨 리서치 Pew Research에서는 2060년에 이르면 기독교가 지구상에서 최대의 신앙 체계로 남아 있을 것이며, 세계 인구의 중요한 부분을 차지하면서 계속 성장할 것이라고 (반면에 무신론자와 불가지론자, '비종교인'은 16퍼센트에서 13퍼센트로 감소할 것이라고) 예측한다. 교회의 인구 구성은 동양과 지구의 남부 쪽으로 이동하고 있

---

5 G.K. Chesterton, *The Everlasting Man*, Part 2, Chapter 6. https://www.worldinvisible.com/library/chesterton/everlasting/part2c6.htm. 2022년 2월 2일에 접속함.

다. 그 시점에 이르면 전 세계 그리스도인의 40퍼센트가 아프리카인이고 아마도 중국 인구의 절반이 그리스도인이 될 것이다.[6] 이런 발전은 (특히 중국의 크기와 중요성 때문에) 대단히 의미 있으며, 따라서 예수 운동의 진보에 관해 생각할 때 전 지구적 기독교를 **둘러봄으로써** 큰 격려를 얻을 수 있다.

하지만 우리는 역사를 돌아보고 세계를 둘러볼 뿐만 아니라 무덤 밖으로 나가는 길을 아시는 분을 올려다보아야 한다. 우리는 교회의 크기나 성공 가능성에 관해 걱정할 필요가 없다. 우리는 마치 **우리가** 역사를 만드는 사람인 것처럼 권력을 잡으려고 해서는 안 된다. 오히려 우리는 왕국의 왕을 신뢰하고 그분의 독특한 빛을 세상 속으로 비추어야 한다. 미래는 우리 손안에 달려 있지 않고, 힘 있는 사람이나 인기 있는 사람이나 고집 센 사람의 손에 달려있지도 않다. 통치권은 그리스도의 어깨 위에 있으며, 그분이 이렇게 약속하셨다.

"내가 이 반석 위에 내 교회를 세우리니 음부의 권세가 이기지 못하리라." (마 16:18)

---

6   "The Changing Global Religious Landscape," Pew Research Center, 2017년 4월 5일. https://www.pewforum.org/2017/04/05/the-changing-global-religiouslandscape/. 2022년 2월 2일에 접속함.

옮긴이 박세혁은 서울대학교 서양사학과를 졸업하고 연세대학교와 에모리 대학교에서 신학을, GTU(Graduate Theological Union)에서 미국 종교사를 공부했다. 옮긴 책으로는 『부활과 도덕 질서』, 『복음주의자의 불편한 양심』, 『하나님 나라를 상상하라』, 『배제와 포용』(이상 IVP), 『세계관 그 개념의 역사』, 『크리스토퍼 라이트의 십자가』, 『크리스토퍼 라이트의 성령의 열매』(이상 CUP), 『종교성과 세속주의 사이』, 『시간 안에서 사는 법』, 『습관이 영성이다』(이상 비아토르), 『브루스 월키 잠언 주석』, 『약한 자의 친구』(이상 복있는사람), 『예수 왕의 복음』(새물결플러스), 『목회자란 무엇인가』(포이에마) 등이 있다.

기독교, 우리가 숨 쉬는 공기

초판 발행 2025년 8월 31일

지은이 글렌 스크리브너
옮긴이 박세혁
펴낸이 정모세

편집 이성민 이혜영 심혜인 설요한 박예찬
디자인 한현아 서린나 ∣ 마케팅 오인표 ∣ 영업·제작 정성운 이은주 조수영
경영지원 이혜선 이은희 ∣ 물류 박세율 정용탁 김대훈

펴낸곳 한국기독학생회출판부 ∣ 등록번호 제2001-000198호(1978.6.1)
주소 04031 서울시 마포구 동교로 156-10
대표 전화 (02) 337-2257 ∣ 팩스 (02) 337-2258
영업 전화 (02) 338-2282 ∣ 팩스 080-915-1515
홈페이지 http://www.ivp.co.kr ∣ 이메일 ivp@ivp.co.kr
ISBN 978-89-328-2370-6

ⓒ 한국기독학생회출판부 2025

책값은 뒤표지에 있습니다.
무단 전재와 복제를 금합니다.